国家出版基金项目

NATIONAL PUBLICATION FOUNDATION

中宣部2022年主题出版重点出版物

“十四五”国家重点图书出版规划项目

纪录小康工程

全面建成小康社会

福建奋斗者

FUJIAN FENDOUZHE

本书编写组 编著

海峡出版发行集团 | 福建人民出版社
THE STRAITS PUBLISHING & DISTRIBUTING GROUP | FUJIAN PEOPLE'S PUBLISHING HOUSE

责任编辑：满　艺
特约编辑：夏秋月
封面设计：石笑梦　白　玫
版式设计：汪　阳　白　玫

图书在版编目（CIP）数据

全面建成小康社会福建奋斗者 / 本书编写组编著 . -- 福州：福建人民出版社，
2022.10
（“纪录小康工程”地方丛书）
ISBN 978-7-211-08896-6

I. ①全…　II. ①本…　III. ①先进工作者－先进事迹－福建　IV. ① K820.857

中国版本图书馆 CIP 数据核字（2022）第 103799 号

全面建成小康社会福建奋斗者
QUANMIAN JIANCHENG XIAOKANG SHEHUI FUJIAN FENDOUZHE

本书编写组

福建人民出版社出版发行
福州德安彩色印刷有限公司印刷
福建新华发行（集团）有限责任公司经销
2022 年 10 月第 1 版　2022 年 10 月福州第 1 次印刷
开本：710 毫米 ×1000 毫米 1/16　印张：21
字数：252 千字

ISBN 978-7-211-08896-6　定价：73.00 元

邮购地址 350001　福州市东水路 76 号
电话：0591-87604366（发行部）

总　序

为民族复兴修史　为伟大时代立传

小康，是中华民族孜孜以求的梦想和夙愿。千百年来，中国人民一直对小康怀有割舍不断的情愫，祖祖辈辈为过上幸福美好生活劳苦奋斗。“民亦劳止，汔可小康”“久困于穷，冀以小康”“安得广厦千万间，大庇天下寒士俱欢颜”……都寄托着中国人民对小康社会的恒久期盼。然而，这些朴素而美好的愿望在历史上却从来没有变成现实。中国共产党自成立那天起，就把为中国人民谋幸福、为中华民族谋复兴作为初心使命，团结带领亿万中国人民拼搏奋斗，为过上幸福生活胼手胝足、砥砺前行。夺取新民主主义革命伟大胜利，完成社会主义革命和推进社会主义建设，进行改革开放和社会主义现代化建设，开创中国特色社会主义新时代，经过百年不懈奋斗，无数中国人摆脱贫困，过上衣食无忧的好日子。

特别是党的十八大以来，以习近平同志为核心的党中央统揽中华民族伟大复兴战略全局和世界百年未有之大变局，团结带领全党全国各族人民统筹推进“五位一体”总体布局、协调推进“四个全面”战略布局，万众一心战贫困、促改革、抗疫情、谋发展，党和国家事业取得历史性成就、发生历史性变革。在庆祝中国共产党成立100周年大会上，习近平总书记庄严宣告：“经过全党全国各族人民持续奋斗，我们实现了第一个百年奋斗目标，在中华大地上全面建成了小康社会，历史性地解决了绝对贫困问题，正在意气风发向着全面建成社会主义现代化强国的第二个百年奋斗目标迈进。”

这是中华民族、中国人民、中国共产党的伟大光荣！这是百姓的福祉、国家的进步、民族的骄傲！

全面小康，让梦想的阳光照进现实、照亮生活。从推翻“三座大山”到“人民当家作主”，从“小康之家”到“小康社会”，从“总体小康”到“全面小康”，从“全面建设”到“全面建成”，中国人民牢牢把命运掌握在自己手上，人民群众的生活越来越红火。“人民对美好生活的向往，就是我们的奋斗目标。”在习近平总书记坚强领导、亲自指挥下，我国脱贫攻坚取得重大历史性成就，现行标准下9899万农村贫困人口全部脱贫，建成世界上规模最大的社会保障体系，居民人均预期寿命提高到78.2岁，人民精神文化生活极大丰富，生态环境得到明显改善，公平正义的阳光普照大地。今天的中国人民，生活殷实、安居乐业，获得感、幸福感、安全感显著增强，道路自信、理论自信、制度自信、文化自信更加坚定，对创造更加美好的生活充满信心。

全面小康，让社会主义中国焕发出蓬勃生机活力。经过长期努力特别是党的十八大以来伟大实践，我国经济实力、科技实力、国防实力、综合国力跃上新的大台阶，成为世界第二大经济体、第一大工业国、第一大货物贸易国、第一大外汇储备国，国内生产总值从 1952 年的 679 亿元跃升至 2021 年的 114 万亿元，人均国内生产总值从 1952 年的几十美元跃升至 2021 年的超过 1.2 万美元。把握新发展阶段、贯彻新发展理念、构建新发展格局、推动高质量发展，全面建设社会主义现代化国家，我们的物质基础、制度基础更加坚实、更加牢靠。全面建成小康社会的伟大成就充分说明，在中华大地上生气勃勃的创造性的社会主义实践造福了人民、改变了中国、影响了时代，世界范围内社会主义和资本主义两种社会制度的历史演进及其较量发生了有利于社会主义的重大转变，社会主义制度优势得到极大彰显，中国特色社会主义道路越走越宽广。

全面小康，让中华民族自信自强屹立于世界民族之林。中华民族有五千多年的文明历史，创造了灿烂的中华文明，为人类文明进步作出了卓越贡献。近代以来，中华民族遭受的苦难之重、付出的牺牲之大，世所罕见。中国共产党带领中国人民从沉沦中觉醒、从灾难中奋起，前赴后继、百折不挠，战胜各种艰难险阻，取得一个个伟大胜利，创造一个个发展奇迹，用鲜血和汗水书写了中华民族几千年历史上最恢宏的史诗。全面建成小康社会，见证了中华民族强大的创造力、坚韧力、爆发力，见证了中华民族自信自强、守正创新精神气质的锻造与激扬，实现中华民族伟大复兴有了更为主动的精神力量，进入不可逆转的历史进程。今天，我们比历史上任何时期都更接近、更有信心和能力实现中华民族伟大复兴的目标，中国人民的志气、骨气、底气极大增强，奋进新征程、建功新时代有着前所未有的历史主动精神、历史创造精神。

全面小康，在人类社会发展史上写就了不可磨灭的光辉篇章。中华民族素有和合共生、兼济天下的价值追求，中国共产党立志于为人类谋进步、为世界谋大同。中国的发展，使世界五分之一的人口整体摆脱贫困，提前十年实现联合国2030年可持续发展议程确定的目标，谱写了彪炳世界发展史的减贫奇迹，创造了中国式现代化道路与人类文明新形态。这份光荣的胜利，属于中国，也属于世界。事实雄辩地证明，人类通往美好生活的道路不止一条，各国实现现代化的道路不止一条。全面建成小康社会的中国，始终站在历史正确的一边，站在人类进步的一边，国际影响力、感召力、塑造力显著提升，负责任大国形象充分彰显，以更加开放包容的姿态拥抱世界，必将为推动构建人类命运共同体、弘扬全人类共同价值、建设更加美好的世界作出新的更大贡献。

回望全面建成小康社会的历史，伟大历程何其艰苦卓绝，伟大胜利何其光辉炳耀，伟大精神何其气壮山河！

这是中华民族发展史上矗立起的又一座历史丰碑、精神丰碑！这座丰碑，凝结着中国共产党人矢志不渝的坚持坚守、博大深沉的情怀胸襟，辉映着科学理论的思想穿透力、时代引领力、实践推动力，镌刻着中国人民的奋发奋斗、牺牲奉献，彰显着中国特色社会主义制度的强大生命力、显著优越性。

因为感动，所以纪录；因为壮丽，所以丰厚。恢宏的历史伟业，必将留下深沉的历史印记，竖起闪耀的历史地标。

中央宣传部牵头，中央有关部门和宣传文化单位，省、市、县各级宣传部门共同参与组织实施“纪录小康工程”，以为民族复兴修史、为伟大时代立传为宗旨，以“存史资政、教化育人”为目的，形成了数据库、大事记、系列丛书和主题纪录片4方面主要成果。目前已建成内容全面、分类有序的4级数据库，编纂完成各级各类全面小康、脱贫攻坚大事记，出版“纪录小康工程”丛书，摄制完成纪录片《纪录小康》。

“纪录小康工程”丛书包括中央系列和地方系列。中央系列分为“擘画领航”“经天纬地”“航海梯山”“踔厉奋发”“彪炳史册”5个主题，由中央有关部门精选内容组织编撰；地方系列分为“全景录”“大事记”“变迁志”“奋斗者”“影像记”5个板块，由各省（区、市）和新疆生产建设兵团结合各地实际情况推出主题图书。丛书忠实纪录习近平总书记的小康情怀、扶贫足迹，反映党中央关于全面建成小康社会重大决策、重大部署的历史过程，展现通过不懈奋斗取得全面建成小康社会伟大胜利的光辉历程，讲述在决战脱贫攻坚、决胜全面小康进程中涌现的先进个人、先进集体和典型事迹，揭示辉煌成就和历史巨变背后的制度优势和经验启示。这是对全面建成小康社会伟大成就的历史巡礼，是对中国共产党和中国人民奋斗精神的深情礼赞。

历史昭示未来，明天更加美好。全面建成小康社会，带给中国人民的是温暖、是力量、是坚定、是信心。让我们时时回望小康历程，深入学习贯彻习近平新时代中国特色社会主义思想，深刻理解中国共产党为什么能、马克思主义为什么行、中国特色社会主义为什么好，深刻把握“两个确立”的决定性意义，增强“四个意识”、坚定“四个自信”、做到“两个维护”，以坚如磐石的定力、敢打必胜的信念，集中精力办好自己的事情，向着实现第二个百年奋斗目标、创造中国人民更加幸福美好生活勇毅前行。

目 录

小巷情深50年

陈毅达

林丹简介

林丹，1948年12月出生，福建福州人，中共党员，福建省福州市鼓楼区东街街道军门社区党总支书记，中共十七大、十八大代表。1972年，林丹作为返乡知青回城待业，居委会主任邀请她到居委会帮忙，这一“帮”就是50年。林丹把社区当成家，把居民的难事、烦心事当成自己的事，每天走街串巷，倾听家长里短，想方设法帮助解决。她坚持以党建为引领，创新社区治理模式，推行“一趟不用跑、最多跑一趟”服务，设立居民恳谈日、养老服务中心等，把党的工作做到群众心坎上，受到群众广泛好评。在林丹的带领下，军门社区先后获得“全国先进基层党组织”“全国文明单位”等多项荣誉，其个人也荣获“全国优秀共产党员”“全国三八红旗手”等称号，被授予“七一勋章”。

如果不是我知道自己等的人就是林丹，我一定会以为，站在我面前的这个十分朴素的女同志，就是每天我上下班，都能遇到的匆匆走在大街上不起眼的福州女子。

林丹热情地与我握手，在握手的这一瞬间，我立即感到一种不一般。林丹的手掌中，传达出的是一种习惯性的待人以诚，她微笑地看着我，眼睛都带着一份亲切的笑意。我即刻明白了，为什么军门社区 7000 多户群众都那么地信任和依赖林丹。个中原因自然是林丹无论见了谁，都能始终保持着一份诚恳与热情。

作为福建省福州市鼓楼区东街街道军门社区的党总支书记，林丹是中国最基层的社区工作者。据统计，全国有 10 万个社区，50 多万个专职社区工作者。社区工作在一般人的眼中，通常是最平凡的职业。但是，出人意料的是，林丹却以平凡的职业达到了不平凡，她靠这双手硬是作出了十分耀目的业绩，创造了好几项引人瞩目的新时代之“最”。

在中国最底层的干部序列里，林丹应是获得过荣誉最多和最全的人。从街道评出的社区先进工作者，到区级先进工作者、市级先进工作者、省级先进工作者等与街道社区有关的组织机构、相关部门系统、相关单位的各类先进荣誉，再到国家部委的相关表彰，林丹都因主动作为而“被动”斩获。连林丹自己都记不得数不清得到过多少奖励与肯定。

当然，最令人难忘的是，林丹以一个中国最基层的普通党员身份，成为党的十七大、十八大代表，并在建党百年之际，获得了“七一勋章”，受邀在天安门城楼上观礼。如同一个新时代的“人生健将”，登上了“事业赛场”冠军的领奖台，攀登上了个人奋斗的巅峰。

可以说，林丹靠着自己的双手，用情用力抒写了中国改革开放

“七一勋章”获得者林丹

以来，特别是进入新时代后，在全力推进社会治理和社会服务过程中，社区基层干部不忘初心、奋斗不止的“时代传奇”。

始终如一的坚守

林丹自小生活在一个普通家庭。1965 年，17 岁的林丹从家中偷出了户口本，主动报名，来到福州北峰农场插队锻炼。林丹回忆说，那时根本没有更多的想法，也不可能树立明确的人生目标，就是响应党和国家的号召，积极去农村接受艰苦的考验，感觉自己做了一件很光荣的事情。说到这，林丹又解释说，至今，我想起这件事，仍然没有后悔过，我人生一开始就懂得服从国家需要。

也许，就是从这个时候起，服从国家需要成为一条做事原则，深深地扎进了林丹的心中。

1972 年，第一批插队知青出现了返城小高峰，他们中很多人从农村回城分配工作。已在福州北峰农场插队 7 年的林丹，是农场里第一批插队知青中最后一个离场回城的。林丹笑着说，那时候回城，也是有政策的，觉得再不回城，让人家以为在农场表现太差了。

林丹回城后，在家等待着组织安排工作。此时，她的家就在当时的军门居委会隔壁。

这时的军门居委会，只拥有 0.16 平方千米的小小地盘，横竖几条里弄，61 幢楼，600 多户人家。同住在一个小院里的一个叫许德时的老人，引起了林丹的注意。许德时 70 岁了，是居委会主任。老人每天走街串巷，计划生育、公共卫生、纠纷调解等各项居委会工作，干得十分辛苦。特别是老人不识字，居委会工作有时又需要相关文字材料，有次他就找到了林丹，请林丹帮忙，林丹高兴地接受了。从那时开始，林丹就介入了居委会工作。林丹说，那时反正在家待分配无聊，跟着许德时主任做这做那的，觉得居委会工作还真挺有意义的，都是做些帮助街坊邻里的事，那是做善事和好事。

起于心中的善良，源于内在的热心，林丹一下就爱上了居委会工作，虽然一分报酬也没有，但林丹每天都是乐呵呵地跟在许德时身后，干得不亦乐乎，很快就成了许德时的左膀右臂。许德时也看中了这个在工作中总是笑眯眯的大姑娘，觉得林丹实在是个做居委会工作的好苗子，更是悉心带着林丹，有意培养林丹。1972 年 8 月，经许德时推荐，林丹当上了居委会分管治安的副主任；1973 年，许德时病退，放心地把居委会主任的岗位交给了林丹。

不久，林丹接到了分配工作的通知，是鼓楼区建工系统一家国营单位。在国营单位工作，是那个时代返城知青的理想。林丹去向许德时告别，说要走了。许德时万分不舍，但实在又不好误了林丹的前程，只是一个劲地说："林丹，真舍不得你走，真舍不得呀！"

单纯的林丹只感到了许德时的不舍，没想更多。然而，接下来几天，不少居民得知林丹要走，就天天跑到居委会来，希望林丹别走，继续留在居委会工作。这时，林丹才发现自己要离开居委会还是件挺复杂的事。

林丹面临着人生的第一个关键的抉择：一边是国营单位的铁饭碗，对林丹来说，没有吸引力那是假的；另一边居委会虽是泥饭碗（此时的组织法还未修改，街道居委会还是个不入流的自治组织），但是林丹隐隐感到自己感情上很难割舍。

事情相当重大，林丹一时拿不定主意，只能去同妈妈说。妈妈笑道："那是你自己的人生大事，你自己选择！"

林丹还是想不清楚，就又去找外公。外公倒是很干脆，说了句："居委会工作很不错！"

林丹最后决定再去找许德时。老人这时终于说出了真实想法："林丹，你这性格在居委会工作很合适，你看大家都喜欢你，舍不得你。如果你愿意留下，我负责去找街道和区里，看看可不可以把你招工的名额转过来，转到居委会来。"

看着老人期待的目光，就这么一瞬间，林丹心一软，下定了决心，那就留下干吧！

林丹留下来了。她认真地说："那个时候真实的想法，感到自己在这个社区里长大，这里的人熟悉，对这里邻里也有很深的感情。再说，那下也有自知之明，我也没好好地读过多少书，就普通人一个，没什么雄心大志。既然这里大家喜欢我，需要我，这个多难得，我留下来干还是更有价值！”

就是这么一个朴素的心愿和情感，支撑着林丹奋力为大家服务，用出色的工作态度和工作精神回报街坊邻里对她的喜爱。

20世纪的居委会干部，待遇极低，没有退休金，退休后只有一点微薄的养老金，更别说政治待遇和工作条件了。但林丹没想那么多，一门心思就是做好工作。其间，有好几次机会，也让林丹有点心动，但是林丹一说要走，许多居民就又不舍得了，林丹只能留下。1993年，地产行业开始兴盛，一位姓高的地产商因临时租住在军门社区，认识了林丹，了解之后，十分欣赏林丹的工作能力和敬业精神，主动找到林丹，提出用高薪和优厚的条件聘请林丹担任公司的事务部主任。林丹此时每月仅拿着200多元的居委会工资，但是仍然婉拒了。林丹风轻云淡地说：“我去干，那是仅为一个老板和一家公司做事，但在居委会，我是为大家做事，这个轻重一下就能自我判断下来。”

林丹在居委会的优秀表现，也多次引起了福州市、鼓楼区和东街街道领导和组织的关注，几次想调林丹到街道工作，给予更好的条件和岗位，甚至还有个人升迁的空间，但林丹都一一放弃了。对此，林丹也有说法，这个时候，是我感到我离不开居委会，离不开大家。

我问林丹，你就没想过这可能改变你的个人命运？林丹笑起来：“我那时只觉得自己只是个小女子，我自感自己的能力能把一个居委会主任做好就了不得了。再说吧，在军门住了那么久，与大家的感情都已经跟亲人一样了。他们舍不得我离开，我更舍不得他们。人都是有感情的，一起生活在一个社区里久了，感情就更深了。我也说不太清楚，就是觉得工作可以选择，但命运不能选择！我感到我的命运里，就是跟他们在一起，这个没得选！”

把自己的命运与军门社区的群众紧紧联结在一起，我终于明白，林丹为什么能心无二意、专心致志地在军门社区坚守着。林丹这一干下来，就是 50 年。人生减去个人成长的时间，再去掉年老的生命之尾，也就是 50 多年，林丹将自己最美最好的人生都用在了军门社区的工作上，把一生的情感都倾注在了喜爱她的居民的身上，这才是真正的始终如一的坚守！

雪中送炭的坚持

军门社区地处福州城繁华的中心地带，随着改革开放的发展，作为老城区，人口密度越来越高，社区的情况也变得更加复杂。林丹深知社区工作虽全是无比琐碎的“婆婆妈妈”的事，但却是党和政府与群众紧密联系的桥梁和纽带，是体现党和政府诚心为民服务最直接的窗口。林丹说：“一开始，我心里也是没有‘谱’，但我想得比较简单，都说居委会工作主要是解民忧、排民难，那我就要多做些雪中送炭的事，只要是居民的需要，再小的事也要想方设法地做好！”

林丹开始更加用心起来。先是不停地在街坊里弄走访，全面了解各家各户的情况，以至整个社区居民都知道，要找林丹，别上她家，林丹除了去街道开会或办事，不是在居委会办公室里，就是在谁的家中。林丹的丈夫游耕厉说，结婚 40 多年，林丹从未给家里做过一顿年夜饭，女儿从小到大，林丹从未去开过一次学校的家长会。林丹的女儿说，林丹是“不称职”的妈妈，连她得了急性阑尾炎开刀住院，都是爸爸送着去的，妈妈是下班回家才知道，赶到医院就坐了几分钟，然后说，对不起女儿，今天是老年节，社区有 700 多位老人在等我，抹着泪就走了。妈妈几十年来在军门社区工作上做过了不知道多少的决定，但是家里的事从来没做过一次决定。一位同事说，林丹曾因声带小结而动了手术，上午做完手术，下午就回到社区，因为相关部门通知有台风要来。林丹不能说话，就用纸和笔在办公室“写字”指挥安排，一直到晚上 11 点多才回家休息，大家看着她那么用心工作的样子，都感动得流泪了。

正是如此全身心地投入，林丹摸索出了社区工作的一个重要方向，就是从助困、助学与助医着手。

居民杨某，3 岁时母亲便去世，父亲重组家庭，杨某跟着年迈的爷爷一起生活，后患上了精神分裂症，一发病就大喊大叫，并有暴力倾向，时常扰民。杨某没有任何收入，饿了就四处敲门讨食，左邻右舍不堪其扰，又无可奈何。林丹得知后，主动与杨某“结对子”，四处奔走为杨某申请到了城市低保，并每月从工资中挤出钱来予以资助，还为他买衣送被，带他就医治病，杨某病症得以控制，终于过上了有尊严的生活。

居民小王，因盗窃罪被判入狱 8 年。小王自幼丧父，入狱后母亲精神失常，林丹主动照顾其母亲，并带着其母近照前去探狱，鼓励小王好好服刑，争取重新做人。小王服刑期间，母亲不幸病故，林丹出面担保，让他从狱中出来为其母送终。小王刑满出狱，无处可居，也租不起房子。林丹将他接回家中居住，家人反对，林丹耐心说服家人：“给他多份照顾，就能让他多一点重新生活的勇气。”小王生日，林丹在家中为他举办生日聚会，小王感激不尽，林丹的两个女儿则噘起了嘴，心里嘀咕着，我们都没享受过这种“待遇”。小王流着泪发誓，一定重新做人！林丹为小王四处奔波，寻找工作和出路，找了几家单位，人家一听是刑满释放人员，一口就回绝了。“他还年轻，给他个机会吧！出了问题，我来担保！”终于一家大医院接收了小王做保安，小王有了份工作，并组建了小家庭。

社区居民陈某，一家五口都是党员，20 世纪 90 年代初，陈某的

3个儿子都因企业改制先后下岗。陈某想不通，几个儿子平时表现都挺优秀的，怎么到头来也下岗了。林丹了解到陈某的不解和烦恼后，看在眼里，挂在心上。此时，老社区里也出现了越来越多的下岗职工。林丹急了，与社区同事商议，下岗人员增多，灰色情绪将在社区内蔓延，如果不尽快解决，很可能引发不稳定因素，更别说建设和谐、温馨的社区了。林丹为此提出了目标，不能让任何一名下岗职工陷入困境。于是，一方面，林丹与社区所辖的各个单位联系，请求辖区单位支持，先后安置了26名下岗人员再就业；另一方面，林丹又争取了相关部门的支持，在社区内办起了便民食堂、娃娃托、家政服务、家电维修、食杂小卖部等五大系列30项社区服务网络，86名下岗职工再就业。把拓展社区服务和社区下岗职工再就业相结合，林丹觉得找到了一个好办法，因此继续推动，干脆在社区内创办起了便民的“再就业一条街”，它们中有夫妻店、姐妹店、兄弟店、合作店等等。在林丹和社区同事的共同努力下，军门社区的下岗再就业率达到了98%以上，一方面提高了社区服务的便民自给功能，另一方面为社区的和谐自治奠定了坚实的基石。“再就业一条街”为军门社区增添了一道亮丽的风景线。

老人问题，越来越成为社区服务和管理的一个重要而突出的问题。军门社区有1200多名60岁以上的老人，在辖区人口中占比较大。林丹认为，竭尽全力为老人创造更好的生活条件，让他们健康快乐地在社区安度晚年，是社区的重要工作内容，也是社区工作者义不容辞的责任。因此，林丹把敬老、尊老、爱老这一中华传统美德深植在军门社区的工作中。利用每年福州当地的“拗九节”（又称“孝顺节”）和重阳节，林丹总要为社区孤寡老人、特困老人、空巢老人送上祝福和鲜花，为金婚、银婚老人送上纪念品。新加坡华侨许栋先生，偶然参加了一次军门社区的老人节，亲身感受到了那尊老爱老的浓厚氛围，当场表示每年为军门社区的老人活动捐款1.5万元，同时捐赠10万元为启动资金，设立军门社区老人义诊和康复训练室。从2003年至今，许先生通过个人捐资，使社区内的残疾人、特困户、孤寡老人都能获得免费治疗。

台属吴老太，亲人都在台湾，逢年过节见到邻里合家团圆，就长吁短叹。林丹得知情况后，主动前去看望老人，对老人说，以后我就是你的亲人，有什么事你就找我。吴老太爱吃福州妙巷口的鱼丸，林丹每月至少跑一次妙巷口鱼丸店给老人买鱼丸。30多年来，每到吴老太生日那天，早上7点，林丹就会准时为吴老太送来一碗长寿太平面。吴老太的亲属从台湾来探亲，得知老人被照顾得这么好，深为感动，不仅很快来福州投资兴业，还先后多次带着十几批的台商来闽考察投资。

军门社区有17户城市低保户，经林丹牵线搭桥，全部签订了社区结对帮扶协议书，每个月还能从社区获得100元至200元的生活补助金。逢年过节，林丹与社区同事都带上慰问品、慰问金上门看望，社区实现无特困户。

社区居民程某，夫妻双双下岗，其妻子又身患重病，家庭十分困难。林丹得知后与程家结成帮扶对子，为程某爱人免费送医送药。2002年，程某女儿考上大专，却交不起学费，林丹通过福州市民盟联系福州市光明学校，与程某女儿签订了助学协议，每年资助程某女儿3000元至其大专毕业。2005年，程某女儿考上福建师范大学，林丹得知消息，立即把当天刚领到的1000元劳模奖金送给了程某女儿做学费，并积极为程某女儿寻找新的助学对子，助学单位每月资助200元，供程某女儿完成学业。

孤儿王某，5岁丧父，10岁丧母，在社区的帮扶下考上了大学，林丹又为其联系资助单位，每月可获资助300元，直到她完成学业。

社区内有 2 名孤儿，林丹视她们为自家孩子，时刻关心着她们的生活和学习。

大爱无言。林丹的这“三助”，被总结为社区工作的“吉祥三宝”。2006 年 7 月，林丹的“吉祥三宝”荣获了全国和谐社区建设自主创新奖。

我曾问过林丹，是什么东西让她能一直坚持做社区这些“婆婆妈妈”的事，林丹想都没想便说：“都说积水成涓，积土如山。社区工作看似很小，但是做久了，久做了，我才知道，积小成大，积善成美。社区本来就是一个城市最小的组成单元，如果每个城市的社区都成为城市的一个小花园，为城市留香，那么城市不就成了一座美丽的大花园？人人每天都生活在花香之中，生活不就更美好？这些年，我就感到社区工作是越做越有‘奔头’！每个人都能为社会尽自己的一份力，哪怕很小，但累积起来，不就非常地多吗？”

林丹的一位同事告诉我，福州东街派出所曾经接到报警，说是有个 80 多岁的老人在大街上乱走，车来车往很危险。派出所立即出警，发现这位老人患有老年痴呆症，是个走失的老人。民警怎么询问老人，老人都答不出，但嘴里不时会说出个福州话的“丹”字来。将老人带回派出所后，一位在场的老民警突然反应过来，猜测说，“丹”会不会是林丹，会不会是军门社区的？军门社区在东街街道辖区内，东街派出所对林丹很熟悉，立即用车把老人送到军门社区，找到林丹。果然，这位老人还真是军门社区的居民。

执着为民的坚定

林丹告诉我，军门社区原先是没有党支部的，就只有居委会。

1991年初，时任福州市委书记习近平，深入军门居委会调研指导工作，特别问起了居委会有没有党支部。林丹没想到习近平会问这个问题，如实回答说没有。习近平就叮嘱说，今后居委会都要成立党支部。林丹说，知道习书记要来居委会调研指导，她事先做了充分的准备，但是习书记的这一问，确实让她没有想到。此时她已做居委会主任10多年了，原以为自己对居委会工作已十分熟悉和了解了，但习书记的这个提问，让她陷入了深深的思考，猛然地醒悟过来，时代在发展，社区工作也在不断变化，新形势、新情况、新问题都要求社区工作要有一个更进一步的提升。社区工作承担了越来越多的社会责任，仅以为群众提供优质的服务还不够，应该在提供良好服务的基础上，团结引领社区居民，进一步加强社区自身建设和管理，让社区成为一座城市发展的重要力量。一个人的力量总是有限的，最关键的应该是要在社区里建立起有战斗力的党组织，居委会不仅是为民排忧解难的"服务站"，更应该成为聚民心、促发展的"主心骨"。

不久，中共福州市委组织部就下文，要求全市各街道居委会成立党支部，深知此举重要意义的林丹迅速行动起来。1991年下半年，军门社区在全市率先成立第一个社区党支部，林丹成为军门社区第一任党支部书记。

林丹很兴奋地说，就是从这个时候开始，她对社区工作有了更深的认识，觉得社区工作不仅要代表政府为群众做好"雪中送炭"的各类事，更要努力为党传声送力，聚集民心，凝聚力量，树好形象。"这个时候，我心里是真的有'谱'了，真正找到了坚定为民的方向。"

林丹开始在床头放上一支笔和一本笔记本，晚上回家，看电视，看报纸，看各种学习材料，只要是她认为有学习借鉴意义的东西，都记下来。于是，她在社区内创设了"书记主任联系卡"和"便民服务卡”，提出军门社区党支部要做到，群众一有困难，第一个就想到我们！这在福建省社区工作中为首创。接着，又建立起了“家访制”，规定社区党员干部每个月至少要走访 100 户居民，及时发现社区居民家中的生活难处，了解掌握社区居民的相关情况，向居民传达宣传党的路线方针政策。再接着，林丹深化了已有的社区“帮扶制”，发动社区党员与辖区内特困户结对帮扶，签订结对帮扶责任书，让社区党员发挥带头作用。同时，针对社区老龄化人口越来越突出的特点，林丹又与同事们共同努力，创办了军门社区“星光屋”。想方设法筹集资金，投入 20 多万元，建成了一个 400 多平方米的社区老人活动中心，内设医疗室、阅览室、健身室、棋牌室、老人学校、老人食堂、理发室等，发动社区党员主动参与提供许多免费服务。林丹还创建“近邻党建”模式，要求社区党员带头帮群众，群众再帮有困难的群众，把每月 10 号定为“居民恳谈日”，倾听居民诉求，邀请相关职能部门参与，现场解决问题。

2001 年，福州市鼓楼区对全区所有的居委会进行了调整，组建新型的城市社区，石井居委会和南营居委会并入军门居委会，军门社区一下增加至 3000 多户人家。经过选举，林丹当选社区党总支书记、主任，她身上的担子更重了。串千家门、知千家忧、解千家难，林丹自身先做到了，然后对社区的全体党员提出了这个要求。社区工作人员到岗的第一天，林丹都要他们了解党的历史，倾听党的故事。凡还不是党员的干部，林丹第一件事就是找他们谈话，问他们想不想入党，有没有为人民服务的决心。社区工作站落成后，林丹的办公室原是安排在二楼的，但她坚决不要，说这样社区居民来找我们，要走楼梯，实在不方便。林丹把社区全部的办公室，都调整到一楼，她说：“就是要做到，居民一来，一眼就可以看见我们，我们就是要离社区群众越近越好。”

经过长时间的摸索，林丹摸索出了一个坚定为民的“13335”军门社区工作法：“1”是坚持党建引领；第一个“3”是健全政社互动、居民自治、社区共治；第二个“3”是搭建社区工作、社区诉求、社区服务三个平台；第三个“3”是强化队伍、设施、经费三个保障；“5”是全力打造安居在社区、友爱在社区、幸福在社区、欢乐在社区、和谐在社区。2018年，民政部在全国总结推广军门社区工作法。

林丹说：“1995年，时任福建省委常委、福州市委书记的习近平，第二次来到军门社区，提出了‘如何让群众生活和办事更方便，如何让群众表达诉求的渠道更畅通，如何让群众感觉更平安、更幸福’这3个‘如何’的命题，那时我就感到，这应该就是我们社区工作要尽全力破解的‘密码’。习总书记当时对军门社区的工作给予了充分肯定，送给社区一副对联‘昔日纸褙军门前，今日文明一枝花’。26年来，这副对联一直贴在我们军门社区展厅门前，成为激励我们积极探索老旧社区构建共建共治共享治理新格局的内在动力。更没想到的是，2014年的11月1日，习总书记第三次来到军门社区，总书记深入退休老党员邱沛霖家中，嘘寒问暖，还听取了老人对社区工作的意见。总书记还专门到社区居家养老工作站，与老人们一一握手，询问老人们身体怎么样，饭菜可不可口，每天要交多少伙食费，并祝老人们健康长寿。离开社区时，总书记又叮嘱我们社区干部，一定要把社区居民的愿望了解透、关切回应好。当时真的非常非常让人感动！现在想想，更加深切地理解和领悟总书记说的，人民就是江山，江山就是人民。这么多年在社区工作，虽然社区事小，都是些小事，但尽全力做好社区工作，我感到也是为人民，为江山！”

现在的林丹，更加觉得新时代的社区工作大有可为。这几年来，军门社区将原来的老人活动中心改造提升为2000平方米的养老服务中心，实现24小时全天候为社区老人服务；为给社区双职工居民解决孩子放学早，回家无人照顾等问题，继在全省首创社区“四点钟学校”后，又创办了“阳光朵朵”，结合社区居民孩子午托、晚托需求，提升打造了少儿托管服务中心，设围棋、书法、珠心算等兴趣班，切实解决了社区双职工家庭接送孩子的烦恼；为方便群众，军门社区还搭建了一个智慧社区平台，通过社区幸福通 APP，实行一号申请、一窗受理、一网办通，提供健康、家政、养老、便利店等服务，居民足不出户就能用手机解决生活中许多大小事情；通过启动二期改造，社区面貌焕然一新，智能垃圾分类箱有序排放，居民刷脸进出小区，已成为一个智慧社区。小区的党建工作也有了进一步的发展，现设有 15 个党支部，党员 300 多人。

从贴心服务到智慧小区，从关心群众冷暖到党建引领治理，林丹通过 50 年的坚持不懈、坚守爱民、坚定为民，在一个小社区的岗位上，做出了新时代的大民生。

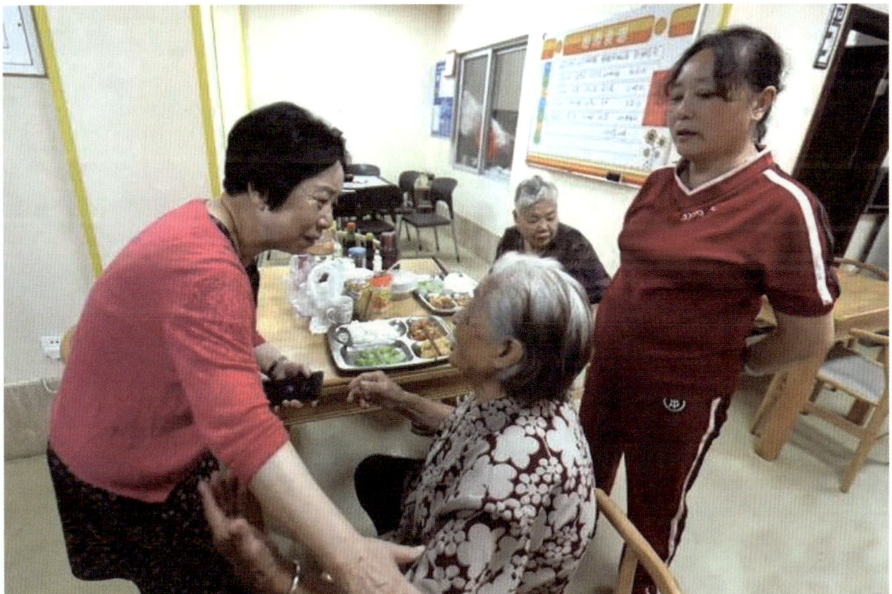

林丹在养老服务中心向老人了解饮食健康情况

林丹今年已经73岁了，我问林丹："有没有想过退下来休息？"林丹仍是笑着说："有想过，但是居民总是要选我，我最大的心愿就是永远做居民的服务员！"

采访结束，我再次与林丹握手。我知道林丹的这双手很不简单。这双手与好几届党和国家领导人握过，这双手更是与万千普通的群众握过。这双手，托着叮嘱和重托；这双手，也带给了许多人温暖和幸福。这是一双普通的手，也是一双奋斗和充满了希望的手！

“知心法官”：正义的化身

朱谷忠

黄志丽简介

黄志丽，1972年3月出生，福建龙海人，中共党员，福建省漳州市芗城区人民法院党组成员、巷口人民法庭庭长，中共十九大代表。20年审结民商事案件5000多件，无一发回重审，无一撤销改判，无一申诉信访，无一投诉举报，她还设立全省首个以个人命名的社区法官工作室，把法庭搬到群众家门口，把民事审判工作延伸到法庭之外。获最美奋斗者、时代楷模、全国优秀共产党员、CCTV2016年度法治人物、全国办案标兵、全国优秀法官、全国模范法官、最美基层法官、全国巾帼建功标兵、全国先进工作者、全国敬业奉献模范、全国三八红旗手标兵等荣誉。荣立个人一等功1次、个人二等功1次。

每一份荣誉都是起点

难得有点空闲，黄志丽最喜欢的运动是骑着自行车，沿着九龙江堤岸绕行，沐浴在晚霞中，舒缓长久的工作压力。有时，她会放下车子，在岸边静坐一会儿，面对奔流不息的江水，静观、聆听和沉思。这一切，对她来说，已是一次精神的旅行，或是一种久违的意境了。无疑，她是一个法官，但和许多女人一样，此时，她也想做江面的一艘小船，看云卷云舒，去载一段时光的温软；或者，在古典清雅的庭院，捧一盏香茶，展开褶皱的心情……

可惜，这样的时光，对黄志丽来说，真是太少太少了！一直扎根基层办案、普法的她，先后当了6年的书记员、6年的助理审判员、4年的审判员和副庭长，现为漳州市芗城区人民法院党组成员、巷口人民法庭庭长。几多风雨，几多磨砺，一步一个脚印走到今天。正是她，始终坚持司法为民，忠诚履职，秉公办案，在平凡的岗位上创造了不平凡的业绩，被群众亲切地称为“知心法官”。

2016年3月，黄志丽被授予“时代楷模”荣誉称号。2018年三八国际妇女节到来前夕，黄志丽被授予“全国三八红旗手标兵”荣誉称号，她是福建省第二个获此殊荣的优秀女性。

黄志丽当之无愧！

2002年以来，她办结5000多个案件，没有发回改判、没有信访投诉；先后被授予“全国优秀共产党员”“全国先进工作者”“全国模范法官”“全国巾帼建功标兵”“八闽楷模”等多种荣誉称号，荣立个人一等功、二等功各一次，并当选党的十九大代表、第十二届福建省人大代表、第十三届福建省人大代表。最高人民法院，福建省委、政法委等先后作出“开展向黄志丽同志学习活动”的决定。

黄志丽正在接听群众打来的咨询电话

这一次，黄志丽在北京参加颁奖后表示：获得“全国三八红旗手标兵”称号，不是一个终点，而是一个起点。她说，荣誉意味着奉献，意味着责任。她将想新招、出实招，为新时代的新女性踏上新征程做更多的服务工作。

我们迈出去的是脚步，带回来的是民心；俯下去的是身板，树起来的却是信任。

1995年，黄志丽考入芗城区法院。当时，在她眼里，法官就是“包青天式”的人，对这份职业，她充满着崇敬和期待。文秘专业毕业的她，刚当书记员时，一个人跟4个审判员，忙得像陀螺转个不停；业余时间，还要完成7年的法律专业学习。恰在那时，母亲病重，她每天单位、医院、家里三点一线。家里的事，案子的事，却一件都不曾放下。

2002年，她开始独立办案。因为怕经验不足，怕超审限，怕办错案，怕被改判发回，虽加倍用心，仍不免陷于焦虑之中。当时有一起相邻土地纠纷案，被告家的猪圈侵占了原告 0.6 平方米的地。在农村，相邻土地使用权纠纷时有发生，一般由当事人协商解决；协商不成的，由人民法院处理。黄志丽接案后，根据加盖猪圈造成实质性阻碍的事实，召集双方，当庭依据事实判决被告返还侵占的土地。3 个月后，黄志丽在村里遇到一位 90 多岁的老大爷，他说的一句话，却让她五味杂陈。老大爷说：那件事虽然结了，但堂兄弟两家人再也不来往了。一个小小的猪圈，毁了三代人的亲情。之后，黄志丽虽勉力为双方沟通，解开心结，但创痕依在。时至今日，黄志丽依然深感遗憾。她深刻认识到：规则之治没错，但一份看上去无可挑剔的判决书，不一定就能修复受损的社会关系。从那以后，黄志丽决心更加注重发现纠纷背后的问题，努力寻找最佳的化解方法。随后她办理了这样一个案子：六兄妹书面约定，瘫痪的父亲和患有精神病的弟弟由最小的妹妹照顾；等父亲百年后，父亲的房产全部归小妹妹所有。父亲过世后，哥哥姐姐却主张协议无效，要求分家析产。这起案件若简单判决，省时、省力，但因有了前车之鉴，她多次走访社区、邻居，了解真相，并分别找到几个原告，先是拉家常似地分析前后事由，等到当事人意识到自己的主张确有不当时，这才胸有成竹地问他们：“今天，你们摸着良心告诉我，对父亲、对弟弟，你们都尽了赡养、抚养的义务了吗？想想你们的小妹一个人付出了多少！”在她反复的劝解下，几个原告都沉默了，撤回了起诉。从此，黄志丽更加坚信：我们迈出去的是脚步，带回来的是民心；俯下去的是身板，树起来的却是信任。

都说民事法官不好当，案多人少，工作负荷重，且经常要面对当事人的负面情绪。可黄志丽却乐此不疲。多年来，她坚持调解优先，深入乡村、社区，走访当事人，了解当地的民风民俗民情，用心查清民商事案件纠纷产生的根源，有针对性地做好调解工作，她办结的民商事案件调解撤诉率达到近90%，是大家公认的“调解能手”。为了提高办案效率，实行繁简分流，2002年，芗城区法院在全省率先成立调解速裁组，规定简易民事案件在20天内办结。面对高强度的办案压力，黄志丽紧抓法律的准绳，巧妙地将同种类型的案件和有调解可能的案件集中在一起调解、开庭，有时一天能安排五六个庭，同时将送达、调解、调查、判决穿插进行，加快办案速度。她善于察言观行，分析当事人的言行举止，先对他们的诉求有一个基本判断，进而提前制订审理方案，缩短办案期限。因此，黄志丽所办的案件，40%能在立案后的7天内调解结案，确实无法调解的也会尽快判决，被誉为办案的“快枪手”。就这样，她凭着一身正气，在百姓心中植入司法的信心，把化解群众矛盾纠纷作为自己最大的快乐。然而，长年超负荷工作使她落下胃病、咽炎、腰椎间盘突出等疾病，即使疼痛难忍时，她也坚持开庭办案，从未耽误过一个案件的审理。刚开始，一年结案几十件，渐渐地，两三百件，甚至四五百件。每天还会有当事人来找，诉苦的、流泪的、吵闹的，什么样的人都得接待。有一次，为劝说一个想要自杀的当事人，她深夜才拖着疲惫的身体回到家。推门看到父亲在客厅的沙发上打盹。她眼睛一热，说：“爸，你怎么还没睡？”父亲坐起来，说：“在等你啊，知道你忙，不敢给你打电话。你没回来，爸爸睡不着。”黄志丽听罢，不禁语噎……

为百姓多想一点、为百姓多说一点、为百姓多做一点

1999年，黄志丽郑重地向党支部递交了入党申请书。2000年

4月，她光荣地成为一名共产党员。在党旗下宣誓时，黄志丽深深地体会到，作为一名党员，不仅仅是一种荣誉，一种自我价值的体现，更是一种义务，一份责任。因此在对待群众方面，黄志丽总是一张笑脸相迎，一句好话问候，一杯热茶暖心，一份真情解惑。为了能让当事人少跑一次路、少等一分钟、少操一份心，她总是坚持多用心一点、多辛苦一点、多服务一点。

黄志丽曾办理过一起分家析产案件，作为10名被告之一的庄阿婆已91岁了，是原告的母亲。考虑到庄阿婆年事已高行动不便，黄志丽便和同事到庄阿婆家中了解情况。细心的黄志丽发现庄阿婆的脚摔伤了，但却无人和她同住。黄志丽召集双方当事人调解，协商到晚上8点，终于达成了协议，但黄志丽却让他们明天早上9点到庄阿婆家里领调解书。第二天，她对一头雾水的子女们讲明：分家析产不急，现在最急的是如何照顾好老人。子女们一下明白了黄志丽的用心，在她的建议下，立即安排了“敬老日程表”。庄阿婆难掩心中的喜悦：“黄法官，你这么费神为我安排养老的事，我真不知道怎么感谢你才好。”黄志丽连忙上前拉住庄阿婆的手说：“不要谢啊，这也是我应该做的事。”在她看来，只有把当事人当亲人，以法官的“亲和”来消弭当事人之间的隔阂，才能做到案结、事了、人和。

黄志丽还把每个案件的办理，都当成一次普法宣传的生动实践。一村民小组在分配征地补偿费时，沿用旧的村规民约，不分给女性，这引发了村中19名“农嫁居”（虽然出嫁，但依然居住在本村）妇女的不满，被告到法院。开庭当天，被告来了一大帮人，声称：“你判也是白判，我们都得按老祖宗的规矩来。”之后，双方冲突的激烈程度，让黄志丽始料不及。黄志丽明白，仅是作出判决并不能解决问题。调查发现，周边村子也有类似的村规民约。她决定走访释法，阐明妇女权益，引导村民依法办事。“村当初的分配方案有悖于法律规定，侵犯了妇女权益。”黄志丽拿出类似案件的判决书，给村民们摆事实讲道理，还不辞辛劳找当地有威望的老人，一家一户地做工作。经过五六个月的调解，十几名“农嫁居”妇女与小组其他村民一样，每人分到了应得的征地补偿款。判决原告胜诉后不久，村里召开村民大会，修改了村规民约。

当然，还有更棘手的案例：2001年底，蔡某到医院分娩时被告知她怀的是巨大胎儿，最好进行剖腹产，而蔡某的婆婆却不同意，觉得顺产的胎儿比较聪明。结果蔡某难产了2天才不得已实行了剖腹产手术，没想到生出的孩子是智障。残酷的现实给了蔡某一家当头一棒，愤怒的蔡家人起诉要求医院赔偿各项经济损失300万元、精神损失100万元。立案后，蔡某和她的家人三番五次来找黄志丽：“这个赔偿费用你们法官说了算，法官你要多判一点给我。”开庭当天，黄志丽听到办公室外面有奇怪的声响，出门一看，竟然是蔡某将几个月大的婴儿留在了门口的座椅上。黄志丽赶紧把孩子抱进办公室，擦洗、喂水后，带着孩子到妇幼保健院检查。确认孩子没什么大碍之后，黄志丽给蔡某打了电话，一番苦言相劝，蔡某来到了妇幼保健院，看到黄志丽正细心地抱着孩子，她不好意思地低下了头，态度终于开始软化。接下来的几个星期里，黄志丽一有空就到蔡某家里，讲情讲法讲理，既指出由于医院未在蔡某做产前彩超时判断出胎儿过大，导致蔡某一家承担了巨大精神损失，也点明蔡某家属自身也应承担一定的责任，且要求赔偿的数额不合理，让家属一方也退让一步。在黄志丽的不懈努力下，双方终于达成一致，蔡某也保证一定会好好照顾孩子。还有一次，一位80岁高龄的老大娘在交通事故中左腿粉碎性骨折，卧病在床无人照顾，黄志丽不仅为她赶赴外省追讨赔偿款，而且悉心照顾她3年多，直至老大娘去世。黄志丽这样说道：“十多年的基层审判实践，让我深切感受到，只有设身处地为群众着想，才能真正赢得群众认同。”

做一个脚下永远沾着泥土的法官

为了回应群众对司法的新要求、新期待，芗城区法院支持黄志丽大胆创新，把司法为民的台子搭进社区、乡村，创设了黄志丽法官工作室，坚持每周两次进社区、下农村，开展巡回办案、诉前调解、法律咨询，化解涉诉信访问题，宣传法律知识。

2012 年，黄志丽法官工作室进驻漳州市东园社区后，法官每周两次准时出现在社区，通过与街道、社区调解委员会等组织的密切配合，为居民排忧解难，办了大量好事实事，被群众亲切地称为“家门口的小法院”。社区居民吴阿姨，一家三口都是残疾人，丈夫下岗，全靠吴阿姨做点手工活维持生计，每月收入不到 1000 元。一天，儿子骑车撞倒一位老人，造成老人骨折住院。老人告到法院，要求赔偿 3 万元。了解情况后，黄志丽意识到：吴阿姨家这么困难，对她来说赔多少都是天文数字，原告的家属情绪激动，处理不好还可能走极端。她找到老人说：“按法律规定，最多赔偿 1 万元，可是被告家庭困难，你们是不是让让步。”老人态度坚决，不肯答应。黄志丽第二次登门，被拒之门外。第三次，老人儿子吼道：“你是不是收了好处，总替他们说情？”黄志丽没有辩白，仍恳切地说：“只请你跟我到被告家看一看好吗？”结果去了后，看到被告家徒四壁，了解到这一家三口都是残疾人，老人儿子口气顿时软了下来，说：“黄法官，原谅我们不知情，就听你的吧。”案件解决后，黄志丽给吴阿姨的儿子介绍了工作，社区也为吴阿姨家办了低保。实践证明，黄志丽法官工作室能够化解大量矛盾，帮助社区建立了一套解决问题的长效机制，让纠

黄志丽在黄志丽法官工作室外送调解成功的当事人

纷不出社区，把矛盾化解在萌芽状态。例如，有个小区已经交房5年多了，却因开发商改变了幼儿园的配套规划，导致业主无法办证，开发商又拒绝赔偿违约金，引发业主们强烈不满，业主将开发商告到法院。诉讼期间，部分业主闹到开发商办公楼，拍着桌子说：“拿不到违约金，我们就把售楼部砸了。”黄志丽赶到现场，安抚大家说：“合理的诉求，用极端方式，只会适得其反。”她找到开发商，给他算了一笔账，开导说：“按合同约定，违约金想赖是赖不了的，幼儿园也得建，拖的时间越久，你的损失就越大，企业的形象也没了。”经过反复协调，开发商与业主达成调解协议。黄志丽当天就把办公桌搬到了小区里，和其他法官手把手教社区干部制作协议书，没起诉的业主也通过社区与开发商签订了协议，并由法院进行了司法确认。这一群体纠纷就这样化解了。其实，一次次调解民事纠纷，也是一场场的实地培训，既为社区群众普及法律常识，又传授社区干部调解技巧，有

3名社区干部之后当上了人民陪审员。现在，黄志丽法官工作室已经推及乡村、社区，成为化解矛盾、维护和谐的稳压器，成为普法宣传、为民服务的大舞台。

坚持公正司法　赢得群众认同

黄志丽始终忠于法律，追求公正。她认识到，让人民群众在每一个案件中都能感受到公平正义是法官的神圣职责。法官办案，不仅要做到公正司法，而且要做到案结事了人和。例如，一起女方投诉遭受丈夫家庭暴力的离婚案，女方丈夫患有间歇性精神病。考虑到女方没有工作，男方病退有些收入，一旦离婚，女方生活可能面临困难，男方一家包括其母亲也会无人照顾，黄志丽反复做工作，最后调解结案，男方积极治疗精神病，保证不再实施家暴，女方留下来照顾一家老小。案子圆满地解决了，一家人终于重归于好。在实践中，黄志丽还认识到，只有严格依法公正审判，释法说理取信于民，赢得人民群众认同，才是群众需要的公正。她还办理过这样一起案件：一家施工队起诉某建筑公司，要求支付拖欠已久的桩基工程款。由于桩基属于隐蔽工程，现场已经看不到，被告又拒不承认，开庭时原告只有项目经理及施工工人的证人证言。如果严格按照证据规则，法院可以驳回诉讼请求，但原告言辞激烈，甚至对天发誓说桩基款被欠是真的。黄志丽感到其中必有隐情，她向各方当事人做了调查核实，最终从设计单位的档案里找到了当年桩基施工的资料，在证据面前，被告只好接受判决并很快支付了拖欠的工程款。原告连连称赞黄志丽是当代的"女包公"。同样，在面对疑难复杂、矛盾激烈的群体性案件时，黄志丽一样能够妥善处理。2008年春节前夕，发生了一起百名建筑工人讨薪案件。当黄志丽赶到现场时，工人们围在办公楼前，场面非常混乱，冲突一触即发。黄志丽立刻走到人群前面，安抚大家。看到他们还没吃饭，她自己掏钱让人去买快餐。了解到欠薪的主要原因是工程款没拨下来，她马上找到开发商进行告诫并准备先予执行，开发商终于预付了30万元。工人们领到工资后，高兴地围着黄志丽，感动地说：“黄法官，就冲着您，明年我们还来漳州。”还有一次，黄志丽接到电话，得知有个案件的原告方几十个村民正围堵工地强行阻止施工，立即赶到了现场。只见工地上一片混乱，有人大声叫骂，有人往里扔石头，村民情绪激动。原来，开发商在村边开发新楼盘，打桩产生的强烈振动，造成周边民宅墙体开裂，村民向开发商索赔100万元。开发商认为，索赔过高，还担心解决了这拨人，又会有另一拨人，没完没了。就这样，双方争执了1年多，冲突不断。当日，村民刚到法院起诉，就又围堵了工地。了解情况后，黄志丽挤到人群前面，大声表明身份，说：“你们放心，法院会给大家一个说法。”她竭力安抚村民，留下村民代表商谈，劝导其他人离去。这个案件，若按一般程序，要经过鉴定、评估等过程，最快也得半年结案。黄志丽深知，再拖下去，施工无法进行，拆迁户不能按期回迁，还会引发更大矛盾。为尽快化解纠纷，她东奔西走，一方面深入走访村民，反复核实情况；另一方面，多次找到开发商，晓之以法。在她的努力下，双方最终确认受损村民32户，共赔偿35万元。一起持续1年半的群体纠纷，在5天内得到化解。

严于律己　清正廉洁

清正廉洁是群众认同司法的基础，是公正司法的保证。参加工作以来，黄志丽在面对金钱、人情、关系的诱惑时，始终保持清正廉洁本色，始终坚守法官职业操守，绝不让司法的天平倾斜。在处理一起遗产分割案时，60多岁的阿婆前后三次分别拿了茶叶、购物卡和现金，硬要塞给黄志丽。黄志丽每次都耐心解释，告诉阿婆不能收她的东西，一定会公正办事。最终案件顺利调解，阿婆抹着泪再三感谢："黄法官，之前你说会像我闺女一样，现在我相信了，你说的是真心话。"事实上，法官不是生活在真空中，也常常遇到各式各样的人情考验。案子到了法院，遇到说情打招呼的，她除了讲清政策和法律，还会说服说情人助力化解纠纷；碰到送礼的，她也会委婉拒绝；有时压力太大，她就会直接请领导出面解释。黄志丽始终提醒自己：在当事人眼里，法官代表的不是个人，而是一个群体，所以一言一行至关重要。她十分注重个人修养，始终保持积极向上的生活态度。读书学习是她最大的爱好，广博的阅读扩大了她的知识面，也陶冶了她的性情，提升了她为民司法的能力。她还喜欢研究心理学，这提高了她和不同当事人之间的沟通技能，提升了办案效率。但她对生活的要求很低，同事们都知道，她喜欢的是"青菜萝卜糙米饭，一壶清水菊花茶"的生活方式。正是在健康情操的陶冶下，黄志丽焕发着动人的人格魅力。她曾发自肺腑地说："很难找到一份职业，让你看到人生百态、感受到喜怒哀乐；很难找到一份职业，让你每天都面对挑战，哪怕同样的案由，不同的当事人、不同的起因，会将事件引向什么样的结局，都需要你的智慧和耐心。每一份裁判文书，必须有缜密的逻辑，每一起案件的审结，都有一种获得成就感的满足和喜悦，这个过程体现了价值衡量的美妙、利益博弈的精巧，我时常陶醉其中，乐趣无穷。"

这些年，黄志丽走在路上，常会有人和她打招呼，称呼她丫头、闺女、妹子等等，她也记不清是哪个案件的当事人了。有同学朋友问她：“怎么他们这么亲切地称呼你？”她自豪地说：“这是对我的认可呀！”无疑，这也是对她工作的肯定，对她法官生涯的认同。十几年来，黄志丽用公正的司法、廉洁的操守和无私的大爱，把岗位作为奉献的舞台，将爱心延伸到庭外，努力让人民群众在每一个司法案件中感受到公平正义。但她却从不懈怠，常常扪心自问：党要求我做什么，我做了没有？法律要求我做什么，我做到了吗？群众希望我为他们做些什么，我是不是已完成了？

倘若问她的理想是什么，她会毫不犹豫地说：“我希望有一天，能看到一个天下少讼无讼的桃花源！”

您好，漳州 110

何葆国

漳州 110 简介

“漳州 110”全称为福建省漳州市公安局巡特警支队直属大队，其前身是成立于 1986 年的漳州市公安局芗城分局治安巡逻中队。“漳州 110”是全国公安机关最早实行警务机制改革的基层单位，1990 年引领全国建立 110 报警服务台和快速反应机制，实行巡逻与接、出、处警一条龙服务的警务机制，开创警务改革先河。1996 年 8 月，公安部在漳州召开现场会总结推广其先进经验，推动全国各地开通 110 报警服务台，使 110 成为人民警察队伍的标志性品牌。1997 年 11 月，国务院授予其“人民的 110”荣誉称号。2020 年 1 月 10 日，在首个中国人民警察节，中共中央宣传部向全社会公开发布福建省“漳州 110”的先进事迹，授予他们“时代楷模”荣誉称号。

“您好，110，请问您需要什么帮助？”

当你面临危难需要帮助之际，无论何时何地，只要拨打 110，耳边便会响起关切、温暖的声音。

这不是电脑程序设置的话语，电话线那头是一个警察，你可能永远不知道他（她）的姓名，但他（她）像亲人般听完你的描述，随即毫不犹豫地说：“我们马上就到！”

这充满力度的话音刚落，一个或者多个警队被迅速调度，警车风驰电掣般驶向现场……

这不是影视上“出警”的场景，而是普通百姓时常可以遇到的情形：刚刚打完 110，警察就从天而降似地出现在你的面前。

110，这三个最简单的数字组合，演绎着警察与百姓之间最紧密的故事。这个耳熟能详的报警电话，早已成为老百姓心中的平安符，而 110 警察则是“人民的保护神”。

据说，20 世纪 80 年代中期，初创报警电话时之所以定为 110，是因为当时那种转盘拨号电话机，拨“1”时间是最短的，“0”则最长，先拨最前头的两个“1”，再拨那个处于最末尾的“0”，这样可以增加一些拨号时间，方便报警人调整心情，从而能够完整地叙述情况，防止遗漏重要信息。根据公开报道，1982 年，广州市公安局开始尝试启用“110”来接受群众的电话报警。1984 年，广州市公安局着手设计报警台的全市通用指挥、联络系统。1985 年下半年，系统开始进入调试阶段，1986 年 1 月 10 日，第一个 110 报警台正式建立。不过那个时候，这个号码被称为“匪警电话”或“盗警电话”，功能单一，似乎跟老百姓不怎么相干。比如，福建省漳州市公安局芗城分局早在 1985 年 5 月 1 日就安装了 110 报警电话，但是直到 1990 年，总共才接警 22 起，平均一年不到 5 起。也正是在 1990 年 5 月，在这个南方小城，原来安装在刑警队的 110 盗警电话被迁移到治安巡逻中队。8 月 1 日，110 报警台正式开通，12 月 5 日，110 报警台改为 110 报警服务台。事情渐渐起了一些变化，谁也料想不到由此引发了一场“警务革命”。

有位诗人曾经写道：蚕在吐丝的时候，没想到会吐出一条丝绸之路。这个南方小城的 110 警察们也没有想到，他们首创的快速反应机制，开启了维护治安与服务人民并重的先河，成为共和国公安工作发展史上的一个里程碑。1996 年 8 月 27 日至 29 日，公安部在这个南方小城召开全国公安机关 110 报警服务台建设现场会，如此高规格的现场会，令“漳州 110”一夜之间名扬大江南北，更重要的是，“漳州 110 模式”得到了高度赞誉。公安部在现场会介绍并推广“漳州 110”的先进经验，号召全国公安机关向“漳州 110”学习，推动全国各地 110 报警服务台的规范化建设。

110，报警与服务，这种并驾齐驱的警务模式发端于漳州，“忽如一夜春风来，千树万树梨花开”，短短 4 个月内，全国大中城市全部开通 110 报警服务台。据统计,1997 年全国 110 接警总量 595 万起，2004 年突破了 1 亿起，从此，每年接警总量都在 1 亿起以上。在这个数字的后面，是广大人民警察数十载的忠诚职守、数十载的拼搏奋斗。如今，110 已经成为人民警察的代名词，110 也逐步发展成为公安机关最闪亮的品牌。因此 ，2020 年 7 月，经党中央批准、国务院批复，自 2021 年起，将每年 1 月 10 日设立为“中国人民警察节”。

2021 年 1 月 10 日，共和国历史上第一个警察节，就在这个光荣而神圣的日子里，中共中央宣传部授予“漳州 110”“时代楷模”荣誉称号。这是何等的荣光，又是多么骄傲的高光时刻——对“漳州 110”这支不忘初心、赤忱为民、绝对忠诚、绝对纯洁、绝对可靠的警察队伍来说，是众望所归，实至名归。

2021 年 1 月 10 日，中共中央宣传部授予“漳州 110”“时代楷模”荣誉称号

早在 1997 年 11 月 26 日，国务院便授予“漳州 110”“人民的 110”荣誉称号。这些荣誉和表彰，以及全社会的鲜花与掌声，带给他们更多的是鞭策和责任，他们从未懈怠，与时俱进，一直走在改革强警、锐意创新的道路上。“时代楷模”，这是党和政府对这支队伍的肯定与赞誉，他们当之无愧。作为忠实践行习近平总书记“对党忠诚、服务人民、执法公正、纪律严明”总要求的优秀公安基层单位代表，他们还是新时代人民美好幸福生活的守护者，是基层社会治理体系和治理能力现代化建设的践行者。“漳州 110”身上所展现出的政治性、人民性、时代性、先进性，特别是在新时代不断丰富、拓展价值追求和精神内涵，始终不渝地坚持以人民为中心的发展思想，这些都得到了广大人民群众的高度信赖和拥护——他们是新时代的楷模！

“漳州 110”的成长历程，正是一部以人民为中心的奋斗史和发展史。

“快速反应、热情服务”，网格化、全天候巡防接处警模式，市区主城区时刻保持 16 个梯队 32 名警力在街面巡逻接处警，全队年均处置警情数 3.9 万起，年平均巡逻里程数可以绕地球 20 圈……须知，这只不过是一支 240 人的警队，警力有限，而日益增多的报警电话中有不少是非警务的，比如水管破裂、路灯不亮、挪车等等，为了不让有限的警力陷入困境，好钢用在刀刃上，漳州市委、市政府早在 1998 年就建立了以“漳州 110”为龙头骨干的“110 社会服务联动机制”。在新时代的新形势下，如何强化、优化这个有效的机制？一花独放不是春，百花齐放春满园。“漳州 110”作为一个优质品牌，应该发挥更多的示范作用，从警界到社会各个领域全面呈现辐射效应。

“漳州 110”与“民生 110”“民间 110”“社区（乡村） 110”共同形成了民生保障和服务社会的联动大格局。政府服务有温度，模式创新有高度，群众体验有深度，这使得漳州日益成为人们向往的宜居宜业城市。

在“漳州 110”的示范带动下，漳州市公安局做大做强“反诈 110”，以“六快”（报警快、研判快、查询快、止付快、封堵快、抓人快）为目标，整合公安、银行、电信资源，研发建设漳州市反诈骗指挥信息系统，实现工作指令以电子网格化形式推送，建立涉案账户“双轮止付”和涉案号码“双向封停”机制，实现精准预警防范、精准高效打击、快速止付资金，取得了打击电信诈骗犯罪“两升两降”（破案数、查处违法犯罪人员数上升，立案数、群众损失数下降）的显著成效。与此同时，创新建立“交通 110”。2017 年 8 月 4 日，漳州市公安局坚持高起点、高标准、高要求，立足实战、务求实效，在全省率先建立“交通 110”——交警特勤机动队，履行城区交通服务和应急增援等职能，得到了上级领导、社会各界和人民群众的高度赞扬。“交通 110”根植“漳州 110”的“快速反应、最快处置、主动应对”基因，实行动态巡防、住队备勤工作机制，统一调度指挥，统一装备标识，统一勤务模式，主要职责是执行警卫安保、应急处突、疏堵保畅、交通管制和大型活动交通保障等任务，参与道路交通整治专项行动，通过精准打击、铁腕整治，与常态化路面查处管控互为补充，有力推动市区交通秩序优化提升。如今，“以人民为中心、永做人民保护神”的新时代“漳州 110”精神和服务模式已由漳州公安向政府、基层、人民群众延伸，随之诞生的“民生 110”“民间 110”“社区（乡村） 110”等一系列品牌，把以人民为中心的发展思想辐射到社会各行各业，引领带动社会职能部门加速转型升级，进一步推动基层社会治理体系和治理能力现代化建设。在漳州这个百花盛开的高颜值城市里，如果把“漳州 110”比作迎春花，“民生 110”“民间 110”“社区（乡村） 110”“反诈 110”“交通 110”则如水仙花、木棉花、月季花、芍药花、兰花，姹紫嫣红，争奇斗艳，共同渲染着新时代最美丽的春天。漳州市委原书记邵玉龙表示，以“漳州 110”为抓手实现共治善治，我们希望人人都是“110”。

2020 年 11 月 10 日上午，漳州市十六届人大常委会举行第三十五次会议，会议通过了市人民政府关于提请林晓东同志任职的议案，决定任命林晓东同志为漳州市人民政府副市长、公安局局长。会上，林晓东做了供职发言和宪法宣誓。当天下午，林晓东便到“漳州 110”调研，这是他上任后的第一件公务。在市局党委副书记、常务副局长黄跃欣的陪同下，林晓东参观了“漳州 110”事迹展览馆，观看了公安特警五项训练和武器装备展示，深入队员之家慰问了一线民警，并与支队、大队领导进行了座谈。座谈中，黄跃欣介绍了支队班子和支队近些年工作成效。李海宁支队长汇报了支队基本情况和当前重点工作。林晓东对支队建设给予充分肯定，表示一直以来就很关注“漳州 110”的建设发展，对支队下一步工作提出了四点要求：一要增强护旗意识。“漳州 110”是全国公安战线的一面旗帜，我们要像爱护自己的眼睛一样爱护它。要继续努力传承“漳州 110”精神，践行宗旨，再创辉煌。二要强化队伍支撑。队伍质量建设是根本。要以党建引领队建，建设过硬班子。要通过提升职业素养，强化职业道德，内强素质、外树形象，保持好、发展好巡特警这支光荣队伍。三要加强机制创新。要以最有效打击犯罪、服务人民为目标，推动勤务机制创新。要在“快”字上下功夫，以“快”为切入点解决机制运行、效率提升问题，继续在勤务机制创新上当尖兵。四要严抓队伍管理。要坚持政治建警、全面从严治警。继续保持准军事化管理，开展好一人一事思想工作，加强思想引导，及时化解矛盾隐患，确保队伍安全稳定。

早上任职，下午调研，第一站便是“漳州 110”，市局领导的重视和关爱由此可见一斑，这对“漳州 110”来说是一种鼓舞，也是一种鞭策。百尺竿头，更进一步。如何实现新的突破，抓实抓细抓到位，创新创优创品牌，这是“漳州 110”的当务之急，因为成绩代表过去，新的征程里必须有新的作为，这才是新时代“漳州 110”精神的应有之义。在“漳州 110”基地，笔者几次与黄海强大队长、张斌教导员交谈，深切感受到他们忠诚担当、追求卓越的拳拳之心。黄海强说：“‘漳州 110’要从零出发，向前、向前再向前。目前‘漳州 110’5 分钟内到场率 86.04%,10 分钟内到场率基本实现 100%,‘两抢’破案率达 100%，群众满意率 100%，但是，我们自己还不满意，5 分钟到场率还是可以提升的，这就需要借助新的支撑，极致地追求每一个细节。”

人勤春来早，风正好扬帆。2021 年 1 月 1 日，漳州市公安局正式成立“漳州 110”大数据合成作战中心，打造全链条闭环快速反应机制。黄海强说：“用合成作战来推动它，用更快的速度去破案，追赃挽损才是对受害者最大的公平正义。挽损率提高后，人民群众的体验感就提高了。要积累每个小体验，最终让其成为新时代最好的大体验。”

习近平总书记说过：“抓创新就是抓发展，谋创新就是谋未来。不创新就要落后，创新慢了也要落后。”纵观“漳州 110”的历史，因创新立，因创新强，因创新兴。

面对不断发展变化的社会治安形势和人民群众的新期待，“漳州 110”必须不断探索，始终在改革中创新、在创新中发展，持续推动警务机制转型升级，不断满足人民群众对美好生活的需求。上任伊始，林晓东便开始思考探索“创新”这个课题。“漳州 110”的未来只能是一条不断创新的为民之路。林晓东说：“我们将继续聚焦不断提升人民群众的获得感，以 110 合成作战中心为依托，为‘漳州 110’装上‘最强大脑’，全面打造全链条闭环快速反应机制，不断推动警务机制转型升级，用行动捍卫‘人民的保护神’的神圣荣誉。”

这是一场悄然启动的勤务改革，一切都在运筹帷幄之中。创新的核心从此前的“快处快打”向“快派快处、快破快挽、快督快结、快奖快惩”转变。作为一名学者型警官，林晓东早有成竹在胸，他说：“目前，我们按照整体、系统、融合的理念，组建了漳州市公安局 110 合成作战中心，以‘漳州 110’为革新龙头，整合优化警务资源，打造主责主业全链条快速精准作战体系，推动维稳安保、社会防控、打击整治、执法规范、队伍管理全要素创新发展，探索建立职权清晰、集约高效、智慧灵敏、专业实战的现代警务模式，探索出一条彰显时代特征、符合公安实际、具有漳州特色的改革强警之路。”

这最新一轮警务探索方向最显著的特点是合成作战。漳州市公安局整合了局内的优质警务资源，从刑侦、治安等部门抽调合成作战专业人员，组建110合成作战中心，强化后台的情报研判分析，为“漳州110”等前端警种部门的“快接快处、快破快挽”装上“最强大脑”。

走进漳州市公安局110合成作战中心，每个工位上，熟谙合成作战和信息研判的专业人员正紧张地忙碌着。

“没想到这么快就破案了，太感谢了。”1月2日19时，蒋先生看到自己失而复得的自行车，紧握着“漳州110”民警蔡景林的双手说。3小时前，蒋先生的自行车在漳州市芗城区一服装店门口被盗。根据指令，路面“漳州110”巡逻组仅用1个半小时就在案发现场附近抓获犯罪嫌疑人周某、范某，缴获被盗自行车。

1月3日18时，一名群众报警称，有人在芗城区某食杂店抢夺物品后逃离。接报后，110合成作战中心立即开展研判，协同芗城分局扩大监控排查范围。1月4日14时锁定嫌疑人位置，指令“漳州110”出警，当日15时便抓获了陈某等3名嫌疑人。“合成作战让我们的行动更有目的性，有效提升了破案挽损的能力水平。”负责处置这起案子的“漳州110”民警陈志鸿说。

新改革，新成效，新局面。低调务实的林晓东表示：“新一轮警务改革刚刚起步。我们将充分优化警务资源配置，依托合成作战中心，发挥数据资源优势，有效支撑‘漳州110’科学用警、科学勤务，探索新时代市域警务机制改革之路，引领漳州公安警务机制改革更快更好发展。”

一切的探索，一切的创新，都是为了人民，突出忠诚使命，突出止于未发，突出更快更灵，突出共治善治。林晓东说：“警务运行机制改革带来警务效能的有效提升，随之得到进一步提升的是公安机关社会治理体系和治理能力的现代化。”诚如斯言，目前，受“漳州110”警务机制改革创新的辐射带动，漳州聚合社会各界力量，形成共建共治共享的基层社会治理格局，有力推进了市域、县域社会治理体系和治理能力现代化。漳州市区还发生过一起飞车抢夺金项链的案件，警方迅速锁定犯罪嫌疑人，并联合“龙溪猎鼠队”蹲守 3 个多小时、追击数公里，抓获犯罪嫌疑人 1 名。这是一起在漳州城乡社区网格治理“2+N”模式暨“社区（乡村）110”支撑下破获的典型案例。“2+N”模式中的“2”即“二员”，指城乡社区农村的网格员和民警（辅警）；“N”是指治安巡防队、法律援助队、志愿服务队等若干支专门队伍。在具体运作中，由所在社区（村居）“两委”成员担任的网格员和按“一社区（村居）一警（辅警）”配置的民警（辅警）发挥人熟、地熟、情况熟的优势，专职承担采集基础信息、收集社情民意、排查整治安全隐患、排查化解矛盾纠纷、宣传政策法律法规、代办公共服务等职责和任务，加上因地制宜组建的治安巡防队、法律援助队、志愿服务队等若干支专门队伍，组成城乡社区综合治理的一张大网，实现“矛盾不上交、平安不出事、服务不缺位”的目标。

改革永无止境，创新未有穷期。“漳州 110”志存高远，脚踏实地，深入实施合成作战、强基固本、智能防控和服务升级工程，全力打造“快派快处、快破快挽、快督快结、快奖快惩”的全息作战体系，助推实现公安工作高质量发展，打造人民群众满意链，他们一直走在第一线……

如果把“110”的两个“1”比作一双奔跑的脚，那么他如何跑得又快又灵（“0”）呢？早期的“漳州 110”几乎做到了极致，他们从 3 楼值班室出警滑竿，不走楼梯，测算一下可以节省 50 秒；值班睡觉三不脱，不脱衣不脱裤不脱袜，和衣而卧，测算一下可以节省 35 秒；在值班室等报警太远，就设岗亭，屯警在街面。1 个新入警的民警跟中队长一起接警处理结束，那正是大夏天的正午，他渴得不行，路过岗亭时，喝了 1 杯水，还想再喝 1 杯，中队长告诉他：“解渴就好，别喝多了，万一待会上厕所时接到警情，可是要耽误几十秒，我们的1秒，可能就是人民群众生与死的时间差啊。”快快快，哪怕只是更快1秒！社会的发展越来越快，现实的斗争越来越复杂，群众对“漳州110”的要求也越来越高，为了更快更灵，一代又一代110人，想了很多很多办法。在那个没有导航定位的年代，如何准确找到小区的楼栋，不走弯路，他们的办法是，一栋一栋地画下来。在那个没有人脸识别的年代，如何更快护送迷路的老人回家，他们的办法是，把老人的特征一个一个地记下来。在早期的十年间，“漳州110”通过一起又一起的报警，记录了1629名迷路老人的信息，小到一颗痣，一枚银手镯，一根木质的拐杖……如果没有一颗为人民服务的赤子之心，他们怎么会这么辛苦这么笨拙地追求细节？如果没有一腔为警旗增辉添彩的澎湃激情，他们怎么能持之以恒地坚持这么多年？“一个人做一件好事不难，难的是一辈子做好事。”对“漳州110”来说，难的是几十年如一日地做好事，难的是全队上下、44批次527人都有一样的态度、都以一样的干劲坚持不懈地做好事。

这种难到几乎不可能的事情，一群人用几十年的时间，踏踏实实地做到了，并且还将做下去。一般人做不到的事情，他们做到了，而且越做越好，因为他们的血脉里融入了铁一般的信仰、铁一般的信念、铁一般的纪律、铁一般的担当。寒来暑往，春华秋实。“物转星移几度秋”，变的是更快更灵的勤务模式，不变的是永远的赤子之心。

这几十年，在历史长河里只是一朵小小的浪花，但对“漳州110”来说，一路走来，筚路蓝缕。他们创造历史，同时也被历史所书写。

“您好，‘漳州110’。”当你在漳州拨通110电话，传来的是一声亲人般问候的话语，那是向你致意，表白一种随时随地的服务。行文至此，我想以人民的名义说一声：“您好，‘漳州110’！”

生之光华 逝之绚烂

唐 颐

孙丽美简介

孙丽美，1977年5月出生，福建霞浦人，中共党员，生前为福建省霞浦县古县村党支部书记。她17年如一日扎根基层一线，夯实基层组织，发展集体经济，建设美丽乡村，恪尽职守、勇于担当，在平凡的岗位上做出了不平凡的业绩，用真心真情赢得群众的拥护支持，被当地群众视为知心人、贴心人、领路人。2021年8月6日，在防抗台风“卢碧”中，孙丽美冲锋在前，不惧危险，不幸被洪水和淤积物卷走，因公殉职。被追授“福建省优秀共产党员”“全国三八红旗手”“八闽楷模”“时代楷模”等荣誉称号。

壮烈殉职

宁可十防九空，不可一次放松！

这是八闽大地朗朗上口的防范台风指令，也是曾经用血泪教训凝结而成的警句。每逢台风登陆前后，福建省各级干部必定全员动员，战斗在第一线，抗台防患救灾，保障人民生命和财产安全。

2021 年 8 月 6 日，9 号台风“卢碧”登陆福建，霞浦县境内暴雨如注，古县村党支部书记孙丽美与她的 3 位同事顶风逆行，巡查各项防范措施落实情况。

此时的金沙溪水位暴涨，浊浪滔天。这种情形，让人回想起 3 年前台风“鲶鱼”登陆后的满目疮痍，洪水淹没千亩良田，农民一年的劳作毁于旦夕。

孙丽美在抗击台风中义无反顾的身影

村庄上游有一座未设护栏的便桥，水泥钢筋浇筑而成，桥下并列6个圆形涵洞，直径约1米。当时，只见汹涌洪水如一条暴烈恶龙，在风雨的助威下，从古县山间奔泻直下。它裹挟着树干藤草，堵塞涵洞，巨大的阻力撕扯着桥身。孙丽美他们4人踏上桥面时，已经感觉到了桥身的颤动。他们毫不迟疑，迅速清理涵洞堵塞物。孙丽美扯住一把藤草想拉开，藤草传导上来的反弹力，让她一个趔趄跌落桥下。说时迟，那时快，3位同事一拥而上，手疾眼快抓住了孙丽美的双手。此时大约下午2点40分。

3位同事分别是松山街道沙塘工作站（负责古县村等3个行政村）站长汤辉、古县村驻村第一书记樊丽丽和古县村主任孙万进。汤辉与樊丽丽抓住孙丽美左手，孙万进抓住孙丽美右手。孙丽美的身体被卷入涵洞中，水流吸力极大，3个人使尽全力，愣是拉不上来。在风雨、水流交织的喧响中，汤辉喊道："樊书记，你一定要坚持住，我跳下去托你。"孙丽美马上高声回应："汤站长，你不要下来！快上去，快上去！不要管我！"

在孙丽美因公殉职近1个月时，笔者采访汤辉，请他回忆当时的情景，汤辉说着说着，眼眶就红了："我跳下河，双手想抱住她后背托上岸，但水流太急，根本抱不住。我也被卷入涵洞，冲到她身下，感觉全身都被藤草缠住。那几秒钟里，我想了很多，想到救不了孙丽美，自己也要死了。还想到了儿子。"

很快，急流把汤辉从涵洞冲出，他奋力向溪畔划水，直至被冲出20余米外的溪流转弯处，终于抓住溪边的草丛，踉踉跄跄爬上岸，立马往桥头拼命跑。此时，他看到孙丽美也从涵洞被洪水冲出，再度跳入湍流，无奈怎么拼命奋力，都追赶不上急流速度，望着孙丽美的身影从眼里倏忽消失。等他再度爬上岸，已是筋疲力尽，瘫趴在地呕吐不已。他的四肢、胸背伤痕累累，血流不止，嘴巴耳鼻尽是泥土。

汤辉次日高烧不退，大病一场，至今还夜夜服安眠药方能入睡。

樊丽丽到古县村任驻村第一书记才26天，面对采访镜头，讲述当时情景，嗓音哽咽，失声涕泣起来："当时丽美一边喊：'汤站长，你不要下来！快上去，快上去！不要管我！'一边想松开我的手。我也大喊：'丽美，你不要松开我的手，不要松开我的手！'"事后，有村民发现，因跪在桥面救援，樊丽丽的双膝都有大片的紫红瘀肿。

孙万进是孙丽美的好搭档，这位中年汉子面对采访镜头，回忆孙丽美殉职的情形，捂脸落泪。他为自己没在那个非常时刻采取更好办法营救孙丽美感到愧疚自责。

其实，面对无法抗拒的大自然，大家都竭尽全力了。他们是真正的英雄团体——生死与共，不离不弃。

孙丽美被洪水冲走的消息一传开，各方人员迅速赶来搜救。古县村"两委"班子成员和众多村民赶来了；县里与街道领导赶来了，并派出专业搜救队；孙丽美的家人也赶来了。300多人参与搜救，手挽手，地毯式地踏遍这条平时风光旖旎，如今却凶残咆哮的金沙溪。晚上9点过后，在下游5公里处，人们找到了孙丽美。她已经永远闭上了那双美丽而温柔的眼睛。

大家不相信孙丽美就这么走了，也许只是连日来的疲劳，她闭上眼睛休息一下吧。孙丽美这两天连轴转的工作场面，像过电影般浮现在大家眼前：

8月5日晚8点，孙丽美带领10多名村民，清理因台风塌方的村道；晚上10点，她和村"两委"成员到养殖户家中，动员他们转移；凌晨，召开村"两委"成员会议，逐一检查防台方案落实情况。恰巧松山街道党委负责人一行到村里督查防台工作，孙丽美汇报完防台工作后，接着汇报古县村接下来的乡村振兴规划，并抓住机会提出：年底前硬化一条615米长的机耕道，开发后山100多亩荒地，建成一个现代化农业项目等等，请上级支持。街道领导与村“两委”成员相谈甚欢，直到下半夜才散会。孙丽美当晚便睡在村委楼值班室。8月6日上午，孙丽美又到万寿寺，看望居住在寺院的7位老人，检查防台措施。

红色家风

登高俯瞰古县村风貌，恍若紧缩版的福州三坊七巷。村中央的方块乌瓦土墙、天井敞亮、街巷有序、古榕蔽荫。随着视野移动，画面展开，城垣沧桑、阡陌相交、背山面海、风光宜人。

古县村文化底蕴深厚，民风厚重淳朴。民风又是由万户千家的家风组成的。孙丽美壮烈殉职后，人们把目光投向她的家庭，由此发现了一种令人赞叹的家风。

自发赶来悼念孙丽美的群众

8月11日上午，霞浦县殡仪馆，有2000多人自发参加了孙丽美的遗体告别仪式。人群中，缓缓行走着一支特殊的队伍，10多位年逾花甲的老人，簇拥着一块花匾，上题：孙丽美同志一路走好。署名：原古县大队插队知青。

笔者就此采访了发起人唐绍平先生。唐先生告诉我，他1975年高中毕业后到古县大队（村）插队，是古县知青点点长。当年全大队共两批29名知青，男知青住大队会场，在舞台上打通铺，女知青住卫生所。当时，孙丽美父亲孙裕农是大队支部副书记，为人公道、朴实、热心，特别关心知青。在生产、生活中，知青遇到什么困难，都会找他帮忙。知青和他的关系亦师亦友。老知青们得知因公殉职的女支书是孙裕农的小女儿，不约而同相聚一起，送别孙丽美。之后，他们又去古县村看望老支书，劝慰老人家节哀。

孙裕农与妻子育有三男二女，全家共有5名中共党员。他1975年入党，任过生产队长、大队长、支部书记，任村干部时间近30年。那天，笔者一行去看望他们一家人，攀谈起20世纪70年代的往事，老人告诉我，他最初担任第六生产队队长，曾与三队联合办了个烧瓦厂，烧出的青瓦销路好，两个生产队以副业收入贴补农业，社员每天挣10个工分，可分红1.5元，工分值是全公社最高的。

孙裕农老伴向我们“抱怨”：“老头子一生‘好高’，最喜欢奖状和奖牌，他当了近30年村干部，获得奖状、奖牌33面，挂满大厅两旁墙壁。前些年，墙壁重新粉刷，我只好把它们取下来。老头子还骂我不够小心，扯坏了好几处地方。”

孙裕农老人的大儿子孙笃存1962年出生，在古县村连任过12年的村主任和村支部书记，2014年离任。他在任期间的工作也得到群众好评、上级认可。

2007年，县卫生监督所所长陈迎霞受县委委派，以特派员身份驻古县村工作3年整。她性格爽朗，能说会干，很接地气。孙丽美当时是村计生管理员、团支部书记，与陈迎霞很是投缘，称她“姑姑”。孙丽美喜欢跟在她身后，参与村里工作。后来，古县村男女老少都称陈迎霞为“姑姑”。

陈迎霞告诉我，孙笃存很有经济头脑，他任村干部期间，致力发展蔬菜产业，不仅成立蔬菜合作社，打开销售渠道，增加村民收入，还组织几十个种菜能手到福州长乐、连江等地租地种菜。现在，长乐雪美农业开发有限公司已是省级龙头企业，拥有3000多亩蔬菜基地，公司董事长和一批管理人员就是当年古县村走出去的种菜能手。

2018年夏，村级党支部面临换届选举，沙江镇党委（古县村2019年划归松城街道）为了物色古县村支部书记人选，多方征求意见，最后选中孙丽美。因儿子遭遇车祸在福州医院陪护的孙丽美考虑再三推却了，理由有三：一是自己没担任过村副书记、村副主任和村主任，担心一下子挑“一把手”重担，难以胜任；二是古县村孙、杨、林三大姓关系错综复杂，矛盾甚多，她夹在其中，不好处理；三是儿子尚在康复中，她要花时间陪护。镇党委认真研究后，还是认为支书人选非她莫属，镇领导还请陈迎霞出马，做孙丽美的思想工作，让她支持镇党委工作。

孙丽美征求父亲意见，父亲说：“你自己想好了，如果不干，我没意见；如果要干，就要一心一意干好！”当得知女儿高票当选时，老父亲郑重其事地对女儿说：“我当了几十年的村干部，那时候征粮征购、征收‘三金’、计划生育，大都是‘拿’群众的。现在政策越来越好，扶贫帮困、发展产业、振兴乡村，大都是‘给’群众的。你不做好，是没有理由的！”

孙丽美殉职后，孙笃存长跪父亲膝下不起，泣不成声。老父亲拍着他的肩膀说："我当了30年村干部，你当了10多年村干部，丽美才当3年，但她的3年干得好，赢过我们30年和10多年。现在这么多人念她好，值得！"

这就是千年古村展示出的党员家风、红色家风、英雄家风。

温暖情怀

手机摄像功能的普及，为孙丽美留下一些珍贵的影像。影像中孙丽美端庄、温柔、朴实、勤快，有如邻家小妹。我将自己的印象告诉陈迎霞，她表示赞同说："阿美在她父母兄长眼中就是个乖乖女，在长辈眼中是个孝顺媳妇，在同辈眼中是个好姐妹，在下一辈眼中是个好阿姨。"

"你说她好在哪儿？一个把老百姓当成亲人的干部，她怎么能不好！"面对全国《时代楷模》栏目主持人的提问，彭则安热泪盈眶，哽咽难言："阿美就像我的亲妹妹。"

彭则安是古县村民，一家6口人，靠务农为生。他于2010年患上血管瘤病，6年间做了两次手术，掏空了家底，还欠下10多万元的债务。2016年，他的女儿考上福州大学，懂事的女儿准备放弃升学机会，进城打工。当时还是村计生管理员的孙丽美非常清楚彭则安的家境，对他说："你再苦再穷，也不能让孩子没书读！学费你不用担心，我来想办法。"几天后，孙丽美帮助申请到了5000元的助学金，解了他们家的燃眉之急。2020年，彭则安女儿又考上了厦门大学的研究生。彭则安感动地说："阿美改变了我女儿的命运，也改变了我们一家人的命运。"

残疾人杨兆科年过古稀，大儿子患精神病，住院治疗费要交5000元，还差500元，孙丽美二话不说，自己掏钱补上。孙丽美还为他申请了贫困户房屋修缮费、残疾人创业基金、扶贫发展资金共5万元，扶持他种植花生、蔬菜和养兔，帮助他小儿子当上了护林员，杨兆科家庭顺利脱贫。孙丽美因公殉职后，电视台记者采访在田中劳作的杨兆科，老人家面对镜头，老泪纵横，“这么好的人，老天也不保佑她！”

陈迎霞告诉我，杨兆科大儿子患的精神病很难治，看见谁都充满敌意，唯独阿美可以亲近他，让他露出笑容。

贫困户王丽娟，公公残疾，女儿患病，孙丽美帮助她申请到“双残”补助金。孙丽美认为王丽娟有文化，心细有耐心，为她争取到村民服务中心办事窗口的岗位。村委楼三层设有支部书记办公室，孙丽美却把办公桌搬到村民服务中心，挨着王丽娟的办事窗口，说这样办公更方便，支书也是办事员。如今，王丽娟工作之余，抬眼看到空荡荡的办公桌，每一次都泪眼婆娑。

古县村人亲昵地叫孙丽美“阿美”或“阿美书记”。说起阿美对老人的关心体贴，陈迎霞知根知底。她给我讲了一个故事：2021年7月的一天，她去疫苗接种点检查工作，看见一个人头戴草帽、身穿防晒服、靠墙坐在地上，一副筋疲力尽的样子，还以为是注射疫苗后身体不适者，走近才发现是阿美。阿美坚持每天早上带一批老人到城关注射疫苗。接种点负责人见她辛苦，劝她不必每天带队，或者可以先回去。但阿美说：“不行。如果我不在场，老人们不懂得使用手机和填写表格那些手续，会没有安全感。”

陈迎霞曾经调侃阿美：“你已经是古县村的‘119’了，是不是还想当‘120’啊！”原来，古县村老人有基础疾病长期服药的，都找阿美帮助领取，几个月前遇到一种降压药缺货，需要替代药，阿美赶忙找陈迎霞帮助协调，竟然不用看花名册，就报上一大堆老人的身份证号码。陈迎霞夸她厉害，阿美回答：“这没什么。记住老人出生的年月日，加上前后固定数字，就是他们的身份证号码了。”

把群众当作亲人，把群众的事当成自家的事来办，自家事就经常顾及不上了。2010 年，阿美父亲患胰腺癌，她在医院整整陪护 59 天，医院病友与邻里都夸阿美是名副其实“父亲的小棉袄”，但到了 2021 年 2 月，父亲患胃出血住院，阿美才去看了一次，那时她正忙于国道建设征迁工作，用她自己话说：“忙得焦头烂额，实在走不开。”

2022 年 8 月 6 日是海员林德超返家探亲、接受防疫隔离到期的日子，林德超父母属低保户，按政策，隔离期间住宿等相关费用可以减免。12 点 58 分，阿美给他发来信息，请他提供个人相关资料。下午 1 点多，阿美赶回村委会，帮助林德超填写了表格，盖上村委会印章，特地交代党支部委员孙立成立即送到街道办事处盖章，务必让林德超下午顺利离开隔离点，返回家中。这就发生在阿美殉职前的 1 个多小时。

有群众调侃阿美：“阿美，你整天往村委会跑，是不是担心村委楼会被人搬走啊！”

村里有个米粉小吃店，女店主称阿美为“米粉书记”。古县村民很勤劳，白天在外劳作，只有中午和晚上登门，才能找到他们商量事情。阿美经常匆匆忙忙吃碗米粉，马不停蹄地去办事。上级干部来了，阿美也带他们到小店吃米粉，还笑言：“请你们吃一碗米粉的钱，我掏得起。”

与阿美搭档 3 年的孙万进，最服气阿美：她办事公心、用心、有责任心。2019 年 8 月，阿美左脚肌腱断裂动手术，医生建议她休息 3 个月。时值 G228 国道项目土地征迁工作进入关键时期，阿美上网定制了一双可以固定脚踝的鞋，手术 10 多天后，便一瘸一拐出现在征地现场。孙万进说：“脱下笨重的固定鞋，看到她红肿的脚踝，心疼死了！”

汤辉也给阿美发信息：“古县村国道建设征迁工作又是第一名，

有你真好！”

阿美丈夫是个种菜能手，他讲的一件事让我们颇为感动。“2020年11月，各地花菜价格卖得很好，我们家的花菜也大丰收。我对阿美说，你就请一天假，和我一起收割花菜。阿美答应说好。次日凌晨，阿美早早叫醒我，5点一起到菜田，她非常卖劲地干活，一到8点，对我抛下一句：现在要去村委会上班了。头也不回地走了。”

阿美的独生子杨鑫是个懂事的孩子，他有很多遗憾：本来计划五一节，一家三口自驾到武夷山玩两天，却因为妈妈忙于村里的事，爸爸担心误了田间蔬菜管护，没能成行。8月6日一大早，妈妈要送村里老人到县城打疫苗，问要不要顺路送他去姑姑家，因为妈妈没空给他煮饭。这竟成了母子俩最后的对话。妈妈殉职后，儿子仿佛突然长大，说：“妈妈是我的骄傲，是全家人的骄傲，我要像妈妈一样，竭尽所能为社会作贡献。”9月初，已是大二学生的杨鑫，向宁德职业技术学院递交了入党申请书。

有一天，阿美与樊丽丽走在村间小道上，暮色中，阿美看着还在田野劳作的一对老夫妻说：“我们古县的农民真辛苦，多么希望这里的农业早日现代化。”

这些琐碎的事例，诠释了阿美心细如发、兢兢业业、踏踏实实的工作作风，她不愧是群众的知心人、贴心人、领路人。归根结底，源自一个基层女支书的情怀，心系群众的温暖情怀。

坚定志向

“为古县村发展，为村里人办事，是我的职责，也是我的志向。”阿美这么说，也是这么做的。

当年的大队部会场前有一株高居山坡的老榕树，树龄200余年，树身粗壮，枝丫遒劲，荫蔽半亩。树旁就是古城门，四边路径通达，是一块风水宝地。但令人挠心的是，榕树下成了垃圾场，蚊蝇滋生，臭气熏人，住在周边的村民怨声颇多。阿美上任伊始，决心加以整治，但调查摸底后，吓了一跳，这块垃圾场的地皮竟牵涉50多户村民。阿美一户户登门拜访，讲解古县村传统村落和美丽乡村发展前景，展示将其整治建设成古榕小公园的规划，经过她苦口婆心的说服工作，终于心想事成。

那天，我们驱车前往古县村采访，停车于古榕旁的停车场，抬头望见围绕古榕垒砌的高台，状似一座石拱桥，桥旁石栏贯通，桥面石凳石桌，坐着10多位老人，喝茶闲聊，悠然自得。

据村民说，“古榕下见面”，现已成为古县村的经典约定。

陈迎霞告诉我，古县村3300多人，孙、杨、林三大姓，关系复杂，还存在历史矛盾。阿美是孙家女儿、杨家媳妇、林家外甥女，几乎和全村都沾亲带故，做群众工作就有了许多便利条件。村民都说，阿美见到谁都笑脸相迎，我们要支持她工作。但我知道，阿美少不了背地掉泪的时候。做基层工作太难了。

精准扶贫，早日脱贫，这是阿美任期的一个大目标。古县村共有29户贫困户，谁是“国定”贫困户，谁又是“省定”贫困户，他们的家底、致贫原因、扶持措施等等，阿美无不烂熟于心，连各人的身份证号码，她都能脱口而出。

党支部委员孙立成办了个葛洪农庄，颇具规模，光莲塘就有600多亩，还有几百亩的水稻、蔬菜、番薯等。阿美与他商量，农庄用工应该首先安排贫困户。孙立成告诉我，2018年，就有26户贫困户在农庄工作过，男工每日工资200元，女工120元，夫妻同来工作，每月收入有9000元左右。阿美对贫困户关心备至，有时还会带上点心

孙丽美走访慰问精准扶贫户

来看望他们，嘘寒问暖。

阿美侄儿孙朝志年轻有为，创办了古县富民果蔬专业合作社，很是红火，旺季时用工日均四五十人，年产值五六千万元。阿美介绍贫困户到侄儿公司上班，还叮嘱侄儿：那几个年龄大的阿伯阿婶，包装蔬菜时难免动作缓慢，你不要催促，得让他们慢慢适应。

在阿美和村“两委”成员的努力下，古县村2019年提前完成脱贫任务。人均收入从2018年的1.8万元提高到2020年的2.4万元。

说起阿美的“一碗水端平”，她的堂哥孙笃住最有发言权。2019年，全县开展河道整治工作，古县村存在多处违规搭盖建筑，阿美要先拆堂哥的蔬菜网套厂。堂哥不乐意了，怼她：“全村那么多违规搭盖你不拆，拆你哥的！”阿美笑笑答道：“哥，你要带头支持我，不然后面工作很难做。”堂哥的满腹怨气在她盈盈的笑脸中云消雾散。

亲叔叔上门申请低保，阿美一口回绝：“村里还有比你更符合条件的。”看叔叔有困难，她就自己掏钱给他。

阿美给自己确定了许多努力的方向。2021 年初，霞浦县委、县政府授予她“2020 年度十佳村（社区）主干”称号，陈迎霞打电话祝贺她。她说：“姑姑，我很感谢县里的肯定，但更羡慕你获得的‘宁德市三八红旗手’。我有个小志向，争取几年后获得这个称号。”

2021 年 7 月，阿美被宁德市委授予“全市优秀党务工作者”称号。她很高兴，过不久，给陈迎霞挂电话说：“姑姑，我们村来了个省第 6 批驻村第一书记，名叫樊丽丽，是福建华能集团公司选派来的。我与她相处许多天了，很投缘。她知识面广水平高，我感觉跟不上趟。我书读得太少了，很想去深造提高一下，请你帮我找一个适合的学校。但有约在先，要替我保密。”

8 月 4 日，陈迎霞几番咨询，选中广州华商职业学院行政管理专业，打电话给阿美，阿美很高兴，说过两天就去填写报名表格。可叹老天不公！让这位年仅 44 岁，仍想着努力提升自身素质的女村支书，怀揣的这个小秘密成了永远的遗憾。

光华绚丽

在追缅孙丽美生平故事的过程中，我不禁想起《诗经 · 蜉蝣》里描述的一种小昆虫，其身柔嫩，长着两条长尾须，但有一双特别大的透明翅膀。它们成群结伴，飘舞空中，纤巧灵动，光华照人，倏忽间坠地而逝，积成厚厚一层，绚烂之极。人们赞叹蜉蝣眷恋生活却无怨无悔，畏惧死亡又义无反顾。慨叹：生之光华，逝之绚烂。

孙丽美已去，然而她的初心长存。人如其名，光华绚丽。

用生命守护平安的好局长

闵　宣

潘东升简介

潘东升，1964年9月出生，福建平潭人，中共党员，生前为福建省公安厅党委委员，福州市政府副市长、市公安局局长，一级巡视员。从警以来，他始终不忘初心、牢记使命，勤勉敬业、恪尽职守，将毕生精力和全部心血都献给了公安事业，为维护国家政治安全和社会稳定作出积极贡献。2021年9月25日，他因长期超负荷工作，在重要会议安保维稳工作岗位上突发疾病，经全力抢救无效，不幸牺牲。被追授“全国公安系统一级英雄模范”“全省优秀共产党员”“八闽楷模”“时代楷模”等荣誉称号，并入选“2021年度致敬英雄”。

潘东升，1984 年 8 月参加公安工作，大学本科学历，一级警监警衔，历任福建省公安厅公共信息网络安全监察处副处长、公共信息网络安全监察总队政委、科技通信处处长，三明市副市长、公安局局长，生前任省公安厅党委委员，福州市副市长、公安局局长，一级巡视员。曾荣立个人二等功 2 次、三等功 1 次，2021 年荣获全国扫黑除恶专项斗争个人嘉奖。2021 年 9 月 25 日上午，潘东升同志因长期超负荷工作，积劳成疾，在工作岗位上突发疾病，经全力抢救无效，不幸于当日 12 时 35 分因公牺牲，年仅 57 岁。福建省委、福州市委分别追授潘东升同志“全省优秀共产党员”“全市优秀共产党员”称号，省公安厅党委、福州市委分别作出向潘东升同志学习的决定。

潘东升在他的办公室中

从警37年来，潘东升同志不忘初心、牢记使命，数十年如一日，始终忠诚履职，甘于奉献，将毕生精力和全部心血都献给了崇高的人民公安事业。担任民警期间，他勤勉敬业、吃苦耐劳、屡立战功；走上领导岗位后，他以身作则、担当尽责、作风正派，工作起来专注忘我，团结带领广大民警为护一方稳定、保一方平安、促一方发展呕心沥血、鞠躬尽瘁，业绩突出。潘东升同志是忠实践行习近平法治思想和习近平总书记关于加强新时代公安工作重要论述的杰出代表，是忠实践行"对党忠诚、服务人民、执法公正、纪律严明"的优秀典范。他的一生，是为党和人民的事业不懈奋斗的一生。

一、不忘初心、牢记使命，矢志不渝做党和人民的忠诚卫士

2019年8月22日，潘东升在闽侯县荆溪镇桃田村龙山会议纪念馆参加支部主题党日活动时，郑重地在留言簿上写上了一句话："永葆对党的无限忠诚！"这既是他对福州公安队伍的深情寄语，更是他一生的执着信念和动力源泉。

潘东升出生在福建平潭的一个海岛渔村，自幼家境贫寒，4个兄弟姐妹中，他排行老二。6岁时，父母就外出打工，他成了留守儿童，由爷爷抚养长大。从小，爷爷就一直教育他，要好好读书，这样才会有出息，才能做对社会有用的人，潜移默化地影响着潘东升树立起正确的人生观、价值观。

求学阶段，在老师和同学的眼中，潘东升很刻苦也很争气，一直是品学兼优的好学生。高考时，他以优异成绩考上福州大学计算机科学系软件专业。大学期间，他勤奋学习，积极参加党团活动，表现

突出，被选为系团委宣传部部长，负责青年团员的思想引导和宣传工作，逐渐让他对共产主义信仰有了深刻的认识，树立起听党话、跟党走、报党恩的人生理想。毕业时，国家信息化产业正处于起步腾飞阶段，他的专业成绩全班第一，不少同学劝他下海经商，老师也劝他出国深造，但他毅然选择了人民公安事业。他对家人说："是党培养了我，人民警察是为群众做事、保护一方平安的崇高职业，我想加入这支光荣的队伍。"

1984年，潘东升第一次穿上警服。教官在新警培训时说的一句话，深深刻在了他的脑海里："加入公安队伍，就要准备好站着进来、躺着出去。什么是躺着出去？就是时刻准备着，为党为人民牺牲一切。"

家庭的熏陶、学校的教育、警队的熔铸，潘东升更加坚定了理想信念。37年来，不管在什么岗位、担任什么职务、从事什么工作，他始终保持着昂扬向上的革命激情、顽强拼搏的战斗作风，在危急关头敢打敢拼、毫不退缩，在原则面前立场坚定、旗帜鲜明，以实际行动展现了一名优秀共产党员的高尚品质。

福州是我国东部沿海重点开放城市、海上丝绸之路门户、对台桥头堡。习近平总书记在福州工作期间，主持编制《福州市20年经济社会发展战略设想》（简称"3820"工程），科学谋划福州3年、8年、20年发展目标。作为福州市副市长、公安局局长，潘东升始终带着特殊感情、特殊责任，深入思考谋划在服务"3820"工程实施中，公安"做什么、怎么做"的问题。5年多来，他强化为"大园区"提供"大服务"、为"大项目"提供"大安保"的公安护航发展理念，主导建立闽东北协同发展区警务新机制，组建社会治安五级巡逻队伍近3万人，为县级以上工业园区配备专门的治安巡防队伍337个。他精心构建"三横四纵五维"融合式智慧安保模式，带领全市公安队伍圆满完成了第44届世界遗产大会、金砖国家"三合一"论坛、数字中国建设峰会等1700余场各类活动安保任务，让良好的社会治安秩序成为福州市招商引资靓丽的名片。

潘东升对公安事业的执着追求，源自对党朴素而深厚的感情。他在到任福州市公安局局长的第二天，就给全局民警上党课，以“忠诚、干净、担当”为题，150分钟全程脱稿，语言质朴、感情真挚，深入浅出、引发共鸣。他十分珍惜自己的党员身份，每次缴纳党费都要请党小组长在自己的党费登记本上盖上印戳，整整齐齐摆放在办公室的抽屉里，珍藏起来，其中还有数本已经泛黄的党费登记本，记录的不仅是潘东升缴纳党费的“数”，更是他对党忠诚的“质”。生活中的潘东升很简单，最大的兴趣爱好是观看革命题材电视剧，特别是讲述共产党员坚守信仰的电视剧，如《风筝》，他反复看了6遍，直到牺牲前一周还在看，边看边感慨：“我们共产党人正是因为有信仰，才能战胜一切困难，一路披荆斩棘走来。”

二、心系群众、人民至上，忠实践行人民公安为人民的宗旨

潘东升始终坚持“以人民为中心”的发展思想，时刻把百姓疾苦放在心上，心系群众、情系民生，大力推进公安“放管服”改革，千方百计解决群众“急难愁盼”问题，全力攻坚民生服务堵点痛点难点，不断增强人民群众的获得感、幸福感、安全感。

在三明的乡镇农村，骑摩托车不戴头盔，曾经是一个普遍现象。有的群众嫌麻烦，有的家庭经济拮据，不想花钱买头盔。然而，一旦发生交通事故，群众受伤甚至死亡的事例让人痛心。2014年，潘东升来到三明市公安局任职后，大力倡导“管理要硬到不敢为、服务要

暖在心坎上”的执法理念，引导民警“处罚不是目的，一定要帮助群众把头盔戴上去”。此后，三明市公安局掀起了一场轰轰烈烈的“头盔行动”，推出了一系列群众喜闻乐见的管理新举措：不予罚款但要求群众当场买头盔戴上；派出所购买头盔，让群众临时借用；给困难群众送头盔……如今，三明市乡镇农村的马路上，骑摩托车戴头盔已成为群众的自觉习惯，交通安全意识越来越强。

2014年至2016年，三明市公安局还全力推进“互联网+”便民服务，清理行政职责496项，40个办事项目审批时限比法定时限缩短了40%，新增网上办事项目73项、网上便民服务项目149项，80%的审批服务项目实现网上流转办理，群众安全感、满意率不断增强。

在福州工作期间，潘东升为民服务的理念继续深化，推进“互联网+公安政务服务”，公安行政审批服务事项平均办理时限压缩至法定时限的22%；创办全省首个台湾居民出入境服务站，在派出所设立“办不成事”受理窗口，创新推出落户“零门槛”、窗口“无否决权”工作机制、外籍人才出入境便利政策，搭建“榕警在线”网上平台服务海外侨胞等一系列便民利企措施，努力做到群众“一趟不用跑、最多跑一趟”。

“马上就办、真抓实干”是习近平总书记在福州工作时提倡的工作作风。潘东升谨记在心、传承弘扬，不仅通过数字赋能提高为民办事效率，还大刀阔斧推进改革，不断破解民生服务堵点。

安全畅通的交通秩序是群众生产生活的需要。多年来，潘东升将大数据、云计算、系统聚合的理念引到优化提升福州公安交通指挥中心建设中，融合5000多个微波、全球眼、地磁、电子警察和城市卡口，583个信号灯路口联网联控，80%以上路口绿波通行，在全国率先推出行人闯红灯、机动车乱鸣喇叭、滥用远光灯等“三大自动抓拍系统”，完成840个缓解城区交通拥堵的项目，整治748处道路交通安全隐患路段，福州交通大数据建模成效位居全省第一，城区拥堵状况在全国的排名大幅下降。在党史学习教育、队伍教育整顿和省委“再学习、再调研、再落实”活动中，他针对福州城区机动车“停车难、行车慢、办事烦”的问题，组织推出 3 批次 21 项“我为群众办实事”公安交管便民举措，向社会增设 9600 个停车泊位，允许老旧小区周边指定道路、指定时段单侧有序停放车辆，学校周边允许接送车辆临时停放，惠及车辆 30 万辆；公厕周边设置时长 10 分钟的停车位；推出“文明出行、教育免罚”措施；开设线上“归零窗口”，解决市民办理公安交管业务时遇到的急难愁盼问题，专治各类“疑难杂症”……桩桩件件精准破解民生堵点，受到社会各界普遍欢迎，群众停车满意率从之前的 72% 攀升至 98.8%。直到牺牲前一周，他还在研究、准备出台第 4 批为民办实事项目。

只要是涉及民生的事，潘东升都格外关注，积极建言献策。几年前，福州公交公司为了缓解运营成本压力，有意将公交票价由 1 元调至 2 元。作为副市长，他积极向市政府建议：“1 元钱的涨价看似小事，却是与民生密切相关的大事。乘公交的都是普通百姓，应该保障他们低票价通勤。”最终，他的建议得到采纳，福州公交票价保持 1 元不变并持续至今，惠及福州千家万户。当得知潘东升牺牲的消息后，福州市民林阿姨在网上留言：“潘市长是人民的好公仆，实实在在为民办事，我们将永远记住这位心系百姓的好局长！”

三、执法公正、担当作为，全力履行新时代神圣职责使命

公平正义是公安执法的生命线。潘东升始终怀着对宪法和法律

的忠诚与敬畏，十分重视执法规范化建设，不断推动公安工作法治化水平和执法公信力迈上新台阶，让群众在每一起案件中感受到公平正义。

接处警工作是公安机关打击犯罪、维护治安的一项基础性工作。潘东升多次深入基层调研接处警情况，明确表示："老百姓从迈进公安机关大门的那一刻起，就是警情，我们就要接警。"在他的推动下，从2020年7月开始，福州市公安局推出了接处警"首接首移责任制"，从源头上解决基层一线"谁接警、谁处警"问题，大大提升执法质量和效能。2021年1月至9月，福州公安机关接到群众有效报警近93万起，群众对公安民警接处警满意率达97.94%，位居全省前列。解决了接处警问题，随后的重点就是执法办案过程了。潘东升立足实际、突出重点、大胆创新，以福清市为试点，在全省率先建成福清市公安局执法办案管理二中心，成为全省公安执法办案管理中心建设的样板。紧接着，又在全市打造集约型、山区型、改进型、所队型等10个执法办案管理中心，有力推动执法规范化建设，成效明显。罗源县公安局和福清市公安局执法办案管理二中心荣膺2020年度全国公安机关执法示范单位。

群众看公安，关键看破案。如何实现民生案件快侦快破，是潘东升经常思考的问题。面对事关百姓生命财产安全的民生案件，他带领福州公安在全国省会城市首开先河，建成一体化运行、集约化管理、24小时实战化研判的合成侦查中心、合成情报中心，对有力震慑犯罪、快侦快破案件起到重要作用。其中，福州市"两抢"案件发案数从以前每年700多起，减少到2020年的77起，破案率达100%。2020年，全市治安状况满意度位列全国前5名。

潘东升时常与民警们说，执法公正是硬担当，群众危难要敢担当，领导干部更要走前头、作表率，冲在第一线。面对急难险重任务，他总是靠前指挥、奋战一线、临危不惧、担当作为，充分展现出对党和人民事业高度负责、战斗不止的精神品质。

2016年5月8日凌晨5时许，由于连日暴雨，三明市泰宁县池潭村发生特大泥石流灾害，近10万立方米的土石倾泻而下，瞬间将一个水电站的施工棚和数十名工人掩埋了。5时30分，潘东升一接到警情，立即拿起对讲机，冲上越野车，奔赴事发现场。一路上，潘东升的电话不停，了解情况，安排救援。他冷静果断、思路清晰，迅速调集警力先期处置，调动救援力量随后跟进，要求三明全体民警进入应急待命状态，随时增援。

当时，天空电闪雷鸣、暴雨如注，仅有2米多宽的山路泥泞不堪，路两旁不时还有塌方和山体滑坡，就是在这样的情况下，平常需要2个多小时的车程，潘东升硬是在2小时内赶到事故现场，迅速进入工作状态，维护现场秩序，组织抢险救援。他当机立断，在事故中心周边设置了3个交通卡点，疏导各类车辆。一些没有专业救援设备的施工车辆不听劝阻，挡住救援通道，他手持扩音器，站在山路正中央、卡点最前沿，声嘶力竭地喊："除救援车辆之外，其他车辆一律不得通行！"正是他的果敢坚决，大型救援车辆、救援队伍才能快速到达事故现场，为救援工作赢得宝贵时间。

在救援的5天4夜里，潘东升与救援人员、参战民警并肩战斗。饿了，吃碗泡面、垫个馒头继续救援；困了，在车上眯一会儿，爬起来接着指挥。在没过膝盖深的泥浆中，他跑前跑后，不知道走了多少个来回，沾满泥浆与汗水的衣服湿了又干、干了又湿。山区的深夜尤其阴冷，雨停了又下，而他唯一能够御寒的，只有一件破旧的雨衣。潘东升的言行感染着现场每一名救援人员，也带动了救援工作有序开展，得到国务院工作组和公安部的高度肯定。

从泰宁泥石流的抢险救灾中心，到福州抗击台风"尼伯特"的救援一线，再到福州台江排尾重大火灾现场……潘东升总是冲锋在前、无畏艰险，示范引领、攻坚克难，给民警和群众留下了深刻的印象。

长期高强度的工作，严重透支了潘东升的身体。一拖再拖的肺病，终于不能再拖了。2018 年 6 月 26 日，他接受了肺部手术，切除的肺有半个成人拳头那么大。然而，手术后第 7 天，他就从病房赶到福州市公安局指挥中心，分析研判全市公安警情。此后的半个月，他不断往返于单位与病房，医生和家人怎么劝，他都停不住。肺部手术后，他的身体大不如前，常常感到胸口闷痛。2021 年大年初一，他突然晕倒，住院治疗 2 天，就又回到了工作岗位。

潘东升牺牲前一周，仍像陀螺一样转个不停。9 月 18 日是他的生日，凌晨 2 点，他指挥核查了一起涉疫警情，随后的几天，安排部署全市新冠肺炎疫情防控、涉退役军人信访维稳、景区和非景区景点安全整治、中秋节安保，奔赴基层一线慰问坚守岗位的民警，前往核

潘东升在闽清指导防抗台风“尼伯特”

酸检测点看望医护人员，数次到海峡会展中心指导检查安保事项……9月24日，就是牺牲前一天晚上，他做完手头的工作，担心身体不舒服的妻子，拨通了视频电话，叮嘱妻子照顾好自己。与妻子的最后一次通话，也因工作事务中断了8次。民警们都说，潘东升是累死的。

四、锐意进取、大胆创新，推动公安信息化建设提档升级

潘东升是计算机软件专业毕业的。多年来，他一直致力于科技通信、网络安全等方面的研究与实践，是大家公认的技术型人才、专家型干部。早在2000年，习近平总书记担任福建省省长时，高瞻远瞩地提出了“数字福建”战略构想。潘东升凭借在计算机领域的丰富经验和深厚功底，脱颖而出，成为“数字福建”专家委员会19名成员之一，也是福建公安的唯一代表。

担任“数字福建”专家委员会常务副主任期间，潘东升敏锐抓住云计算、大数据等信息技术发展时机，创新推动“数字福建”电子政务总体设计，在全国率先推进政务公共平台建设，助力“数字福建云平台”、省财政厅“金财工程”等重大项目落地，指导建成全国首个“视听到乡、广播到村”的全省应急视频会商指挥系统，为数字中国建设探索福建路径、提供福建经验。

作为福建省公安厅信息化建设专家组的组长，潘东升亲历了福建公安科技信息化从无到有、从有到优的全过程。在省厅工作时，他积极探索“大集中、大整合、高共享”的发展新路，实现公安核心系统全省统一标准、统一建设、统一建库、统一应用、统一运维，既减轻了基层负担，又推动了全省公安信息化建设和应用水平的跨越式发

展。在三明工作时，他牵头建成全省首家县级网安工作站，研发推出警用地理信息系统（PGIS），组建三明公安情报研判合成作战中心，实现指挥、刑侦、网安、图侦“四侦合一”。在福州工作时，他推动建成福州公共安全云平台、智慧公安联合创新中心、鲲鹏生态公安实验室等一系列城市信息化项目，多项改革成果在全国、全省推广，福州市公安局获评全国公安机关基础信息化建设示范单位。时至今日，他的不少具有突破性、创造性的理念，依然深深影响着当前福建公安大数据智能化建设。

2018 年 4 月，福州市举办首届数字中国建设峰会。潘东升的专业特长在安保工作中发挥了重要作用。他创新启动智慧安保系统，集智慧安检、智慧交通、AR（增强现实）全景、警用机器人等多项功能于一体，打造立体“云防”。潘东升特别注重细节，既关注安检的质量与效率，又顾及群众的感受和体验，敏锐地意识到，下午太阳夕晒会导致安检设备的图像曝光度过高，影响人脸识别自动安检系统的通过率。随后，他顶着阳光，一遍又一遍地在安检口来回试验，最终确认，夕晒情况下，人脸识别通过率为 6 秒 1 人，要比正常时段的 2 秒 1 人慢了不少，容易在安检处出现人员滞留。他马上调整方案，在每个安检区域开设 1/5 的传统快速通道备用，其专业水平、敬业程度让技术专家敬佩不已。

2020 年初，面对来势汹汹的新冠肺炎疫情，潘东升组织福州市公安局技术力量，独创“超算”疫情数据模型，与边检、海关、外办、防疫等部门建立数据共享机制，全力做好涉疫数据核查和流调溯源工作，确保涉疫线索“一条不漏、一刻不误、一查到底”，助力福州市在全省首批实现现有病例、疑似病例“双清零”。

2021 年 9 月 10 日，福建发生本土疫情。作为省会城市，又毗邻高风险地区，福州市疫情防控压力陡增。潘东升第一时间部署市局疫情数据情报研判专班，启动一级响应。全天候运作，全力投入区域协查、流调溯源、人员排查等工作。此时已升级至3.0版的“超算”模型再立新功，每日接收数万条流动人员数据，20分钟内就可分析处理完毕，为疫情防控赢得了宝贵的时间。他带队研究处置涉疫警情，快速侦办涉疫案件，开通涉疫物资运输快速通道，检查隔离医疗场所巡防勤务，看望一线医护人员，确保此轮疫情福州安全可控。这轮疫情至牺牲前的15天，彻底把潘东升累垮了，他是用自己的健康换来了福州的平安。

在民警们的眼中，潘东升就是一个追求卓越、推崇创新的专家型领导干部。他牺牲后，不少民警遇到技术难题，第一时间想到的还是潘东升，总是不自觉地拿起手机打他的电话，然而，电话已无人接听，回过神来，顿感惋惜与心痛。

五、严管厚爱、待警如亲，着力锻造“四个铁一般”过硬队伍

工作中的潘东升雷厉风行、铁面无私，对民警的冷暖，这位硬汉局长则充满温情、心细如发。在他的心里，民警就是自己的亲人，不仅要严管，也要厚爱，这样才能锻造出一支“四个铁一般”的公安铁军。

2014年5月，潘东升到三明任职没多久，来到离主城区最偏远的岩前派出所，眼前的景象让他大吃一惊：一间不足10平方米的老平房宿舍，摆着一张窄小的木床、一张破旧的桌子，墙上电线杂乱无章，没有衣柜，衣服、生活用品、洗漱工具挤在桌面上，食堂没法开伙，冬天没有热水洗澡。潘东升坐到木床上，木床嘎吱嘎吱地响；掀

开被子的一角，手伸到被褥里摸了摸，顿时觉得湿软冰凉，还散发着一股霉味。当得知在全市96个乡镇派出所中，有一半以上的办公楼是20世纪七八十年代建造的，条件都像岩前派出所这样简陋时，潘东升眉头紧锁、心疼不已，当即向民警们承诺：“我一定要给大家一个温暖的家！”

很快，在他的全力推动下，三明市公安局全面开展“暖警工程”建设，在经费极度紧张的情况下，专门挤出资金，协调有关部门支持，全面改造全市乡镇派出所硬件设施。现如今，三明市基层派出所都有了食堂、浴室、洗衣房、健身房、文化室等“五大件”，民警宿舍有电热毯、热水器、空调、电视机等“四小件”，营造了一个拴心留人的工作生活环境。基层民警的心安了下来，干事创业的激情更高了。

在关心关爱民警方面，潘东升是不遗余力的，也是有口皆碑的。在三明工作期间，他积极完善民警职业保障，出台民警履职伤亡补助办法，推动民警夫妻团圆计划，推进新警周转房公寓建设，梳理出全市12个县市区外地籍无房民警的人数，新建修缮宿舍260间，一举解决全市外地籍无房民警的住宿问题，进一步增强广大民警的幸福感、归属感和满意度。2015年，省公安厅在三明市召开全省公安机关“暖警”工程建设现场会，大力推广三明的经验做法。2016年6月，潘东升调任福州，对民警冷暖的牵挂之情始终不变。在日常工作调研中，他发现福州民警中，夫妻两地分居的情况很多，但工作调动一直是个“老大难”。他在总结三明工作经验的基础上，积极协调相关部门，探索出台“积分制”，解决公安民警夫妻两地分居工作调动问题，对申请人的婚龄、警龄、工作表现等项目进行量化，形成积分，再根据积分高低，公开透明、公平公正地解决民警夫妻两地分居工作调动、跨市双警家庭工作调动问题。

福州市公安局茶亭派出所副所长郑骅就是“积分制”的直接受

益者。2005 年，郑骅考到闽清县公安局工作，妻子是福州市区的一名中学老师，夫妻俩 15 年来聚少离多，双方又都是独生子女，郑骅的妻子一人要照顾 4 个老人、2 个孩子，孩子的出生、成长，郑骅都处在“缺位”状态，家庭矛盾日渐增多。“积分制”政策出台后，郑骅递交了申请报告，凭着“积分制”政策的福利和自身工作业绩，成功调回福州市区，与一家老小团圆了。惊悉潘东升牺牲的噩耗，郑骅赶到医院，在潘东升的遗像前长躬不起、失声痛哭。

目前，福州市公安局的“积分制”团圆计划，已开展了 4 个批次，共帮助 68 名民警调动工作。然而，很多人不知道的是，潘东升的妻子下岗在家 30 多年，他却从未向组织提过要求。他还运用“积分制”，公开公正地进行新警定岗、巡特警交流轮岗、军转干部定岗等干部调配工作；推进民警补充医疗保险工作，将患重大疾病的退休民警列入职业安全救助金保障范围；实行表彰奖励向基层一线倾斜，比例达到总奖励数的 85% 以上；建立“师带徒”机制，帮助新录用民警尽快走过职业探索期；与福建开放大学联合设立辅警学院，推动辅警素质能力建设……潘东升走了，但他用心用情用力推出的各项惠警措施，依然温暖着广大民警的心。

潘东升始终认为“从严治警就是最大的从优待警”，对于民警违纪违法毫不手软、坚决处理。他坚定不移地推进公安机关党风廉政建设和反腐败斗争，要求各级各部门在抓好业务的同时，坚决落实“一岗双责”。他牵头制定出台了基层派出所教导员兼任党支部书记、违纪违法预警预告、联合监督执纪等一系列工作机制，并在全省率先组建了派出所专职纪检专干队伍，把党风廉政建设扎到基层最前沿，渗透到每个细微处。

在 2021 年政法队伍教育整顿中，他大力弘扬刀刃向内、刮骨疗毒的精神，充分运用“自查从宽、被查从严”政策，着力整治顽瘴痼疾，组织职能部门从严从快、精准查处群众举报件，坚决将害群之马清除出公安队伍。

六、艰苦奋斗、清正廉洁，大力弘扬共产党人的浩然正气

从警37年，无论是在省厅机关，还是在设区市公安局，无论是担任普通民警，还是成长为主持一方治安的副市长、公安局局长，潘东升始终发扬艰苦奋斗作风，严格要求自己，做好表率。

从小生活的不易和艰辛，让他养成勤俭朴素的作风。2008年，潘东升到中国人民公安大学参加晋监培训，学校配发了一个黑色尼龙公文包，从此以后，他从省厅到三明，又到福州，直到牺牲前用了整整13年。公文包的表面已经破损、掉色起皱，提手也脱皮了，妻子劝他换个新的，但他舍不得。同事实在看不过去，偷偷帮他换了一个新提手，事后他坚决结算了费用，回到家，高兴地对妻子说："你看，跟新的一样，还能继续用。"对公文包不讲究，对每天要穿的衣服也是如此。他总说："衣服，干净就好。"他的衣柜里，除了警服还是警服，几件白衬衣穿了又穿，衣领都磨破了；背心破了好几个洞，他让妻子补一补继续穿；唯一一套崭新的西装，是为参加儿子婚礼买的。平时，他与妻子散步穿的运动服，也是儿子"淘汰"下来的。

潘东升一直讲，只有个人干净，才有做人的底气、干事的硬气、当警察的正气。他经常教育民警要算好"经济账""感情账""亲情账"，叮嘱大家向他看齐，怀着敬畏之心，干净清白做事，珍惜这身警服。他不抽烟，也不参加应酬，多次在福州市公安局的大小会议上，向全市2万民警辅警表态："你们无论在哪一个应酬上看到我，都可以直

接上来打我两巴掌！”这句振聋发聩的话语时刻警示大家严于律己、洁身自好。

党的十八大以来，以习近平同志为核心的党中央高度重视领导干部的家风问题，把家风建设作为领导干部作风建设的重要内容。潘东升深刻领悟“家风连着政风，家廉才能政廉”这个道理，将高度自律、清正廉洁的为政品德纳入家风建设的重要内容，并一以贯之。

他曾在多个公开场合明确表示，任何打着自己亲友旗号，要求照顾办事的，一律不要接待。年过八旬的老父亲平日里喜欢喝点酒、抽些烟，他反复叮嘱父亲，不能收别人一丝一毫。他常常教育儿子，绝对不能以他的名义找民警帮忙，不要去跟周边人争高低，不要拿不应得的东西，要做一个正直善良的人。

在妻儿眼中，潘东升对家人也充满了关爱和温情。他的公文包里，常年放着一张泛黄的照片，那是他儿子 5 岁时一家三口的合影，工作之余，他时常拿出来看看瞧瞧。有时加班迟了，妻子让他就在单位食堂买饭吃，他却总是坚持回家陪家人吃饭，哪怕时间再短，他也觉得是一件幸福的事。难得不加班的周末时间，他会在家里帮妻子打扫卫生，大汗淋漓，不亦乐乎。

潘东升早早失去母亲，平常工作忙，儿子全靠妻子带大，心中充满了对妻子的歉意和愧疚。结婚 30 年，他对妻子说的最多的话就是“谢谢”“对不起”。每次在家里吃饭时，他总要感谢妻子对家中的照料，解决了自己的后顾之忧。每天下班，他总会提前打电话，说自己要回来了。妻子会热好饭菜，站在阳台等候。潘东升的房子在第 9 层，他到楼下，总会笑眯眯地向妻子挥手。每天上班时，妻子总是送他到家门口，他到了楼下，总会回望站在阳台的妻子，说一句“我走了”。潘东升牺牲后，妻子每天还是一大早起来，像平常一样走到阳台，想送心爱的丈夫上班，但残酷的现实让她泣不成声，跪在阳台，哭成泪人。

潘东升同志牺牲的消息传开后，悲痛之情萦绕着福州城。逾万名公安民警、干部群众为了再看他一眼，自发前往吊唁、哀思缅怀，敬献的白花摆满了医院吊唁厅的走廊。出殡当天，社会各界群众早早等候在灵车的必经之路。灵车缓缓驶过时，不少群众眼里噙着泪光，不住地挥手、致敬，有的手捧白花，长躬不起；有的拉着自带的横幅，哽咽地喊着“潘局，一路走好”。路边正在执勤的民警辅警都肃立敬礼，泪水和汗水交织，他们用自己的方式送局长最后一程。

人民的好局长，永远活在我们心中，一路走好。

用生命谱写教育之歌

林朝晖

吕榕麟简介

吕榕麟，1963年12月出生，福建福州人，中共党员，生前为福州市群众路小学党总支书记、校长。在担任福州群众路小学校长的13年里，吕榕麟以过人的学识、信念和人格魅力，将一所名不见经传的小学，托举到省市示范校前列。早在2006年的一次体检中，他就被确诊罹患胆囊息肉。随后几年，他执意隐匿病情坚持工作，结果胆囊息肉恶变为胆囊癌，错过了宝贵的初始治疗时机，于2012年12月4日病逝。去世前的几个月，他把病房变成办公室，拖着病弱的身躯收发邮件、批阅公文，召集学校老师开教研会等，拼命地工作。曾获全国一级星星火炬奖章、福建省新长征突击手、福建省中小学优秀校长、福州市第三届十佳校长、福州市首届优秀人才奖等多项荣誉，被追授“时代楷模”“福州市优秀共产党员”等荣誉称号。

引子

春暖花开的季节，我带着采访任务，走进福州群众路小学，扑面而来的是老师和孩子们发自内心的灿烂笑容，我宛若进入了一个五彩斑斓的小花园，校门旁整洁的板报、图书馆翠绿色的墙面、用于展示学生各类作品的哥德堡墙、教学楼大厅一角摆放的钢琴……其中不少是已故校长吕榕麟当年带着师生一点一滴布置出来的。

在操场的榕树边，我停下了脚步，我的目光定格在落地生根的榕树上，我发现榕树是有感情的，那一绺绺根须，在轻风的吹拂下，开始悠悠地诉说看似久远却又清晰如初的往事……

一、把创新融入教学

1963 年 12 月，吕榕麟出生在福州，福州这座城市以榕树多而闻名，他的父母便给他起名：吕榕麟。

在那特殊的年代，吕榕麟父亲因海外关系，被下放到建筑工地当工人，生活艰难。吕榕麟 9 岁时就学会了煮饭和干家务。

艰苦的岁月使吕榕麟养成了优良的品德，学会了独立思考。因为名字中有个“榕”字，吕榕麟从小便喜欢上了福州市树——榕树，他像一棵小榕树，开始茁壮成长，以优异成绩考上福州师范学院。毕业之后，他拿起了教鞭，担任音乐、思想品德老师。

吕榕麟深知，要赋予学生一滴水，自己就要拥有一桶水，打铁还要自身硬，为此，他刻苦钻研专业知识。

工作中的吕榕麟

七尺讲台上，吕榕麟用语言播种，用彩笔耕耘，用汗水浇灌，用心血滋润，作为长期耕耘教学一线的教师，进取是吕榕麟的唯一目标。没有最好，只有更好，在他的身上得到了完美的诠释。

因为工作成绩突出，吕榕麟 29 岁那年，被提拔为德育副校长，后来担任中国教育学会中小学德育研究分会副会长、福建省学校德育研究与指导中心专家组成员，曾主持国家“十五”“十一五”德育课题研究，受到广泛赞誉。

2000 年 3 月，吕榕麟被任命为福州市群众路小学校长。

新官上任，当他迈进群众路小学校园，望着高大挺拔的榕树时，忽然有了一个想法：愿化身一棵榕树，撑起一片天空，然后看着栖息在身上的鸟儿，一只接一只地飞向更高更远处。

理想很丰满，现实却很残酷。群众路小学创建于 1985 年，办学时间短、历史积淀少，师资力量薄弱，在福州市没有形成独特的办学品牌。

虽然困难重重，但吕榕麟笃定群众路小学就是梦想起航的地方。

为了让群众路小学成为孩子们梦想开始、打好人生底色的好地方，吕榕麟开动脑筋，潜心小学教育研究，凝练出“追求卓越，和谐致臻”的办学思路。

吕榕麟明白要追求卓越，就要独辟蹊径、开拓创新，他开始大刀阔斧地办学革新，果断地推出了“推门听课”。

“推门听课”就是家长如果想了解老师的教学水准、孩子的课堂表现，只要提前申请，就可以随时到班级听课，这样的举措，不仅在福州、福建是首创，在全国也少见。

一石激起千层浪。这一举措刚出台，就遭到不少老师的反对。有的说:“会干扰教学秩序。”有的说:“如果在课堂上出差错，会引起家长不满。”

面对老师们提出的意见，吕榕麟成竹在胸，他要做第一个吃螃蟹的校长，为此，他耐心地做老师们的工作。他说:“时代在进步，社会对小学教育需求发生新的变化，让家长随时到班级听课，监督课堂，有利于推动教学改革。”

不自信的老师们刚开始面对听课的家长，有点不习惯，但很快便适应了。

我在采访教师陈雯时，她回忆起当时的情景，感慨地说:“刚开始，老师们难免有些抵触情绪。但很快，压力悄悄地转化为一股强大的动力。老师们增强了危机感和荣誉感，更加认真地备课。后来，大家发现，有家长旁听的课，老师和学生都特别投入，课堂效果特别好。”

言之凿凿，发自肺腑。

推门听课搭建了学校与家庭、社会的沟通桥梁，对学校工作产生了重要影响，得到了家长的热烈欢迎。家长对老师的授课纷纷提出自己的意见和看法，其中，上百条建设性意见被吸纳，运用到教育教学之中。

推门听课获得成功之后，吕榕麟信心大增，他不仅让家长可以随堂旁听，还要求老教师旁听年轻教师的课，指出不足、传授经验，帮助他们迅速成长。

学高为师，德高为范。吕榕麟虚怀若谷，不断探索创新教学方式，与时俱进地更新课程内容和形式。在教学实践中，他着力追求启发性、互动性、激励性培养模式，用科学评价体系倒逼教学转型。2005 年，学校制定了《学生学习质量发展性评估细则》，用成长的记录替代成绩单，学校的教学形式、评价方法因此转变。

吕榕麟具有前瞻性教育思维，为学校发展提供不竭动力。他始终活跃在教育研究前沿，关注发展趋势，深谋远虑，敢为人先。他别

吕榕麟在青年教师的课堂上听课

出心裁地让教员进行“循环开放式”教学尝试。方法是中年级学生当小考官，带上测验题，找低年级学生作答，再根据执考经历写一篇作文，最后让高年级学生修改。孩子在师生角色互换中，充分体验学习的乐趣。吕榕麟还倡导“生活体验式”学习方法。由老师创设“数学自选超市”，把单元知识制作成题卡，在“超市”里分类“上架”。先学哪块知识，要做多少题量，谁来当考官，全由学生自选，让他们在自主学习中找到兴趣。

作为校长，吕榕麟日常工作繁忙，他哪来这么多开拓创新的点子和想法？带着这个疑问，我采访了群众路小学校长郑天戈，他给我解开了这个谜。

原来，吕榕麟酷爱读书，学习是他一生最大的乐趣。他博览群书，无论是时政、财经、管理，还是人文、历史、哲学，无不涉猎。他读书有个特点，喜欢研究剖析，还喜欢与人交流分享，晚上，他时常叫上学校的几名老师到家里，谈书论道。刚开始的时候，总是海阔天空地瞎聊，不知不觉之中，吕榕麟便非常巧妙地把话题拉回到工作上，不少金点子就是这么聊出来的。

有一次，老师们讨论现代人的思想压力话题，说到日本工厂专门设立宣泄室，让工人去发泄不满。言者无心，听者有意。吕榕麟忽然想到当今学生心理压力大，就像一个越吹越大的气球，给孩子们减压，给“气”找个出口，让孩子们快快乐乐地成长，不失为一个好办法。

第二天，吕榕麟和校领导研究后，决定把一堵围墙改造成涂鸦墙，让学生随意书写涂画。后来，这种方式延伸到班级，教室后面的黑板被改为软木板，目的就是让擅长绘画的孩子有自主创造随心画的地方，让好动的孩子有乱涂乱画发泄情绪的地方。现在，涂鸦墙升级为可展示学生各类作品的哥德堡墙，鼓励孩子们随时分享自己的创意与梦想。

从聊天、聊书到聊工作，就是吕榕麟独特的茶座文化。它让吕榕麟视野更加开阔，创新教育思维，为学校发展提供不竭动力。

二、把老师举过头顶

吕榕麟说：“水蚌因为揉进杂质，要经过血肉的研磨，才育出了珍珠。”他容许教师有缺憾和不足，但必须在磨砺中成熟成长。这就是吕榕麟的“珍珠”理论。

对于吕榕麟的这个理论，陈淑白老师有着真切的体会。

2001 年，陈淑白参加了一次教学比赛，为了课堂上不出现什么突发情况，她将上课内容给学生预演了一遍。比赛结果可想而知——她获得了一等奖。正当她一脸兴奋，想向吕榕麟报喜的时候，却发现校长面色凝重。

原来，吕榕麟听到了一些教师在会场下的窃窃私语：“这课怎么上得这么顺……”“是不是事先准备好的？”

吕榕麟通过调查，发现陈淑白这堂课已经在班上预演过一遍。

面对报喜的陈淑白，吕榕麟没有表扬，而是在这次比赛总结会上，语重心长地说：“真实的课堂，不是表演。应该关注学生的个体参与，发挥教师的教学机智，巧妙引导，以达到开启智慧、润泽生命的教育境界！”

此时，陈淑白蓦然醒悟：追求名次固然重要，但校长心目中的“珍珠”是要在疼痛中历练、在挫折中成长、在曲折中前行，而非表面一层虚假的包裹。

吕榕麟的“煮汤圆”理论在学术界颇有影响。他每年都要细心制订青年教师成长计划，他形象地比喻说，培养年轻人，要像煮汤圆一样，慢慢加温，让他们一个个浮上水面。

为了让“煮汤圆”理论落到实处，他有了“让教师走出去，把专家请进来”的大胆设想，并把学校教师放到国内前沿教学舞台上学习锻炼。他还挖空心思创造条件，让老师开阔视野，增长见识。

有一回，著名教育专家李烈到厦门开会。吕榕麟闻讯之后，立即赶到厦门，将老同学请到福州，恳切地说：“大姐是行家，抽个时间给咱学校老师上堂课吧。”李烈随口答应：“以后找机会吧。”没想到，第二天一早，吕榕麟便把她接到了学校。

吕榕麟满脸堆笑：“大姐，我特意给您选了下午的航班，先兑现那堂课吧。”

李烈看到吕榕麟如此热忱，便欣然答应，她以“包装中的数学”为题，上了一堂生动的即兴公开课，让听课教师大开眼界。

“他山之石，可以攻玉。”那些年，吕榕麟几经奔波，与北京中关村第三小学、深圳市南山实验学校等建立合作伙伴关系，输送青年教师参加校际研训，学习观摩；为了教师能在家门口与高手切磋，免费开放学术报告厅，承接国内外学术交流活动，学校成为小学教育的“百家讲坛”；组建青年教师学习共同体，推行双导师制，聘请省内外著名专家当兼职导师，悉心引领教学实践。

吕榕麟的“珍珠”“煮汤圆”理论非常出彩，“石榴”“南瓜”理论也同样精辟。

吕榕麟的“石榴”理论，说的是教师要像石榴一样，有一颗火热的红心，多几个心眼，更细致周全地去关爱学生。心中时刻绷紧一根弦，对待学生多一份爱心、多一份细心、多一份耐心。

“南瓜”理论则缘于吕榕麟与老教师的聊天。老教师自嘲说：“我们就像丝瓜，越老越不值钱。”

吕榕麟笑道：“老教师是学校的历史，是丰富的宝藏，像南瓜一样，越老越甜哟。”

在与老教师的一问一答之中，吕榕麟便有了“南瓜”理论，并在群众路小学全面推广。陈淑白就是“南瓜”理论的受益者。

2001 年，经吕榕麟提议，陈淑白与教导处许主任结成了师徒关系。在协议签订仪式上，吕榕麟对陈淑白说：“这个师傅可不简单，好多名师都是他带出来的，你可得好好学。”

建立起良好的师徒关系之后，许主任时不时来到陈淑白的班级听课。在一次练习课上，陈淑白让学生判断 0.01% 是不是一个百分数，孩子们争论不休。陈淑白直接给出答案：“这就是个百分数。”学生们听了，不服气的还在面红耳赤地争辩，课堂显得乱哄哄的。

吕榕麟在福州市校长论坛上的发言

课后，许主任告诉陈淑白："上课的时候，面对孩子们，要藏起一点巧，露出一点愚。让孩子自己举例说明，把课堂的主动权还给学生，概念清晰了，自然就不那么乱了。"

许主任意味深长的一句话让陈淑白受益匪浅。

吕榕麟探索出"珍珠""煮汤圆""南瓜""石榴"等教师培养经典理论，推行"三年成熟、五年成才"的名师培养工程。在长期实践中，他积极探索学校制度文化，总结出服务、人文、精致、创新的管理文化，关爱、协作、品位、超越的教师文化，求真、体验、个性、激励的课程文化，乐学、生动、互助、向上的学生文化等"四位一体"的学校制度文化体系，编撰了《制度建设与管理实务》《共生发展和谐致臻》两本小学办学思想与实践著作。

一个个富有创意的理论、一本本贴近师生的专著凝聚着吕榕麟的辛勤汗水。那些年，吕榕麟将"追求卓越，和谐致臻"的办学思路融入教学实践，把教师的利益举过头顶，呕心沥血打造出一支高素质专业化的教师队伍和教育管理团队。在他的带领下，学校有 38 人次获全国性比赛一等奖，49 人次获省级赛事一等奖，打磨出一支教师"梦之队"！

三、把学子捂在心口

群众路小学一名毕业生写的作文，记录着那个守望在校门口的熟悉身影："每天清晨，当同学们走进学校的大门，是他用微笑迎接我们；每天放学时分，又是他，在校门口送着一个又一个班级的同学们走出校门……他，就是我们敬爱的吕榕麟！"

这篇作文是吕榕麟关爱学生的真实写照。

大爱无言，润物无声。群众路小学的学生都说吕榕麟的身上有股亲和力，让他们容易靠近，他善于发现孩子的闪光点，尊重孩子的个性，引领孩子发现自我。对此，家长邹女士深有体会，她的孩子志宏在群众路小学读书，很调皮，经常闯祸。

邹女士对孩子束手无策，吕榕麟却有调教孩子的锦囊妙计，他对德育处老师说："志宏这孩子虽然皮了点，但有上进心，渴望理解，更需要鼓励，让志宏参加文明劝导队试试吧。"

志宏参加文明劝导队后，兴高采烈地对邹女士说："妈妈，我参加文明劝导队了，可以管别人了。"

邹女士笑着说："你自己都管不好，还能管别人？"

志宏自信地说："我能，不信你看看。"从这天起，志宏整个人焕然一新：校服穿得整整齐齐，生怕上学迟到，一下课，就到执勤点文明劝导，晚上也懂得找书看……

其实，志宏的转变只是其中的一个例子，邹女士告诉我："吕榕麟特别疼爱孩子，六一节的活动，他都参加，亲手逐个给孩子发礼物，并经常找各班各年段的孩子沟通谈心，特殊的孩子他都能认得，叫得出名字。学校还有特检队，吕榕麟会把调皮的孩子安排进去，为学校服务，这个方法很好，帮助这些孩子约束自己。"

正如邹女士所言，在群众路小学，吕榕麟与师生的关系特别融洽。"每一朵花都应该拥有自己独有的色彩，拥有自己独特的芬芳。""多几把尺子衡量。"他把这些话潜移默化地融入血液，并生动地诠释到教书育人的过程中。

与孩子们接触的时候，吕榕麟一脸的灿烂。这样真诚、朴实的笑脸，非常贴心。他那双纯净如水的眼中写着满满的爱，这是真诚的爱、温暖的爱、幸福的爱。

和蔼可亲的吕榕麟一下子便拉近了与孩子们的距离，孩子们喜欢与吕榕麟谈心，他成了孩子们的贴心“榕麟兄”。

吕榕麟记忆力特别好，和孩子们交上朋友后，他对孩子们哪方面有特长，或者是在哪方面有进步，都看在眼里，记在心里。根据与孩子们聊天所了解的情况，他还开创了“多元智能式”评价体系，设立“音乐之星”“语言之星”“创新之星”等 8 个奖项。

吕榕麟把学校变成了快乐学习的殿堂。在群众路小学，每个学生都有一个成长袋，记录自己的成长点滴，每年学校都举办“成长杯”评选，同学们可以根据兴趣爱好设定“争杯计划”，只要有进步，就能成为“成长之星”。

站在素质教育最前沿的吕榕麟不仅给孩子们展示才华的舞台，更给予他们均等的表现机会。他在群众路小学学生干部的竞选和评优评先中，实行公平、公正、公开的原则，哪怕是小队委也是这样。在海选的过程中，每个有意向的孩子都可以上演讲台展示才华，现场投票唱票。学生票数和老师票数按比例量化得出最终的结果，这种创新在全市小学中非常少见。他还别出心裁地把只有个别学生能上台主持的晨会改造成每个班级轮流上台展示的秀场。把教师“老生常谈”的课前三分钟，变成与学生互动的“游戏”时间：语文课有小小新闻发布会、古诗吟诵会，英语课有单词接龙、歌曲联唱，数学课有口算竞答、思维“体操”……

富有创意的课前三分钟不仅受到孩子们的欢迎，也让前来观摩的 50 多名北京海淀区的校长赞不绝口：“小环节，大智慧。三分钟精彩纷呈，开心利智！”

吕榕麟爱生如子，这是人性的光芒，也是师德的体现。他把孩子们捂在心口，以仁爱之心对待每一名学生，善于倾听、因材施教，细心呵护、静待花开，用心用情用爱帮助学生拔节孕穗、茁壮成长！

四、把爱校嵌入灵魂

13年，在历史长河中只是短暂一瞬，但在吕榕麟的人生履历表上却留下了浓墨重彩的一笔，他用13年的时间，将群众路小学这所名不见经传的小学托举到省市示范校前列。他是一位心无旁骛的治学育人楷模，被教育部校长培训专家委员会选为教育部重点培养的29位校长之一，参加全国小学骨干校长高级研究班的学习。任职期间，获全国一级星星火炬奖章、福建省新长征突击手、先进德育工作者、福州市“十佳校长”等殊荣。

吕榕麟虽然走了，但师生们始终惦记着他。

我在采访中，有老师动情地说，他们常常会把吕榕麟的背影，想象成操场边的榕树。

这位老师的话道出了群众路小学师生的心声，在他们心里，吕榕麟还活着，他有着榕树质朴亲和的体态、坚忍顽强的性格、庇荫众生的情怀，他深深地爱着群众路小学，这份爱究竟有多深沉？采访中，群众路小学教师陈雯列出的一份执行了13年的时间表，或许能让我们感受些许：7点左右到校，在学校查找安全隐患；7点20分到校门口迎接学生，纠正孩子们的不良习惯；8点开晨会；8点30分开始在办公室办公，直到师生们都回家。

日复一日、周而复始，披肝沥胆、夙夜在公。这就是我们敬爱的吕榕麟，49岁人生，30年执教生涯。他钟情于教育事业，将对学校的爱深深地嵌入灵魂。

早在2006年，吕榕麟就被确诊患胆囊息肉，因忘我工作错过了宝贵的初始治疗时机。2011年4月的一个星期四，吕榕麟安排好学校的工作，便悄悄地离开。当天，他要进行胆囊摘除手术。

术后第四天，老师和同学们意外地在校园里看到了吕榕麟熟悉的身影，大伙便劝他要注意休息，保养好身体。

面对师生们的关心，吕榕麟在教师大会上调侃道："这是很久前预约的小手术，今年是我的本命年，见点血，本命年的血光之灾也就过了。"

台下的老师们听了，长长地舒了一口气。

一句玩笑话，骗过了所有人。

吕榕麟又开始夙兴夜寐地工作。

2011 年 12 月中旬，吕榕麟因身体不适再次入院，医院诊断为胆囊癌，并进行了手术，这次是大手术，然而不到 20 天，他便又全身心投入工作，像一台高速运转的机器，一刻也停不下来。

那段时间，吕榕麟的精神状态始终很好，但身子却日渐消瘦，时不时地发烧，大家劝他去医院治疗，他却开玩笑说没事，吃吃退烧药，就硬扛了下来。

2012 年暑假，经过几次化疗的吕榕麟，还和往年一样，天天泡在学校里，为的就是给孩子们打造全新的两片天地——图书馆和天台花园。

在群众路小学，吕榕麟常说这么一句话："要么不做，要做就做得最好，不能花钱买笑话！"生病中的吕榕麟为了把天台花园装饰得精美，绞尽脑汁，和老师们讨论了一次又一次，方案修改了一遍又一遍。

工程施工的时候，吕榕麟已经病重住院，但他还时不时地溜出来，指导施工队修修改改。

2012 年 8 月，吕榕麟的病情急转直下，医生勒令他必须住院治疗，那个月光治疗费用就花了十几万元，家庭开支捉襟见肘。一名想要入学指标的家长悄悄在他家门口的鞋柜里放了 6 万元，病床上的吕榕麟知道后，立即委托老师将钱退还给了家长。

吕榕麟始终保持廉洁从教治校，赢得了“管账不沾物、理财不沾钱”的好口碑。即使在病重治疗，最需要钱的时刻，仍然坚守底线，保持了一名共产党的清正廉洁。

吕榕麟的病越来越重，但他还在坚持工作，用电脑查阅学校各项事务的邮件汇报，把学校的党总支会议、行政会议都搬到病床前来开。到后期，他已无力起身，便让家人把病床摇起来，把电脑放在定制的电脑桌上，继续工作。

惦记图书馆和天台花园建设的他，还多次让工作人员拍摄施工现场照片和录像，监督施工进度。一发现不对劲，他便找来设计师和施工工人，要求重新整改。

吕榕麟殚精竭虑，他早把群众路小学当成了自己的家。他放不下学校的每一件事。即便在生命的最后几天，他依然牵挂着学校、牵挂着师生。

这就是我们敬爱的吕榕麟，他的心里装着学校，装着师生，却唯独没有装着自己。他欠妻子和孩子太多太多，却无法补偿，这让他深感愧疚，病情恶化之后，他悄悄地在电脑里给妻子和孩子留下了一封信，字里行间透出对妻儿浓浓的情、深深的爱，看了让人不禁潸然泪下。

吕榕麟的病情越来越重，虚弱到没有力气写字之后，他请来一位老师，由他口述、老师代笔，写下了“致全体教师的一封信”，向老师们交代新领导班子的调整分工和学校的各项工作。

当听到吕榕麟在信中叮嘱老师们要劳逸结合，祝愿大家身体健康、群众路小学更加蓬勃发展时，老师们纷纷落泪。

2012 年 12 月 4 日凌晨，一辆救护车从福建医科大学医院驶出，车内载着弥留之际的校长吕榕麟。遵照他的心愿，家人在最后时刻把他送回家中。途经群众路小学，妻子示意司机把车停下，在他耳边轻轻呼唤：“榕麟，学校到了。”

陷入昏迷的吕榕麟已无力睁眼，眼角却流下两行清泪。他牵挂，却无力再踏入一步；他不舍，却不得不匆匆离去……

当天，吕榕麟在家中去世，距他49岁生日只有5天。

五、把大爱化成动力

“君原榕树身，绿盖擎天阔。夙夜在公忙，甘为人梯设。秉承师道行，学子心头热。生命谱新歌，遗赠春秋阅。”

这是中华诗词学会会员赵丽萍在央视“时代楷模”发布厅，为全国时代楷模，福州市群众路小学原党总支书记、校长吕榕麟所作的词。

正如词中所写，吕榕麟把对师生、对教育的爱，融进了群众路小学校园的每个角落，宛如一棵郁郁葱葱的榕树，撑起了一方教育的晴空。

春风化雨，桃李满园。这些年，群众路小学师生们惦记着他们敬爱的吕榕麟，他们在吕榕麟“追求卓越，和谐致臻”的办学思路基础上，提出“养正、健体、善学”办学特色，开启“学生体能训练”，推出“暗室听课”等改革举措，从学生的行为、习惯、思想、思政意识、身体健康，以及掌握学习能力、学习素养等方面对学生进行全面的培养，把教育教学改革向纵深发展，群众路小学的各项工作蒸蒸日上，成为福州市小学教育的一道亮丽风景线。

吕榕麟虽然走了，但群众路小学处处留下了他治学育人的足印，闪耀着勇于探索的智慧之光。大榕树下，他微笑着朝师生挥手的画面，不经意之间，已成为群众路小学夜空中那颗最璀璨的星星！

大爱无疆点亮“心灯”

夏公暄

陈清洲简介

陈清洲，1970年12月出生，福建厦门人，中共党员，厦门市公安局集美分局指挥情报中心教导员、厦门市公安局集美分局二级高级警长。从事交警工作期间，他创新农村道路交通安全管理模式，推行“亮灯”工程，使辖区道路交通秩序明显好转。他始终一心为民、热心公益，竭尽全力为群众办实事、解难事、做好事，运用新媒体渠道帮助找回失踪人员300余名。荣立个人二等功1次、个人三等功2次，获“全国政法系统优秀党员干警”“时代楷模”“最美奋斗者”“全国优秀共产党员”等荣誉称号。

陈清洲，1995 年 3 月参加公安工作。从警 20 多年来，他始终忠诚于党、忠于人民，把公安工作当作毕生的事业，呕心沥血、勇于创新、无私奉献，始终将群众的利益摆在首位，竭尽全力为群众办实事、解难事，在平凡的岗位上践行着一名共产党员和人民警察的铮铮誓言。

在灌口担任交警中队指导员期间，陈清洲为完善辖区交通设施四处奔走协调，换来了 18 条斑马线、86 面交通标志、128 米减速带、万米隔离护栏，辖区车流量增长十多倍，交通事故死亡率却下降了 80%；他开办的“清洲帮寻人”公益寻人栏目，5 年帮助找回 360 余名走失人员；他二十年如一日，深入大中专院校、中小学校、企事业单位开展安全宣传，授课达 2000 多场次。

因工作业绩突出，陈清洲先后荣获个人一等功、全国特级优秀人民警察等荣誉 50 余项。2016 年 12 月，陈清洲被中宣部誉为“不忘初心的好民警”，并授予“时代楷模”荣誉称号，被公安部授予

陈清洲被授予“全国优秀共产党员”称号

“一级英雄模范”荣誉称号。2019 年 9 月 25 日，陈清洲获评全国最美奋斗者，在人民大会堂接受表彰。2021 年 6 月 29 日，陈清洲被授予“全国优秀共产党员”荣誉称号，成为全省公安系统唯一入选并获此殊荣的民警。

不忘初心的共产党员

陈清洲出生在厦门同安偏远山区的古罗农场，奶奶是老地下党员，父亲原在福州一家大型机械厂工作，作为当地少有的大学生，当他看到家乡落后的面貌后，毅然放弃大城市优越体面的工作，回到家乡当起小学教师，一干就是一辈子，把一生都献给了乡村教育。

祖辈、父辈的言行在陈清洲的心中打下了深深的烙印，“做人一定要有理想、有追求，要对社会有贡献”这条传承几代人的家训，犹如一盏明灯照耀着他的人生道路。

14 岁时，陈清洲初中毕业，因当年当地高中没有招生，故未能顺利开学。1986 年，陈清洲参加招工考试，进入同安一家漂染厂工作，成为一名中外合资企业的员工，但这不是他的理想。

那年秋天一件惨痛的事件，更加坚定了他的想法。一个星期六下午，一个同事因急着赶路回家，骑车带小孩横穿马路，突然被一辆超速行驶的大卡车撞倒在地，眼睁睁看着朝夕相处的同事从此阴阳两隔，他十分痛苦并陷入沉思。过了不久，他做了一个当时令很多人不解的决定：当一名人民警察，保护更多人的安全。

要实现这个理想，对于初中毕业的陈清洲来说比登天还难。难归难，有了执着的信念与追求，就有了无穷的动力。他决心从头开始，白天在厂里上班，晚上则坚持学习。他发现当地一家纺织厂的缝纫机装有照明灯，适合用来读书，他通过关系找到纺织厂厂长，一番软磨硬泡，厂长终于破例准许他在晚上 10 点工厂下班后，借用一台缝纫机灯光就读，从此纺织厂下半夜多了一名编外的“保安”。就这样，他用 3 年时间，读完了高中课程，拿到毕业证书。经过两次成人高考，考上福建广播电视大学，拿到大专文凭。经过 5 年的努力，他如愿成为一名光荣的人民警察，实现了人生理想。

刚入警时，整天站岗执勤、指挥疏导，工作枯燥单调，一些亲戚朋友也时常劝他不要当“马路吸尘器”，漂染厂的经理甚至许诺只要他回公司工作，待遇任他提，可这些都没有动摇过他。在他的心里，当一名人民警察，守护一方平安的理想信念，从他踏入警营成为人民警察的那一天起就已经根深蒂固了。

作为一名人民警察，一名优秀的共产党员，陈清洲把对党忠诚、为民服务铭刻在心，时时刻刻不忘党恩、不忘百姓、不忘初心，凭着一名共产党员对公安事业的无限忠诚、对人民群众的大爱无私，无论是在交通管理还是在基层派出所、指挥中心等岗位上，都做出了不平凡的业绩。从“亮灯警察”到微博达人“寻人警察”再到“反诈骗斗士”，陈清洲把灯从马路上亮到了人民群众的眼里、心里。

敢于担当的人民警察

长期以来，陈清洲同志始终立足岗位，恪尽职守，无论在何种岗位，无论是一名普通民警还是一名基层领导，都把每个岗位作为实现人生价值的舞台，始终如一地倾心倾力。他干一行、爱一行、钻一行、精一行，勤于学习、善于钻研、勇于探索、敢于创新，充分展现出人民警察爱岗敬业、锐意进取、勇于拼搏、敢于担当的高尚职业精神。

由于经济发展和历史原因，2007年前的灌口没有红绿灯、人行天桥，甚至连1米的隔离护栏也没有，辖区的国道一到晚上就黑漆漆的，交通秩序乱象多，重大交通事故时常发生。2007年至2011年期间，作为灌口交警中队指导员，为了改变辖区农村道路交通安全设施一穷二白问题，他调查了辖区学校周边、国道沿线、乡村道路等的交通安全设施情况，形成明细表，不厌其烦地向各级领导、人大代表、政协委员汇报。3年多来回奔波，说哑了喉咙，得了慢性支气管炎，但终于换来了辖区18条斑马线、86面交通标志、128米减速带、172个临时停车位的先后建成，辖区内所有中小学校交通安全设施得到完善，国道324线辖区15公里路段全线亮起了路灯，15座红绿灯、6座高位照明灯、24盏太阳能警示爆闪灯也亮了起来，还有3座人行天桥、万米隔离护栏、18个交通广角镜伫立在灌口辖区的各条交通要道上。不仅如此，辖区所有乡村水泥道路、山地旅游线路全部增设了交通标志、交通标线等，路灯还建到了双岭、东辉、田头等偏远山村，百姓家门口也亮起了路灯。了解到与长泰县交界的十里蓝山山重路段因山路崎岖、夜间没有路灯易发生交通事故的情况后，陈清洲积极争取，终于让山路旧貌换新颜，全部建成水泥路，路灯亮起来了，十里蓝山也成为全省第一条有交通标志的村道。

陈清洲发扬刻苦钻研、开拓创新的精神，埋头苦干，是领导和同事眼中不可多得的好同志。陈清洲同志善做善成、争创一流的工作精神，感染和激励了身边的每个人。在担任集美交警灌口中队指导员期间，他为了建立安全宣教长效机制，经过5年多的努力，建成了一个集多功能电教室、流动宣传版块、绿色安全走廊、交通事故模拟展厅、小电影宣传队、网上法制宣传服务队为一体的安全宣教中心，不仅涵盖了交通安全系列教育，还兼顾了防火、防电、防溺水、防诈骗等内容。他创新制作的宣传用品，如环保袋、游戏棋、折页、茶具、笔筒等随着他的足迹走入千家万户，平安理念也渗透进广大人民群众心中。自建成以来，安全宣教中心已成为全国文明交通行动计划示范点、福建省公安机关和谐警民关系建设示范点、全省政法系统安全宣教模式示范点、厦门市社会化管理创新示范点、市法制教育基地、青少年维权岗等，赢得中央文明办、公安部、建设部、交通部、省公安厅等各部门领导的高度赞誉。

熟悉陈清洲的人都说，他长着一张“农民脸，民工腿，教授嘴”。15 年时间里，陈清洲在辖区内共开展交通安全和防范诈骗的宣讲活动 3000 余场，听课群众达到 10 余万人。

2012 年 8 月，陈清洲被任命为灌口派出所教导员，他继续推进安全法制宣教工作，在派出所推行小喇叭、小电影、小标语、小栏目、小短信等“五小宣传”，领衔建立了陈清洲劳模创新工作室，集思广益探讨安全防范创新模式，集中力量开展警营文化建设。在任教

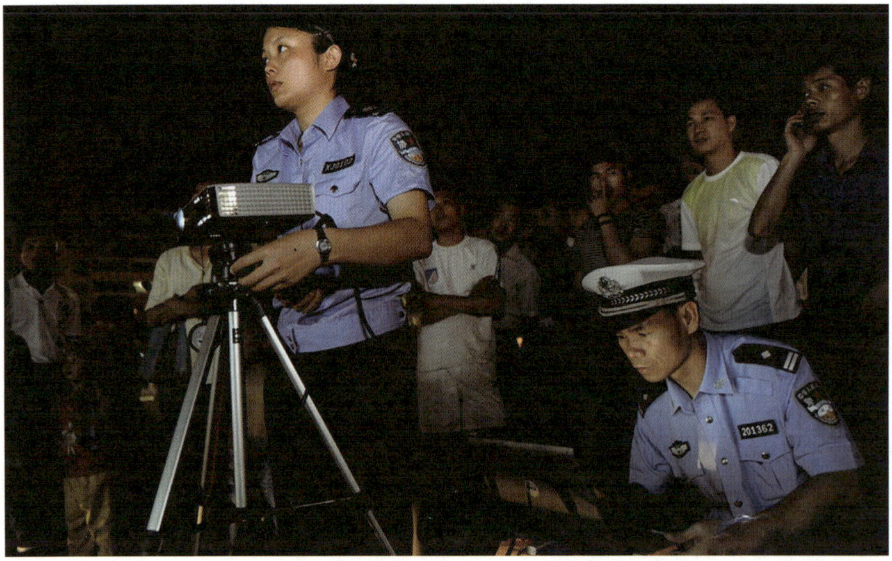

陈清洲带领小电影宣传队在辖区放映交通安全片

导员的3年时间中，他与其他同志一起努力，使灌口派出所这个光荣集体得到进一步升华，先后荣获2013年市局优秀科所队、2014年全市公安机关基层文化建设示范所队、2014年全省公安机关执法示范单位、2014年全省第二批公安文化惠警“百佳实事”、2015年全省派出所文化环境建设评比活动一等奖等荣誉，2015年度分别荣立集体三等功、集体二等功。

一心为民的网络名人

从警以来，陈清洲始终保持一心为民、大爱无私的公仆情怀，对人民群众怀有深厚的感情，想群众所想、急群众所急、帮群众所需，时刻把人民群众的安危冷暖放在心上，把为群众排忧解难、保群众一方平安视作自己崇高的职责。为了在更宽广的平台、更通畅的渠道实践自己的民生警务理念，使更多的人民群众受益，2010年，陈清洲抓住时机，开通个人新浪微博@交警陈清洲。他开通微博不是为了炒作自己，不是为了当网红，而是用新媒体搭建沟通联系群众和为民服务的桥梁，把为民服务的传统方法延伸到网络上。6年来，他每天都坚持更新维护内容、一一回复留言，几乎牺牲了全部的休息时间。他所发布的微博都是安全提醒、警察故事等满满正能量的信息，朴实无华，真诚温暖，贴近百姓生活，受到不同网络人群的欢迎。目前他的微博粉丝近80万，他所开办的“清洲说警事”安全宣传专栏阅读量达12.9亿人次，其本人也于2013年获评中国新闻法治优秀网络传播全国十佳个人。

市民黄用的儿子黄圣楠一出生就患有罕见的苯丙酮尿症，血液中的苯丙氨酸超标，身体无法正常代谢，只能靠药物维持，可几天前药断了货，到处都买不到。2012 年 6 月 23 日晚，由于没有及时服药，圣楠的手脚不停地抽搐，口水直流，满床打滚。虽然急得半死，黄用夫妻俩却无能为力。后来他们听人说陈清洲的微博粉丝多、影响力大，就去找陈清洲帮忙。陈清洲一听，二话不说，立即发出了一条"为小圣楠求药"的微博。5 天后，在广州网友的帮助下，终于找到了 5 粒救命药，挽救了小圣楠的生命。陈清洲得知黄用家庭困难后，又发起公益捐款，被转发 5000 余条，募集捐款 20 余万元，帮黄用家渡过了难关。

2012 年，受公安部一档有关打拐节目的启发，陈清洲开始琢磨如何利用他的微博力量，为更多迷途走失、被拐孩子找到回家的路。于是，他开办了"清洲帮寻人"公益寻人专栏，至今阅读量达 13.3 亿人次，共帮助找回走失人员 300 多人。

2012 年 8 月，市民邱美丽下班回家，发现母亲邱能秀不见了！"母亲 54 岁，身体不好，还有失忆！"邱美丽说。之后的一周，她和家人发疯一般，把母亲可能去的地方找了个遍，报警、贴寻人启事、上公交车发广告……能想到的办法都试了，但仍没一点消息，"快崩溃了，希望越来越渺茫。"邱美丽至今仍心有余悸。"找陈清洲啊，他找人的本事可大了！"一位好心人提醒了她。就像抓到救命稻草，邱美丽赶紧拨通了陈清洲的电话。"没问题，我会尽全力帮您找到，快把您母亲的详细信息告诉我……"十几分钟后，一条信息就从陈清洲微博上发出："急、急、急！急寻走失的妈妈：邱能秀，54 岁，身高 1 米 55……""厦门这几天连续下雨，家人已经找了一个星期，拜托大家！"陈清洲不停转发着微博，当天下午快 5 点时，邱美丽接到陈清洲的电话，急切又兴奋："我们的同事反映，在梧村派出所看到你母亲了，你快去看看吧！"挂了电话，邱美丽马上赶到派出所，一眼就看见民警正在给母亲喂饭，感动得热泪盈眶。

永不言弃的抗癌斗士

2016年，面对G20峰会安保、9·8投恰会、抗击“莫兰蒂”超强台风等硬仗，陈清洲加班加点、忘我工作，积劳成疾，病倒在工作岗位上，于当年9月确诊为肝癌晚期，癌细胞已转移至门静脉，即使手术，生还的概率也微乎其微。

在陈清洲被确诊为肝癌的当天，一条“扩散，那个爱帮人的厦门交警陈清洲被查出肝癌，谁能救救他？”的微博在朋友圈快速传播，网络媒体纷纷转载，短短几天就被评论、转发400余万条（次），阅读量过亿。2016年9月28日晚，央视12套全国公安民警三微大赛颁奖晚会上播出了陈清洲患病的消息，成千上万的网友纷纷表示关切。

近年来，陈清洲先后经历3次大型手术、35次放射治疗、84天化学药物治疗，下达的病危通知书多到数不清，但他始终以坚韧不拔的毅力、锲而不舍的恒心与病魔顽强抗争。

厦门市公安局党委、社会各界爱心人士也时刻牵挂着陈清洲的病情。经厦门市公安局党委积极协调，陈清洲住进了国内最权威的上海东方肝胆外科医院。2016年，吴孟超院士以91岁高龄亲自主刀，为陈清洲进行了最危险也是最重要的切除手术。手术很成功，但术后的化疗、放疗过程异常痛苦，陈清洲皮肤溃烂，毛发不断脱落，每天拉肚子的次数数不胜数，有时候吐的比吃的还多，体重一天天下降，整个人瘦得皮包骨头，浑身一点力气都没有。别人进化疗室，都是站着进去躺着出来，但陈清洲却说，咱是人民警察，一定要自己走着出来，站直了，别趴下。

数年的抗癌斗争，陈清洲无数次闯过鬼门关，但即便在化疗、放疗的那段至暗时刻，陈清洲还是没有忘记工作，没有忘记自己是一名人民警察，只要身体稍有好转，他就会拿起手机，解答群众的咨询求助，转发安全宣传预警信息。他的微博粉丝数不降反增，从原来的 80 万增长到了 200 多万。

2021 年，经过多方治疗，陈清洲体内肝癌细胞被神奇地控制住了，各项肿瘤指标、肝功能、肠胃功能逐步恢复正常。陈清洲一边坚持治疗，一边力所能及地参加单位组织的各项活动，用自己的亮灯精神、抗癌斗争经历感染鼓舞身边的战友。

热血回归：用生命报答党的恩情

2021 年 5 月 21 日，位于厦门市集美区文体中心的厦门市公安局英模教育基地——英模会客厅正式揭牌。它以陈清洲同志先进事迹为主要展示内容，是展示公安风采的窗口，也是陈清洲“满血回归”的开始。

英模会客厅的主要开放对象为全体民辅警、学生群体、普通群众，设置前言序厅、英模事迹展示、我为群众办实事活动展示以及清洲工作室等四大展厅，涵盖了宣传教育、精神传承、交流访谈、警民互动等多项功能，是为民服务的互动平台，也是让全体民警铸牢忠诚警魂的教育沃土。会客厅充分运用陈清洲的新媒体阵地及其公众影响力，以线上线下交互方式，通过网络、手机、微博、微信等多介质终端传播平台，倾听群众呼声、解决实际需求，展示警方风采，发布权威信息，聚焦社会热点、回应社会关切，切实做好宣传教育工作，彻底实现了“让英模精神与时代同行、与人民共享”。当天，陈清洲握

陈清洲在英模会客厅上课，与学生互动

紧拳头，向全社会坚定有力地诉说了这份初心：“只要能为党多干一天，为群众多干一点，清洲浑身充满了力量。”

2016 年，被确认罹患肝癌前，陈清洲正在集美大学为学生们上防骗课。得知病情后，组织安排陈清洲立即赴上海治疗，最后一节课就这样被耽搁了。治疗期间，陈清洲发微博向学生们致歉，承诺会尽快好起来，为学生们补上这节课。英模会客厅里，面对赶来的学生和媒体记者，陈清洲把这最后一节课补上了。课上，陈清洲和学生们现场互动，神采飞扬，时间仿佛又回到了 2016 年。“我是农民的孩子，从一名工人，到人民警察、共产党员，一步步走来，是党给了我知识、给了我平台、给了我荣誉，甚至给了我第二次生命，我要用剩下的生命来报答党的恩情。”陈清洲说。今后，他将以英模会客厅为平台，开展反诈骗宣传，讲解交通安全知识，传承英模精神，用一种全新的方式继续燃烧光和热。

大山之子

张建光　马星辉

廖俊波简介

廖俊波，1968 年 8 月出生，福建浦城人，中共党员，生前为福建省南平市委常委、副市长，武夷新区党工委书记。历任邵武市拿口镇党委书记、镇长，邵武市副市长，南平市政府副秘书长，荣华山产业组团管委会主任，政和县委书记，南平市副市长。2015 年荣获“全国优秀县委书记”称号。2017 年 3 月 18 日晚，在赶往武夷新区主持召开会议途中不幸发生车祸，因公殉职。被追授“全国优秀共产党员”“时代楷模”“全国优秀县委书记”等荣誉并获第六届全国道德模范敬业奉献类奖项，被评为感动中国 2017 年度人物。

一

没有战争年代的惊天动地、轰轰烈烈、丰功伟绩，但有和平时期的兢兢业业、勤勤恳恳、点点滴滴。先进人物廖俊波二十余年如一日，风里走、雨里走、山里走、田里走，带领广大百姓奔走在小康之路上……

如若廖俊波还活在人世间，今年54岁。这正是大展经纶、收获成果的好年华。但世事难料，2017年3月一个电闪雷鸣、大雨如注的夜晚，他牺牲在了工作岗位上。

感动中国组委会对廖俊波的评语是："人民的樵夫，不忘初心。上山寻路，扎实工作，廉洁奉公，牢记党的话，温暖群众的心。春茶记住你的目光，青山留下你的足迹，谁把人民扛在肩上，人民就把谁装进心里。"

二

乡间的恬静与安详，使得岁月在平淡中不知不觉地流淌而过，廖俊波转眼间长到4岁了。大脑壳、小不点的他特立独行，能独自一人摇摇晃晃地到乡里的理发铺去理发。

一个蓬头垢面的外乡人，带着一个与廖俊波差不多大的男孩在乞讨，脏兮兮的，俩人身上散发出一股难闻的气味，过往路人见之都掩着口鼻、避之不及，一只大黑狗朝他们直叫。

廖俊波掐着手中的一毛钱看了又看，想了半天，"蹬蹬蹬"跑到不远处的小卖摊，买了两个馒头，随手又捡了根大树枝，赶跑了大黑狗，向小孩递上了馒头。

这一切，理发师傅都看在了眼里，不一会儿，他干完手上的活，便朝小俊波大声喊道："轮到你了，小家伙。"

小俊波连忙应声，有些怯怯地说："伯伯，我能欠账么？下次一块儿还给你？"

"屁大点的人也知道欠账，家里给你的钱呢？"理发师傅板着个脸道。

"伯伯，我买了五分钱一个的馒头，一毛钱只能买两个。"

"那你还想买几个？"理发师傅说道，"伢子，这次伯伯不收你钱，算是免费给你理发哩，不过回去告诉家里大人，下次来一毛钱不够，要带两毛钱。"

小俊波点点头，"哦"了一声。

小俊波回到家向母亲说了当天发生的事，母亲听了很高兴，笑着说："小波啊，理发伯伯是跟你开玩笑的，哪会多要你的钱？说你脑壳大是夸你的，脑袋大的人都聪明哩，将来你会想大事，干大事哩。"

廖俊波5岁那年，不幸得了一种少见的疾病，整个人病怏怏地没精神，还时常发低烧，活蹦乱跳的俊波没有了平日里的笑声。父母看了直心疼，带他到县医院诊治，医生说这病难治，西医没有特效药，中医亦无良方。焦急心忧的父母带着俊波到省城大医院看诊，医生告诉他们这个治疗时间过程比较长，每天的药费得花上3元钱。

这在那时候可是一笔不小的花销。当时虽然说俊波的父亲在乡财政所、母亲是乡村教师，两人都有稳定的工作，但俊波这个病，全家哪怕不吃不喝，也付不起昂贵的医药费。

俊波看到大人忧愁的样子，心里很难受，但不知道说什么好，总觉得是自己不争气得了这个病，害得大家都不开心。

一天，他终于忍不住对母亲说："妈，我不吃药了。"

母亲闻言愕然，问他为啥。小俊波嗫嚅着应道："打针痛，药又苦又贵，还不如省下钱，可以买点猪肉吃哩，都好久好久了，我都没吃到一块肉了。"

母亲听了，泪水在眼眶里打转，她知道儿子是怎么想的，想吃肉是借口，为省钱才是真，她在心酸的同时也感到欣慰。她对儿子说："孩子！不吃肉没关系，但不打针吃药，你的病就好不了。你是个男子汉，将来长大后还会有很多的困难在等着你，但不要怕，要记住有山就有路，有河就有渡，有困难就有办法，办法总是比困难多。"

小俊波把这几句话反复念了几遍，牢牢地记在了心中："妈，我记住了，从明天开始不要你们大人陪，我自己一个人上卫生院打针行么？"

"你自己去，能行么？"妈妈停下手中的针线活。

"妈，我保证能行。"

贫困不仅教会了廖俊波一种穷人孩子早当家的成熟，同时磨炼了他吃苦耐劳的精神。让小小年纪的廖俊波见习了人生的不易，为以后适应艰苦的环境打下了坚实的基础。

三

1981 年，廖俊波考上了浦城县仙阳中学。那时候闽北农村的寄宿生都是自带饭菜的。班里有一个贫困生叫连孝荣，每周所带的饭菜只有 3 天的量，所以总是躲在无人处，每餐只吃个半饱。此事被细心的廖俊波发现了，从此，他每周都会从家里多带一些饭菜，悄悄地分给连孝荣。

几周之后，母亲季平英发现儿子所带的食物比以前多了不少，觉得有些不正常。再三追问下，廖俊波才道出了实情。

母亲言道：“这是件好事，你不需要瞒着大人，下次你就多带点饭菜去。”

只是廖俊波的家境也好不到哪里去，为了不让母亲为难，他联合了几个家境稍好一点的同学，一起帮助连孝荣。

廖俊波母亲回忆说：“这辈子有两次打儿子打得最狠，一次是俊波五岁时，与村中几个顽劣的孩子恶作剧，把小便齐齐地拉在村头人们淘米洗菜的小水池中，人家告上门来。我一时气急，随手拿起洗锅的竹刷往他的手背上扎，扎得他手背上都是血孔。事后带着他一起去清洗小水池，并去村民家中一家家赔礼道歉。第二次是他上三年级的时候，他的学习成绩都排在学校的前一二名，但就是不肯好好练字，不肯下真功夫，字写得歪歪扭扭。一天，我终于发了火，放学后就在学校里让他跪扁担，那竹扁担看起来十分光滑，但接触的面很滑很小，跪在上面是很疼的，一般的孩子跪两三分钟就受不了了，他跪了足足有二十多分钟。我忍住心疼不让他起来。同校的一位语文老师平日里比较喜欢俊波这孩子，实在看不下去了，便向我求情，并说他负责今后教俊波练字，每天交一篇两百字的书法作业。”她这才让儿子起来。

参天之木，必有其根；耸立之峰，日积月累。廖俊波后来能成为一名优秀的共产党员，入选全国百名优秀县委书记，冰冻三尺，非一日之寒。这与他从小受中国优秀传统文化的熏陶，与他父母的言传身教是分不开的。廖俊波的品德修养一半来自于知识营养，另一半来自于家庭的良好教育。优秀的传统文化、淳朴的家教家风，如同雨润万物，给予了廖俊波成长的营养与基础，使得他在少年时就充满了为他人着想、两肋插刀的侠肝义胆，在他身上可以明显地感受到闽越文化、朱子文化的韵味。廖俊波自己亦说：“一个对本民族历史文化知之甚少的人，在精神上便缺乏一种归属感；一个对自己的传统文化不懂得继承发扬的人无法成为一个侠义之士。无论时代怎么变迁，有些老祖宗传下来的老规矩、好规矩我们不能丢。”

毫无疑问，廖俊波成为一名中共党员后，便有了一个质的转变，他把为广大百姓谋利益作为自己的初心，把实现中华民族的强国之梦作为一生的理想与追求。

1990年夏天，廖俊波以优异的成绩从南平师专毕业，被分配到邵武市大埠岗中学任教。校长征求他对学校分配他工作任务的意见。廖俊波听了二话没说，爽快地接受了任务：教八年级物理，担任八年级三班的班主任，兼任学校的生管教师。负责全班60个孩子和全校500多个寄宿生的生活起居、学习，这让还是大男生的廖俊波一夜间成为劳力、劳心的“奶爸”。

晨读、早餐，午餐、午睡，晚自习、吹灯就寝……每件看似琐碎的事情，廖俊波都格外认真地对待。寄宿生都是一个星期回趟家，常带的是炒腌菜、煮黄豆。有的学生带的菜吃完后，只好吃白饭。廖俊波知道后总会悄悄地资助他们，钱不多，但让同学们感到了温暖；冬天，他看到寄宿生洗冷水澡，就到自己的厨房烧上一大锅开水，让学生打去洗澡。他的热心与爱心在同学们的心里留下了深刻的印象。

廖俊波是一名教师，更是一个勤学的学生，他总觉得自己学识不足、知识面不够，必须博览群书，不断充电，否则会误人子弟。故养成勤学好读的习惯，每至夜深人静，学校的教师与学生们早已进入梦乡，唯有他的宿舍灯亮着。

闽北邵武是个好地方。从1990年当教师开始，直至2006年从副市长任上调离，廖俊波工作生涯的三分之二都奉献给了邵武。可以说，邵武是他人生中得到锻炼最多、受益最多、情感最深的一个地方。他调任后的日子里，总是对这块土地难以忘怀。

1998 年，廖俊波任拿口镇长时，年幼的女儿问：“爸爸，你是镇上最大的人吗？”

廖俊波笑了笑，很认真地回答女儿：“不，爸爸是全镇最小的人，因为爸爸是为全镇人服务的。”

四

2011 年 6 月 21 日，廖俊波任政和县委书记一职。

他到任后，进行了两个多月的调研，每天早出晚归、披星戴月，下乡村、到田头，进厂矿、访社区，一路调研、一路思索。

廖俊波在花卉基地与农民交谈

调研行程结束的那天，廖俊波来到政和的铁山大岭，站在高入云霄的鹰嘴岩上，云雾蒙蒙、林海莽莽，一只雄鹰从头顶呼啸而过，瞬间飞向远方的云端深处。这不禁让廖俊波联想起雄鹰再生的故事：雄鹰在一定的时候，身体许多部分会老化、弱化，尖利的双爪不能伸展自如，嘴上也结上一层又长又弯的茧，双翅上的羽毛也厚厚地堆积在一起，使它无法在高空中翱翔。这时，它面临着一个艰难的选择，要么等死，要么抛茧拔翅，让生命得到重生。雄鹰在高空中不断盘旋，突然如闪电、如利箭般撞向坚硬的崖石，把老化的喙和嘴巴连皮带肉反复磕尽，遍体鲜血直流，剧痛无比；待伤好后，它用长出的新喙，把双爪的趾甲一个一个拔掉；尔后，它又用新的趾甲把双翅上的旧羽毛撕扯掉，让双翅长出新羽毛。这三次的残酷更新是三次血淋淋、疼痛无比的重生过程。然而，经过了这剧烈的阵痛，雄鹰再次在蓝天上翱翔，并续获了后几十年的生命。

廖俊波在想，眼下的政和就如同雄鹰，改革30余年，一些经济体制与肌体功能，包括发展模式已不适应社会进步的要求，要改变现状，就得有雄鹰撞崖、抛茧拔翅的精神与勇气。是的，政和必须绝地反击，必须弯道超车、后来居上！一句激情的创业口号油然而生：一切为了政和的光荣与梦想！

……

月升柳树梢，蛙在田中叫。这是廖俊波在政和工作期间的一个小片段——亲自上阵翻身垄。这天，他事先做了摸排了解，来到村头一位老汉家里。这户人家不仅有近20座的祖墓，而且老汉有文化、见过世面，在村里有一定的威望。如果当晚能够做通他的工作，那其他人家的祖坟就好办多了。

进了老汉家门，寒暄过后，廖俊波笑眯眯地说道："老人家打扰了，我是廖俊波，是政和的县委书记，一是来看望你，二是告诉你一个秘密哩……”

老汉觉得这位书记有意思，便言道：“那谢谢廖书记哩，你可是政和最大的官！能来我家是给大面子。我一个平头老百姓，你有什么秘密要告诉我？”

廖俊波笑笑地学着老汉的语气说：“告诉你，这个垄里有聚宝盆哩。”

老汉惊讶道：“有听说过翻身垄藏着聚宝盆的故事，但那都是传说。你当县委书记的人也相信？”但他看到廖俊波那笑笑的模样，随即想了想，呵呵大笑起来：“我明白你找我老汉什么事哩，什么聚宝盆，来挖坟才是。”

这老汉反应灵敏，说话也毫不客气。但不知怎的，他喜欢上了眼前这位夜访的“县太爷”，有一种说不出的亲切感，觉得这官随和得很，说话生趣、平易近人，没有一点架子。

就这样，二人推心置腹、促膝夜谈起来，廖俊波在聊天中描绘了同心工业园区的美好远景，说：“把园区建起来，把企业引进来，大家就可以在家门口就业，外出打工的年轻人也可以回来。外来的人多了，还可以出租房子、搞餐饮……”

他恭敬有礼，有说有笑，就像一个小辈向长辈汇报家事一般。老汉被他的真诚所打动，但有些发愁地道：“那坟墓怎么办？老祖宗们往哪里住？”

廖俊波说：“这个呀，我们早考虑好了，由政府出资修建公墓，盖新房给老祖宗住哩。”

老汉一听放下了心思，表示道：“就为你亲自过来，我也愿意迁坟，更别说听了一个晚上苦口婆心的肺腑之言了。”廖俊波十分感动，立起身向老人许诺说：“翻身垄，翻身垄，该是到了翻身脱贫的时候了。老人家你放心，翻身垄三年内不翻身，挖不出个聚宝盆来，你们不能脱贫致富，我这当县委书记的定然前来向你请罪。”

老汉也站了起来，双手作揖，连声道：“不敢当，不敢当！”他还说他这一辈子也见过不少官，却没见这么一个看得起他老头子的官。做人图个啥？就是这份尊重与友情。他不但同意自家带头迁墓，还拍着胸脯说要帮助完成全村300多座墓的迁移。原本最难的事，在一夜之间化解。

后面随之而来的是温情拆迁、和谐拆迁，大大加快了工业园区的建设步伐。从那以后，廖俊波与老汉成了忘年交，每年正月的时候，他都会去看望老汉，聊聊天、说说话，通过老汉听听老百姓对政府的意见。

廖俊波担任政和县委书记后，2012年政和县域经济发展指数在全省提升35位，2013年、2014年、2015年连续三年获全省发展十佳，财政收入、地区生产总值、固定资产投资、工业产值均实现翻倍。

廖俊波在政和县走访企业了解情况

2015年，在党的生日前夕，廖俊波参加了全国优秀县委书记表彰会，近距离聆听习总书记的谆谆教诲。为此，他感到无比自豪，也觉得肩上的担子更重了，造福一方的干劲更足了。从北京回来，他拿出全国优秀县委书记的奖状和与习近平总书记一起合影的照片给爱人林莉看，分享自己的喜悦。林莉看后，准备把奖状、合影照片收起珍藏，却被他阻止了，说："这崇高的荣誉是全体政和县人民的，不能私藏。"

谷子成熟了，低下了头，向日葵成熟了，也低下了头。昂头是为了吸收正面的能量，低头是谦虚谨慎，懂得低头，会看清自己脚下的路，懂得低头，便可见水中天。懂得低头，这就是廖俊波人生的风度和休养。

时光荏苒，不知不觉廖俊波到政和已有4年多。此时，与政和情浓意浓，战犹酣、未下鞍的廖俊波接到了一纸调令，回南平市政府就任副市长一职。

夜幕来临、华灯初上。临别的前一天晚上，思绪起伏的廖俊波一个人在县城里漫步，时走时停。一切都是那么地熟悉、一切都是那么地不舍，他感叹时光如白驹过隙，真是过得太快了。想起几年前，他登上铁山大岭，站在鹰嘴岩上，犹如就在昨天，不由感慨万千。此时看到市民广场上男女老少闲聊、蹦跳、欢唱，是那么地惬意，那么地有获得感、归宿感、幸福感。曾几何时，政和没有高速公路，没有市民广场，没有像样的桥梁，甚至没有红绿灯、斑马线。他与政和的同事们谋划实施了"一城两镇"大城关战略，启动31个城市建设项目，如今迎宾大道建起来了，主街改造好了，政和广场、文化中心投入使用了，9座市政桥梁竣工了，宁武、松建高速公路通车了！千年古城一年一变……

他在欣慰的同时亦有些遗憾，如果自己在政和主政期间一些事再多抓紧点，或组织上再多给点时间，或许能让政和百姓有更多的幸福感。

五

2016年秋天，枫叶红了。

一场举世瞩目、极为浩大的工程建设开始了，南平市人民政府驻地将由延平区迁至建阳境内的武夷新区。

廖俊波又一次挑起了重担，组织上任命他为常务副市长兼武夷新区党工委书记。廖俊波感到，此生能够造一座新城，繁荣一方经济，对他的一生来说是何等的幸事！新区是千年大计、国家大事，是一项历史性工程，非同小可、非同一般，自己一定要有功成不必在我的精神境界。

廖俊波受命后立刻进入角色，全面了解新区情况，组织有关部门、专家学者考察论证，反复研究后，在短时间内精心制作出了五张图，分别是武夷新区总体规划图、南林核心区规划图、新岭工业园区规划图、将口片区规划图、兴田片区规划图。

每一张图都按照他的要求，将武夷新区拟建项目、在建项目和招商项目等落图标记，即时更新。这图不仅是规划图、进度表，还是用以激励、鞭策自己及新区全体工作人员的参照物，它催促大家积极主动地去对接客商，千方百计地为落地的客商做好服务。

这五张图反映了武夷新区最新的工作进展情况，是廖俊波时刻不离身的宝贝。走出去招商时，他把这五张图展示给客商看，武夷新区的美好未来尽在不言中；落实各项目的选址方案时，他拿着这五张图进行实地调研。对于武夷新区城市规划、项目建设、产业发展等各

廖俊波向前来考察的企业代表介绍武夷新区发展规划

项情况，他如数家珍。

新区产业蓝图绘制好了，招商引资无疑是头等大事，也是难事。招商、项目、引资，一说起这几个字眼，有些人避之不及，然而，廖俊波似乎与它们三生有缘。

难道不是吗？从拿口工业园区到邵武工业园区，从荣华山产业组团到武夷新区，项目引进、招商引资都与他如影随形。屈指算来，有二十年了，他马不停蹄地在各地招商跑项目，其中的酸甜苦辣、艰难困苦，难以言尽。

时至今日，招商引资更是与从前大不相同，要求越来越高，不仅要招得来商，还得选好商、选好项目，特别是要选经济效益优、环境友好型的大项目、好项目。

廖俊波坦言：“我们都曾经走得太快，有时还走得不够理智，不那么聪明。以牺牲环境生态为代价的硬发展，得不偿失，如今付出了成倍、几十倍、上百倍的惨痛代价，有的甚至是无法用金钱来挽回的。要做到与大自然和谐发展，首先当领导的要有悟性，要带头敬畏大自然，与自然界和山睦水，发展才能久远。”

为此，廖俊波告诫自己，绝不可图一时政绩，而忘却一个地方的持久发展，忘却人们将来的生存环境。

廖俊波身先士卒走出去，马不停蹄地拜访客商、洽谈项目。他每次去推介项目，事先都做好功课，不打没准备的仗。他会精心做几套方案，让客商一看就懂，一个方案不满意还可有多个方案供选择。在武夷新区期间，廖俊波15次带队赴京，和鲁能集团、中国人寿、浪潮集团等达成投资意向，总投资额超百亿元。同事们称廖俊波是武夷新区的“最帅推广大使”，每一次推介会，他都亲自上阵，从开场白到结束语，无一不精心构思。面对这些大型企业的高管，廖俊波平日里通过大量阅读所积累的丰富的知识面派上了用场，他妙语迭出、旁征博引、神采飞扬，让人暗暗佩服，心生敬意。

高新企业是廖俊波最看好的朝阳企业，他曾五次带着精干的小团队进北京，奔赴中国航天科技集团有限公司洽谈项目落地的具体事项。北京空间科技信息研究所所长原民辉说：“两个字，敬服！廖俊波真是个实干的人，每次来都把议程排得满满的，到外面吃饭没时间，就只好叫来快餐，边吃边谈。”

武夷新区的项目从一开始就是高起点规划、高标准建设。南平实业集团有限公司总经理、福建武夷高新技术园区开发建设有限公司董事长陈智强，亦是武夷新区武夷智谷软件园的负责人，对园区项目“双高”的要求十分清楚，因此，他聘请了上海业内比较出名的某家设计院做创业园的规划。

有一次，在听取陈智强的规划汇报时，细心的廖俊波看出了问题，当即提出了不同意见："园区总共1000多亩，这个规划里，仅铲平山头就要花费8亿元，土方怎么要这么多钱呢？你们把规划再仔细复核一下，是否有优化的空间？"

陈智强二话没说，立马与设计方沟通，设计方一五一十地讲了设计的过程、土方量的计算等等，陈智强这才发现了土方量大的原因。

他找到廖俊波汇报："原来这个规划是按照平原设计的，没有根据我们园区实际地形特点来设计。"

"这就是设计方不负责任，脱离实际了。虽然上海的这家设计单位水平很高，名声很大，但不一定适合我们，请他们放下架子，重新进行规划。"廖俊波同时建议说，"应该依据武夷新区的地形、地势重新规划，让创业园融入山谷中，与自然和谐相处，给前来创业、就业的人提供更舒适的工作、居住环境。"

陈智强根据廖俊波的建议和设计院进行了交流，在双方充分探讨后，设计院承认自己确实考虑不周，要对规划重新进行优化。同时，设计院也对提出这一修改建议的廖俊波表示出了敬佩与敬意。这一项目的重新规划，不但节约了6000多万元资金，增加了可使用地面积，还使得创业园置身于环境优美的自然山水环境之中。

六

廖俊波生命里的最后几天是这样度过的：

3月11日凌晨2时，武夷新区，在研究完12项议程后，会议结束；11日早晨7时许，赶动车前往江苏连云港招商。

3月12日下午，回到武夷新区，开会；当晚，继续研究项目开工事宜。

3月13日早晨7时许，赶动车赴北京参加招商洽谈。

3月14日，廖俊波得到一个很诱人、很有希望的招商信息，立即喊来陈智强，兴奋地下命令道：“拔了办公室的电插头，立即随我出发。”陈智强知道廖俊波素来都是说走就走，亦没多问，转头回办公室拿了些随身物品，两人便出发前往北京。随行的秘书屈指一算，这已经是廖俊波为园区招商第15次进京了。

这次拜访的企业便是综合实力位居国内信息技术企业前列的浪潮集团。中国第一颗人造卫星“东方红一号”就使用了浪潮生产的晶体管，很多上市的软件公司也都是从浪潮集团获得的技术支持。到达北京的第二天晚上，廖俊波与浪潮集团高层顺利会面，双方一直谈到深夜，次日便达成了合作共识。

3月15日，廖俊波飞抵福州后又赶到南平开会；夜里，回到武夷新区。

3月16日，上午，廖俊波参加了建阳区百日攻坚项目开工仪式；召开了一个安置房问题会议，下午陪同考察。

3月17日，上午，参加完武夷新区项目集中开工仪式后，开会研究审计工作；下午，陪同南平市领导调研；晚上，和同事们开会研究工作直到凌晨2点。

直到远方天空露出了隐约的鱼肚白，廖俊波这才意识到天快亮了，连忙赶大家回家休息。

在武夷新区管委会以及南平市政府大院，廖俊波经常是最后一个下班的人，有时忘记了时间的他会被锁在办公大楼里，不得不打电话向保安求援……

寻访廖俊波的人生足迹，从人民教师到人民公仆，从基层干部到主政一方，无论在哪个层级、哪个岗位，他从未忘记党旗下的庄严承诺，从未忘记全心全意为人民服务的根本宗旨。

翻阅廖俊波勤政为民的履历，他如同一头勤奋的黄牛，把对党和人民的无限忠诚镌刻在八闽大地的山水之间，无愧于心、无愧于天地。

七

廖俊波离开我们已经五年了，但人们却仍沉浸在不尽的痛惜与追思之中。他的情还在，微笑还在，真诚还在，魅力还在，他的作风还在。

有人说廖俊波有一种魔力，其实不然，那不是魔力，而是人格魅力。他身上散发着乐观、积极、向上的阳光，充满了热情、希望与信念的正能量，传递着对生命的感恩及对生活的热爱。无数的人都是被他的这种魅力所征服的。

择高处立，寻平处住，向宽处行，他不是一个单纯的工作狂、拼命三郎，多情未必不豪杰，他亦是一个重情重义、有血有肉的男子汉。他的女儿廖质琪说得最好："父亲更多的是做人吧，真诚而坦荡、善良和付出、正直与坚持。"

廖俊波的女儿说得质朴，说得真实，廖俊波是一个凡人，但有如那句话所说："文章做到极处，无有他奇，只是恰好；做人做到极处，无有他异，只是本然。"

曾经的日子已一去不复返，所有一切都成为回忆。廖俊波走得太早，令人扼腕叹息。在渐行渐远的时光中，我们都是来去匆匆的赶路人，但我们为你而感动，为你而自豪。

春犹在

钟兆云

杨春简介

杨春，1969 年 5 月出生，福建宁德人，中共党员，生前为福建省宁德市公安局蕉城分局党委委员、副局长。他从部队转业到公安机关 28 年，以铁一般的理想信念奋战在维护稳定、服务群众第一线，忠诚履行人民公安为人民的庄严承诺，忠实守护一方安定和人民安宁；他关键时刻顶得住、遇到危险带头上，以铁一般的责任担当扫黑除恶、打击犯罪，侦破刑事案件数千起，抓获犯罪嫌疑人千余人；他以过硬本领实现执法办案零差错，在平凡岗位上做出不平凡的业绩；他始终坚守崇高价值追求和良好职业操守，赢得了群众广泛赞誉。2019 年 1 月 23 日凌晨，因长年超负荷工作，杨春突发疾病，牺牲在了工作岗位上。他获得过个人二等功 1 次、个人三等功 2 次，被追授“时代楷模”荣誉称号。

2021年3月29日，全国扫黑除恶专项斗争总结表彰大会在人民大会堂隆重召开。福建省宁德市公安局蕉城分局刑事侦查大队（杨春警队）是全国获奖集体中唯一一个基层刑侦大队。

2021年的春天，为了迎接首个中国人民警察节，公安部专门摄制了电影《扫黑英雄》，主人公正是杨春。

只是，这个戴着“时代楷模”“人民满意的公务员”“全国公安系统一级英雄模范”等闪闪桂冠的人，却离开这个世界3年了。2019年1月23日凌晨，在全国扫黑除恶专项斗争整整一周年时，49岁的杨春在带班时突发心梗，倒在了办公室……

又是一年春来到，我来到生机勃勃的上汽宁德基地，当初为了这个奔小康大项目的安保，杨春曾三次推迟手术治疗！走进宁德市公安局蕉城分局，来到杨春的办公室，接触一个个熟悉他的人，面对一份份厚重的证书和奖章奖状，凝视他那个将被永远保留的警号910007，我理解了“赢得生前身后名”和“金杯银杯不如老百姓的口碑”的精义。

因故缺席，何薄于他

2019年1月23日下午，蕉城区政法委召开以扫黑除恶为主要内容的常委会，杨春因故缺席；原定这天晚上为庆祝女儿结束期末考试、侄儿法学博士放假回来而举行的家庭聚会，也取消了；接下来几天、一个星期后已有的安排，参加者和出席人名单中，不再有杨春……

工作从来都是满满当当、一路争先创优的杨春，怎么会缺席呢？不少人情不自禁地问，或拿起电话要打，却很快就明白过来，无语凝噎。

殉职的消息连同他的生平事迹，一而十，十而百，百而千，千而万。见者莫不动情，身不由己地向他家里、办公室和灵堂涌去，或微信致哀、送花，谁都不愿缺席。

这是个为警察而生的人，忠诚、干净、有担当，28 年来一直奋战在基层一线、“零投诉”，先后参与和指挥侦破各类刑事案件 3150 余起，抓获犯罪嫌疑人 1830 余人，用实际行动告诉世界，刑警的使命是破案，初心是为民。

这是个心中有党、心中有民、心中有责、心中有戒的“四有警官”，见危险就上，见荣誉就让，身体力行地带出了一支能征善战、让党和人民放心的十二连冠的刑侦大队。

这是个一身正气、两袖清风、远离虚名浮利的人，不管身穿警服还是便服，他对党赤胆忠心，对战友情同手足，对百姓枝叶必护。哪怕是对犯罪分子，他也从不放弃。他曾和一个形若槁木、心如死灰的身患艾滋病的犯罪嫌疑人前后相处 17 天，费尽口舌，让对方相信案情不算太重，只要好好配合就可能轻判，终于做通了犯罪嫌疑人的思想工作，后来该嫌疑人还主动从四川西昌到宁德配合另案。杨春对上没有谄媚逢迎之心，对下没有盛气凌人之态，他心中有爱，眼中有光，对每一个人的态度，都真实地体现出他的人品、素质和修为。

活在人心，何厚于他

2019 年 1 月 27 日，杨春的葬礼，从他的家到殡仪馆七公里的街道路边，站满了自发赶来送别的群众，有 3000 余人。沿途竖起的“杨局一路走好！”“英雄走好！”等横幅，连同一朵朵迎风开出的泪花，让天看在眼里，让地记在心上。

瘫痪在家的老干警黄先胜坐着轮椅，带着全家——杨春无偿资助手术的老伴、杨春帮助操办婚礼的女儿女婿来了。战友去世的消息传出，他如惊雷轰顶，前天晚上他们还一起在家门口聊天呢。凝视战友的遗像，他泪飞如雨："春啊，你怎么会在这里啊，怎么不让我代你啊……"经过战友遗体时，他和老伴都哭成了泪人："春啊，这辈子再也碰不到你这样的好兄弟了啊！"

"当时要不是得到杨叔叔的帮助，我现在可能已经不在校园了……"特地赶来送别的在校学生小刘湿了眼眶。蕉城分局侦破的一个案件中，12 名犯罪嫌疑人系未成年人，是杨春的无疆大爱，使得他们重返校园。

"杨春是领工资的人，十几年这样坚持帮助我，我觉得换了谁都难以做到。这么有情有义、善良、真诚的好人，怎么就这样走了

杨春正在和战友部署扫黑除恶工作

呢?!”他是杨春的初中同学，闻噩耗，泪如雨下。年关将至，他在杭州的海鲜摊忙得不可开交，但他说什么也要坐动车回去，穿着杨春此前为他添置的衣服通宵守灵。

“杨春总为别人着想，不惜委屈自己，他是我见过的最有品格和人格魅力的警察!”早早赶到现场的一名尤姓男子见人就哭。前些年他因儿子在国外务工导致精神分裂，与劳务公司产生纠纷，在法院作出劳务公司无责判决后仍不断上访。两年间，杨春五次上门走访，帮他申请救济、补助，想方设法协调解决其子住院床位等问题，终于平息了这一长达十年的信访积案。

告别仪式人山人海，有一张熟悉的面孔引起了人们的注意，起初还以为这个有暴力倾向的老上访户要来捣乱，却不料人家也是来送别的。上年底杨春亲自接待他的上访后，把他原有的负能量全都给消解了，如释重负之后，他的生活才开始变得有了滋味，能不来送别这个给了他最好礼遇和最后尊严的好人吗?

信访工作原本不归杨春负责，但组织既有托付，他就二话不说当成分内事，常常上门倾听上访户的心声，鼎力帮助解决实际困难。眼前的困难一望便知，他就自掏口袋先表达心意;孩子入学成问题，他就细致地去做各方面的工作;退役老兵确是情非得已上访，他就组织协调解决……一个个棘手难题在他手上化解，消解的还有那些不安定因素。一来二去，很多上访户都跟他成了加有微信的朋友。

人群中还有不少来自省内外的警界人士。他们和杨春因工作接触而成为好朋友，对他的能力和人品赞誉有加。一名北京干警泣不成声地给蕉城分局局长打电话说，杨春是全国警界的骄傲和榜样，春节期间首都的安保任务重，自己无法来闽东送行，请代送花圈致悼。

杨春 90 岁的舅舅来了。虽然家人想方设法不让他知道，不让白发人送黑发人，但老人还是从街上的宣传画中看到了，执意要来，说：“我是来送英雄的，我为有这样的外甥感到骄傲，我一定要当众给他鞠个躬！”

送别仪式上，每个人都深深认可烈士遗像前专属的挽联：“扫黑恶保安宁一腔热血书忠诚，显担当志未酬浑身赤胆铸警魂。”每个人的发言和追思都催人泪下，女儿的哭诉更是感天动地：“是不是每一个爸爸给女儿的爱都是有限的？您用了十二年就把它消耗光了，所以您就这么突然地走了……”

到了最后的送别，朝夕相处的战友都知道他们的春哥是个爱热闹的人，在大部分人走后仍不舍离去，临时起意摆了个方队，以走队列、行敬礼的庄严方式，护送春哥遗体。40 人分站两排，口令只有六个字——起喊“春哥”后，众队友齐喊“一路走好！”一遍又一遍地喊，直喊得地动山摇。

“昨天，一个人守护了一座城；今早，这座城送别这个人。”这一天，杨春成了闽东大地的热搜，这句话在微信朋友圈被刷屏。

杨春之逝，引发议论无数：

——这次我才深深体会到，公安干警中有很多尽职尽责、一心为民的人，以杨春为例，他为了大多数人的安宁、奔小康，做了许多我们看不见的工作。

——杨春在身患冠心病并伴有心肌梗死先兆的情况下，为了工作特别是上汽宁德基地项目上马前后的安保，三次推迟手术治疗，给宁德大发展的脚步予以最有力的保障，也为千家万户迎来了小康，却唯独没有自己的平安！

——是不是天堂里也需要扫黑除恶的勇士，是不是地狱里坏人太多，需要把春哥调去？老天爷、阎王爷啊，你们管得太差了！

——孩子没长成，父母没送走，这个英雄走得太快了，真是天妒英才啊……

杨春走后第三天，一位陌生的老大娘提了袋鸡蛋上门慰问。杨春妻子问后才知，老人在儿子被判故意伤害罪后找杨春说情，杨春了解了案情，把当时打架的监控放给她看，说："你儿子都把人家打成这个样子了，我还能给他办取保吗？如果我徇私枉法，那就是对别人的不公正，还请大婶你能理解，家里有什么困难我倒是可以尽力帮助。"老人的目的虽没达到，但杨春的态度却让她很感动。之后，杨春还帮她家获得了某个应有的赔偿。

很多犯罪嫌疑人及其家属都觉得杨春是天底下难得的好人。不止一次，杨春在办案后把身上仅有的现金悄悄放在了嫌疑人家里，不是因为对方的白发父母实在太穷，就是不忍看到对方因吸毒而造成孩子衣不蔽体、食不果腹。

杨春出殡后的一个晚上，已调任宁德市公安局副局长的老领导阮细章连着两夜失眠后，带着刑警队的胡卫清、杨凯、詹益东等人，又来到杨春家慰问。阮局长一开口便泪流满面："我和杨春共事9年中，局里每遇急难险重的事，我第一时间总是想到杨春，杨春总是挺身而出，不讲困难不讲条件，从不斤斤计较，受领任务时就是简单的一句话，'请局长放心'。完成任务后也总是一句话，'报告局长，任务完成'，一点也不张扬。想想那9年，只要杨春在，真没有搞不定的事，这样有能量、见困难见危险就上、见功见荣誉就让的干部，哪里去找啊？堂堂汉子说倒就倒，好人一生如此短暂，我在心里不知多少次骂苍天不公，但看到老百姓对他评价这么高，组织上给他荣誉这么高，我又觉得他很值！这辈子，杨春都永远在我心里，是我学习的楷模！"

那些天，好几个微信公众号设专栏纪念杨春，像是一座城为他点灯。那位在杨春鼓励下也从警的博士侄儿，深情地与英雄叔叔作心灵交流："叔啊，那一年汶川大地震，我知道有那么多人为遇难同胞点灯，今天我也看到有那么多人为您点灯，您是人民心目中的英雄，更是我身边永远的榜样！”

那个星期，全国有七名民警牺牲，在扫黑除恶一周年时殉职的杨春，是他们中的代表。他以无我境界和人性光辉诠释了新时代公安干警的价值追求：个人名利淡如水，党的事业重如山。

这年春节，别说是每天以泪洗面却还得编造理由瞒住杨春父母的亲人，杨春的很多战友和同学也觉得特别煎熬，前所未有地体会到了“少一人”的孤独。在朋友、同学、战友的圈子里，杨春永远是忙碌的，也永远是公道正派、乐于助人的，永远是大家遇到难题时首先想到的人，也一直是大家心中的骄傲。

杨春永远都是把工作排在第一位，平时朋友聚会、家庭聚会，提前跟他预约后，他都无比爽快地答应，但到那一天却经常爽约，或是要办案，或是要开会。大家都习以为常了，毕竟公安工作有其特殊性。

换作别人，爽约多了，感情也就渐渐疏远了，但杨春不同，他可是灵魂人物！他从没有局长的架子，从没有忘记或疏远任何一个同学和朋友。平日里，他关心他人，为人处世特别真诚，考虑问题总是舍我利他，加上热情似火、特别仗义而且组织能力出众，谁有事不喜欢找他呢？连同学间的红白喜事，都由他担任召集人。同学朋友亲戚求情什么的，他公私分明，原则性问题绝对把握，以“糖衣炮弹”进攻则是连门都没有。

这个正月里头的每一场同学聚会，大家都不由自主地把主位留给杨春，倒上一杯酒，分头来这个位置碰下杯表示敬意，并将之定为今后聚会的常规，同学群里杨春永远都在。有个同学彻底地把烟戒了，因为杨春和他有过约定：看谁先成功戒烟。

刑侦队战友杨凯也知道杨春无时无刻不想戒烟，每晚快到家时，不管口袋里还剩多少支烟，他都扔到垃圾箱里，以免污染家里空气，但第二天却又买了一包，办案没有烟那真难熬。如今，杨凯也抽起了春哥生前最爱那一款烟，想念他时便多点上一根，恭恭敬敬地放在他的照片前。

2019 年春节刚过，刑侦大队大队长胡卫清站在齐刷刷的队伍前，说：“杨春副局长虽然走了，但他的精神不死。整个春节我经常梦到他，梦到他还在召集我们讨论案情，指挥我们抓捕，紧锣密鼓地跟检法部门探讨专案。直到今天，我仍感觉他还在我们身边，给我们师傅般的、兄长般的、亲人般的关爱，激励我们刑侦大队更紧密地拧成一股绳，矢志传承杨春精神，把党和人民赋予的神圣使命完成好！”

2020 年夏，胡卫清以出色成绩接任蕉城分局副局长，更全面也更切身地体验到了杨春当年的种种压力。杨凯则接任刑侦大队大队长，百感交集地和战友们交心：“我有时在想，春哥化作什么而去了

杨春走后，同事们仍然将他的岗位牌保留在他的办公桌上

呢？是一种精神，是一棵无形的大树，在带出这支队伍，在引领和守护我们之后才放心而去。一个人的精神，一定要有能够体会他的人来传承，我们一起齐心协力，将之一代一代传承下去。在和春哥的接触中，我感觉他爱蕉城刑侦像爱自己的孩子，甚至花的时间更多些。我请同志们监督，我一定要像春哥那样，用生命和忠诚，让蕉城刑侦这个品牌永放光芒！”

杨凯特地请他在警院读书时的老师题写“杨柳春风，薪火相传——赠杨春警队”的条幅，裱好挂在队部，并在自己的办公室挂上“忠诚”两个大字。警徽作证，今后不管谁当大队长，杨春永远都是这个大家庭的灵魂人物，杨春精神永远是刑侦大队的主心骨。

能是个可复制之人

杨春的事迹深深感动着万千人心，一个个迟到却又实至名归的荣誉接踵而至，非他莫属。

研究追授杨春荣誉、开展向杨春学习之事，从区、市、省到中央部委，速度之快，荣誉之高，耐人寻味。杨春由感动闽东、感动福建，到感动中国，“争当杨春式民警，争创杨春式警队”的活动在很多地方都成了风气。

各种现场会轰轰烈烈过后，接下来往往便是人走茶凉，往事如风，你走了就走了，宣传后就没声音了，活着的人该怎样就怎样，一切按部就班。黄先胜却不是这样。这位为杨春大哭数场的退休民警，至今还心如刀绞，有事没事总想到杨春，还时时梦见杨春。他收藏了杨春追悼会前后几乎所有的微信，每一次翻看，都老泪纵横。

黄经禄也不是这样。这位接到报告后最先迈进杨春办公室的分局局长，也是杨春后事安排的总指挥，至今仍痛心于失去这位得力干将。一天早起后，他突然失声痛哭，妻子便问他是不是又在想杨春了，他说：“是啊，总感觉自己像断了一条胳膊。”都说男儿有泪不轻弹，他却不知流过多少泪，除了父母，他只为杨春一人守过整夜灵。抚今追昔，杨春确实值得他这样做。有一天，他又悄悄看了一遍央视拍“时代楷模”时全局上下翻箱倒柜才找到的杨春仅有的几个工作视频，杨春两次都手捂胸口的镜头让他再次泪奔：原来那时杨春已不堪重负了啊！想想杨春是何等的低调，又是何等隐忍地用生命托起使命，却疏忽了自己，此般心底之痛怕是此生难消！

至今仍有撕裂般痛感的，还有黄局长的前任阮细章，碰上难事他有时还会失口问杨春在哪里。

“这么多年来，他不是阶段性地做一个好人、做几件好事，而是一如既往，始终表里如一。公安机关不管对内还是对外，都难免得罪人，杨春从警以来处理过不知多少案件，抓过不知多少人，但他办下的案件至今没翻案的，他至今也还是零投诉，何其难得，这样的干部去哪里复制啊？!”两鬓斑白的阮细章哽咽道。

人们常说，时间可以冲淡一切，再大的创伤和功绩都容易被时间抹掉，但杨春的亲人、战友却说：不是这样的！

一年过去了，两年过去了，不管是家人、战友，还是这个城市，都没有走出“失杨”之痛，没有杨春的日子让他们不习惯！

2019 年 9 月，刑侦大队副大队长兼扫黑队长蒋昌明和前任詹益东等人去北京参加“时代楷模”发布会回来，心往一处想地把杨春的警服照放大，挂在了扫黑队会商桌旁的墙面上。

这个地方原拟布置为荣誉墙，陈列扫黑队成立以来取得的成绩和奖状。詹益东回来建议说：“我们所有的荣誉都是在春哥带领下取得的。春哥牺牲后，党和国家给了他至高无上的荣誉，这也是我们共同的光荣。应该把春哥的这个最高荣誉和照片挂在墙上，激励大家，让我们时刻铭记春哥一直都在守护并陪伴大家，像平时那样跟我们聊天、开玩笑，跟我们一道持续开展扫黑除恶工作，也让我们有一种无形的压力和动力，在春哥每天的注视中把工作做得更认真、更细致、更出彩。”那一瞬间，詹益东悲伤的语调中透出一股克己奋发、胸怀激荡的力量，所有的人都为这个建议鼓掌。

时至今日，这支队伍，这座城市，丝毫没有减轻对杨春的思念。

我看到，有人经过这座城市悬挂的杨春头像时，会深情地为他擦去上面的灰尘；我听到，许多人仍在谈论杨春，“我们能有安宁的生活，是因为有无数个像杨春那样的英雄在为我们遮风挡雨”“以前只以为老一辈的公安才有这种情怀，杨春的事迹真让我吃惊，真是要改变对新时期公安的看法，一定向他学习”；我还听到，当扫黑队、刑侦大队每次集训或出警时，点到杨春的名字，战友们便异口同声地喊：“到。”他们是杨春警队，他们不会让自己的春哥失望，他们会如春哥那般，心中有丘壑，眉目作山河。

以杨春命名的警队，把“有党性，有血性，有韧性，有品性”作为精神内核，以此烙印在每个人的骨骼和血脉里。

杨春忌日，清明时节，殡仪馆便会雷打不动地来一群警察，把杨春的骨灰盒请出来（当地风俗，父母在世，先故儿孙不能落葬），恭恭敬敬地置于桌上，上个香，点个烟，倒两杯酒，告知喜讯。

第一次是杨春生前牵挂的81专案：春哥，这个案子顺利起诉了，下一步就是法院的审判了，我们没有让你失望！还有那些新型犯罪案，我们根据你的指点和摸索的经验，几乎攻无不克，“70后”成了办案主导，“80后”成了可依托的力量，“90后”正在培养中崛起。不久前我们还把省厅下达的异地办案任务办成全省精品，在扫黑除恶行动中精准打击、百发百中，走在了全省的前列。

第二次：春哥，你负责安保的上汽宁德基地项目已建成了工业园区，宁德脱贫攻坚、经济跨越发展的远景就在眼前！

第三次：春哥，公安部《扫黑英雄》今天在蕉城开机了，将在明年首个警察节播出。还有啊，组织上给我们刑侦大队报了集体一等功，大家对考核都很有信心，宁德公安史上将迎来第一次集体一等功，军功章上有你的一半，届时我们再告诉你！

第四次："杨春警队"在 2021 年春天召开的全国扫黑除恶专项斗争总结表彰大会上，被授予全国先进集体称号，大队长杨凯代表警队受到了党和国家领导人的接见！

第五次、第六次……还会有无数次！

这样的相告，连同党日活动、入警仪式等等，打造"杨春警队"已成为战友们责无旁贷的生死契约。

中国当代警察杨春的轻和重、有和无，留给这个世界不尽的思考。

为这位同龄的英烈书写，在他的生前身后，我看到了许多闪光的东西、有趣的灵魂。我认为，这个对职业有着超乎一般热爱的警察兄弟，以厚德仁心、以看似平淡的言行，为动辄停留在口头的风格和精神标注了应有的高度。我倒希望斯人还能复制一些，一个杨春倒下了，千万个杨春站起来！

这个时代的人们，总爱以己度人地质疑真实者的真实、高尚者的高尚。我希望人们透过我绝非虚构的文字，听到一段风被雨洗过、雨被风打过的声音。我们这个时代需要一些天籁去唤醒一些沉睡的心灵。

春犹在，万紫千红总是春！

他们的山海情

林秀美　小　岛

闽宁对口扶贫协作援宁群体简介

1996年9月召开的中央扶贫开发工作会议作出了推进东西对口协作的战略新部署，其中确定福建对口帮扶宁夏，1997年宁夏固原考察组第一次到达宁夏并签署协议。自此，远隔千山万水的闽宁两省区结下了不解之缘。20多年来，福建省30多个县（市、区）、85个乡镇、134个村（社区），先后与宁夏9个贫困县（区）、105个乡镇、129个行政村点对点、一对一开展帮扶；以2年为轮换周期，共选派援宁挂职干部11批183名，支教支医支农工作队员、专家院士、西部计划志愿者3000多人。他们是东西部扶贫协作接续奋斗者，是社会扶贫的创新发展先行者，是全球减贫治理中国智慧的积极探索者。2020年7月，中共中央宣传部向全社会宣传发布了闽宁对口扶贫协作援宁群体的先进事迹，授予他们“时代楷模”称号。

1997年4月16日至17日。

“苦瘠”的宁夏，早已在等待雪融后的春暖，他们期盼了太久太久了。

时隔25年，宁夏人永远也忘不了——第一次到宁夏固原考察的考察组。

这一次考察，可谓意义重大，那份《闽宁对口扶贫协作第二次联席会议纪要及五项具体事项》签订后，掀开了福建援宁扶贫之路。

这一晃就是25年过去了。25载，多少个日日夜夜，多少个春夏秋冬，福建和宁夏的干部群众一道，用真情和汗水在那片曾经偏远贫瘠的土地上，为宁夏的脱贫与发展，默默奉献着青春、汗水、热血。他们用超乎寻常的毅力、脚踏实地的行动和爱民为民的情怀，在宁夏这片土地上树立起永恒的丰碑。

一批批援宁队伍，从福建走出，推动闽宁协作从最初的单向输出到如今的互利共赢，一个个扶贫机制从探索到成熟推广，走出一条具有典范意义的扶贫协作道路。

一个个名字，一个个故事，一首首歌，写下无私，写下丰碑。

智力援宁，注入发展强大动力

作为援宁第一批负责人，林月婵清晰记得，第一次带领考察组踏上西海固这片土地，是在1997年3月。

“以前听说那里的百姓苦，百姓难，走一趟，才真正知道啥叫宁夏之苦，苦啊，苦得叫你心发痛，眼泪忍不住往下流！”

孩子上课的教室没有门，玻璃窗是破的，有的地方没有教室，老师在沙地上用树枝教写字；为了卖出自家种的土豆，衣衫破旧的农民冒着寒风，深夜便开始在加工厂门前排起长队；水是咸的，一点点水要从很远的地方挑来，没有水洗澡……

一幕一幕，刻在林月婵心里，让她几度哽咽。扶贫，扶百姓之苦，扶百姓之难。

回到福建，林月婵把西海固的难，向省领导做了汇报。“我们一定要帮。”她得到了坚定的回复。

1997 年 4 月，福建党政代表团赴宁夏开展为期六天的考察工作。其间召开闽宁对口扶贫协作第二次联席会议，确定今后每年召开一次联席会议，建立福建设区市与宁夏贫困县结对帮扶机制，设立帮扶基金，派遣挂职干部。

从那时候开始，宁夏与大海结亲，开始写下海一般的深情，写下海一般丰饶与美丽的希望。

这一迈步，一晃就是 25 年。可实际上，25 年前的福建经济总量并不高，资金有限，又该如何破解这重重困难，进行有效帮扶呢？

林月婵是要么不做，一做就要做好的人。她琢磨：既然是对口帮扶，那就得两个省区之间的有关部门，比如农业、工业、科技、教育、卫生、交通等部门之间深入了解，才能细化好对口帮扶。

帮扶，资金是第一位的。“其实，不仅仅是资金的问题，关键是拿到资金后做什么、怎么做。”林月婵说，“我们给宁夏的扶贫资金不算多，为什么宁夏人老是记得福建的好？就是因为我们把分散的力量集中起来，我们打的是组合拳。”

劳务输出，一开始就被当成增收和转移劳动力的“铁杆庄稼”，但对未知世界的恐惧，却让当地人不愿出远门。

心细如丝的林月婵，把每个环节都安排得细致周到。福建工厂里有遵照回族习俗的食宿，还有专门负责关照这些务工人员的“老乡管理员”。她到厂里看望这些打工女孩子的次数，更是多到数不清。

为解决“一方水土养不了一方人”的问题，1997 年 7 月，两省区共建的闽宁村奠基，林月婵专程前往。如今，这个移民村落已升格为生机勃勃的闽宁镇，被视为东西部扶贫协作的样本。

如何不完全依赖财政，调动起每一支力量，特别是民营企业家和市场的力量？

银川街头，的士司机随口一句“我还给你们福建老板开过专车”的话，让林月婵上了心。“如果能联系上，请告诉他们，家乡来了亲人，请他们到我住的酒店房间来坐坐。”当天，那位朴实的的士司机一口气请来了 40 多位闽商。

闽商协会很快成立了，林月婵还专门请宁夏的一名干部来当秘书长。如今，在宁闽籍企业、商户达 5700 多家，8 万多名闽籍人员在宁从业。

教育、卫生、民政等各部门也陆续加入。多年来，福建社会各界在援建希望学校、科技扶贫、支医支教、资助贫困学生、救助困难群众、旅游扶贫、文化交流等领域开展了持续的帮扶协作。

从第一次踏上宁夏土地开始，到 2007 年退休，林月婵先后到宁夏 40 多次，当地人亲热地唤她“林大姐”。至今，她手机中储存最多的仍是宁夏的号码，宁夏人早已认下林月婵这个“宁夏的女儿”。

从“移民吊庄”到“坡改梯”，从“井窖建设”到“劳务输出”，从“菌草推广”到“招商引资”，从“联办医院”到“援建学校”……一个个福建援宁项目，都凝聚着林月婵的心血。

“只要用心、用情，投入地去做一件事儿，办法就会一个个浮出来。”林月婵说，闽宁帮扶机制是用“心”建起来的。

退休后，林月婵被聘为宁夏回族自治区政府顾问，继续为两省协作互助贡献力量。2016 年，闽宁对口协作 20 年之际，顾不上年迈

2021 年，林月婵再访宁夏闽宁镇

多病、行动不便，她受邀和历任援宁干部代表返宁考察，亲眼看到了那里脱胎换骨的变化。

“我自己只承担了一小部分工作，但也感到很幸福。我向宁夏人民交了一份合格的答卷，我尽力了，党交给我的任务完成了。”参加央视时代楷模发布厅节目录制时，在位于福州的分会场，林月婵这样总结自己与 2000 多公里外的那片土地的深厚情缘。

农业援宁，挺起宁夏发展的“幸福脊梁”

1986 年，林占熺用野生草本植物替代椴木栽培食用菌成功，“菌草”也由此诞生。菌草，即可用来培养食用或药用菌的草本植物。今天，菌草应用的范围已远超字面含义，在脱贫、治沙、畜牧、制板材、造纸、发电等可持续发展前沿释放出巨大潜力。菌草技术还作为援外项目，架起一座座中国与发展中国家的友谊桥梁。

“菌草”，让林占熺走上一条科技扶贫之路。

1997 年，菌草技术被福建省列为对口帮扶协作项目。一接到任务，林占熺马上率领菌草技术扶贫专家组带着菌种和菌草草种，直奔宁夏固原地区的彭阳县。

他还记得，出发前他和助手跑到学校小卖部要了 6 个装肥皂的纸箱，装入菌草草种。当天到达彭阳县已是夜里 10 点多钟，顾不上吃饭，他立刻打着手电去察看当地的窑洞是否适合种菇。彭阳县的窑洞保温保湿好，温差小，但通气不好。林占熺建议，在窑洞顶上开个天窗。

彭阳县的农民一年四季都以大豆、玉米为主食，蔬菜很少上桌，更没见过蘑菇。听说能用废弃的玉米秸秆种出蘑菇，都不信。

扶贫干部也不信。一位驻扎宁夏的福建扶贫干部对林占熺说：“这里是宁夏，不是福建！这里‘天上没飞鸟，风吹石头跑’，搞什

1997 年 4 月，林占熺带领科研团队首次在宁夏彭阳县试种菌草

么菌草？”见林占熺不为所动，他说：“教授，我跟你说啊，我是福建人，你不要弄得我没脸回去。”

为确保示范和生产获得成功，林占熺带队驻村工作，有时还住在菇棚里，以便夜间起来检查菇房的温度变化。经过1个多月筹备，他办起了培训班，首期培训学员218人，他们当中有当地干部、技术人员，还有思想较解放的农户。之后，当地挑选了27户农户，利用废弃的窑洞和简易菇棚用玉米秆和小麦秆栽培蘑菇。

一个个难题被攻克，半年后，第一批用作物秸秆栽培的香菇、平菇、双孢蘑菇等食用菌取得成功，27个示范户平均收入超过2000元，其中小岔沟村一示范户50平方米菇房栽培平菇的收入超过他种植27亩小麦的收入，参加食用菌生产的示范农户当年的收入翻了一番多。

菌草技术扶贫在宁夏取得显著成效。到2007年，全区1.75万户参与菌草生产，兴建菇棚1.75万个，创产值近亿元，菇农户年均增收5000多元，菌草业成为闽宁对口扶贫的一个重要产业，一大批农户通过发展菌草生产告别贫困。

在发展菌草菇的同时，他们在闽宁村和彭阳县两个基地开展菌草种植，也获得突破。在闽宁村种植菌草亩产鲜草达10吨，是当地青贮玉米产量的2倍以上。乡亲们说：“菌草，菌草，闽宁草，幸福草！”

林占熺的大女儿林冬梅是福建农林大学国家菌草中心主任。自父亲踏上这片土地，她也扛起父亲援宁的事业。父女成为同事，更是战友。

一棵棵菌草，如今绵延在宁夏大地，成为希望之草、幸福之草。

教育援宁，牢记嘱托再出发

教育对口帮扶工作是闽宁协作的重要内容，每年从福建派出的支教老师比帮扶干部还要多。莆田海峡职业中专学校的英语老师杨明就是其中之一。2014 年，杨明到宁夏固原市西吉县和隆德县支教，一去就是 7 年。

杨明还清晰记得刚到西吉时，鼻子流血、头晕失眠、皮肤干燥发痒，水土不服之苦让她终生难忘。

但孩子们那一张张可爱而淳朴的笑脸，那面对贫困却从不放弃希望的眼神，让她克服种种困难，坚持了下来。她觉得，能够在自己生命最美好的时期，连续 7 年到党和人民最需要的地方绽放芳华，是她一生最值得骄傲的选择。

杨明刚到西吉支教时，班上就有一名男生接连几天没来上课。她家访后才知道，孩子的妈妈离家出走，爸爸身体不好，家里负担不起学费和生活费，他因此萌生辍学的念头。杨明立即向有关领导汇报，落实捐资助学事宜，帮助孩子上学。

杨明指导学生学习

这件事让她深有感触。寒假回乡，她积极对接莆田市教育局、学校和闽籍企业家捐款，陆陆续续募集53万元，用于帮助西吉贫困学生。

教书育人是一份需要长期坚守的事业。这7年，杨明一边教学一边摸索，教学中非常注重培养学生英语口语表达能力，使他们告别“哑巴英语”，逐渐成为口语达人。她还探索出适合这里孩子的英语“分层教学”法，完成了《构建农村中学英语高效课堂教学策略的研究》课题，荣获固原市第一届基础教育教学课题研究一等奖，在提高当地学生英语成绩的同时，也提升了自身的教学水平。

杨明支教的这些年，先后带了400多名学生，共有200多名学生考上大学。

每次寒暑假回福建，孩子们总是从宿舍一直排到校门口送她。一声声“老师万岁”，呼唤着，呐喊着，绵延着希望，回荡在杨明心里，直到永远。

医疗援宁，留下一支带不走的医疗团队

在固原市脱贫摘帽的关键时期，有这么一群人，不远千里来到这里，为医疗事业默默奉献着。

许元腾就是这群人中的一员。2016年8月2日，作为第五批援宁医疗队队长，福建医科大学附属第一医院耳鼻咽喉头颈外科副主任医师许元腾抵达固原市原州区人民医院，开展为期半年的对口帮扶工作。

一到固原，来不及休息，许元腾就立马制定帮扶方案。他带头坚持每周三天门诊、三天病房查房手术，指导科室医师开展规范的临床诊疗，着力解决临床工作中如何减少医疗差错、降低诊疗风险、预

防医疗纠纷等问题，积极挖掘原州区医院现有条件的潜力，不断探索如何在受援医院开展适宜技术，适时开展新技术、新项目、新疗法。

家住原州区三营镇的 12 岁孩子小徐，诊断书上写着一串医学术语：睡眠呼吸暂停综合征，腺样体肥大，慢性扁桃体炎。该病的病变位于咽喉要道，稍有不慎就会引起大出血，手术难度大、风险高。一向自信的许元腾有些“犹豫”。小徐才 12 岁，手术难度这么大，而如果有个“万一”，他该如何向宁夏人民交代？

经过反复研究，许元腾决定采取全身麻醉手术，先行双侧扁桃体切除术，接着做腭咽成型术扩大口咽腔，在鼻内镜下动力系统辅助下做腺样体切除术。该手术在原州区人民医院属首例，手术后 3 天小徐就出院了。

孩子父母送来了锦旗。当许元腾看到那面鲜红的锦旗，他知道，这不仅仅是一面锦旗，也是闽宁对口帮扶的一面旗帜，是信仰的光芒。

他暗暗下定决心，尽自己所能，为这里留下一支带不走的医疗团队。

在许元腾的奔走和努力下，医院引进了奥利巴斯电子鼻咽喉镜，开展了“muller 检查评估 OSAHA 阻塞平面”“在电子鼻咽喉镜结合喉异物钳取咽喉部异物”等新技术。耳鼻喉科引进了先进的史赛克高清鼻内镜手术系统。医院还开展了“鼻内镜下泪前隐窝入路上颌窦病变清除术”“鼻内镜下三线减张法鼻中隔偏曲矫正术”等新技术新项目。为了真正做到“把技术留下”，许元腾悉心带教，耐心讲解，使科室业务骨干最终熟练掌握该项技术。

为推动卫生精准扶贫工作，提高医疗技术服务水平，使优质医疗资源惠及贫困地区，2016 年 12 月 10 日，福建医科大学附属第一医院专家团队联合西吉县中医院专家深入田坪乡开展大型义诊咨询活动。在此次大型义诊活动中，许元腾、陈潭辉、陈龙等 3 位专家，在零下 3 度至零下 5 度的户外持续 3 个小时为群众进行了认真细致的诊查和健康咨询，受到群众的好评。2016 年 12 月 30 日，在固原市原州区区委常委李仲福、区长助理黄浩的带领下，专家团队走进原州区中心敬老院，为敬老院的孤寡老人提供义诊、健康咨询和宣教服务。2017 年 1 月 5 日，福建医科大学附属第一医院专家团队联合原州区人民医院专家深入原州区彭山乡，为百余名当地群众提供义诊及健康咨询，受到热烈欢迎和普遍赞誉。

“闽宁协作，健康先行”，医疗队为广大群众“送实惠、送健康”，为改善基层群众“看病难、看病贵”问题作出了贡献。

林月婵、林占熺、林冬梅、杨明、许元腾……每一位援宁工作者都在宁夏这片土地上留下了一段段令人感动的故事。山有泪眼，水有惦念。每每谈到这些平凡的故事，我们的眼睛就会湿湿的。

离家 2000 多公里，海拔 1000 多米。这帮赤诚的援宁八闽之子留下了令人难忘的人生经验。与其说援宁是一种人生阅历，倒不如说是人生的洗礼。生命无价，援宁无悔！也正是他们默默的付出，让原本相隔遥远、天各一方的闽与宁，铸造出山海情怀——它如黄河之水，奔腾不息，源远流长；它如武夷山脉，巍峨挺拔，永立东方……

奔跑的“中国草”

钟兆云

林占熺简介

林占熺，1943年12月出生，福建连城人，中共党员，国家菌草工程技术研究中心首席科学家、研究员、博士生导师、联合国国际生态安全科学院院士、福建农林大学菌草研究所所长。系国务院特殊津贴专家。1986年，林占熺用野生草本植物替代木头栽培食用菌获得成功，发明了菌草技术，成功解决了菌业生产中存在的“菌林矛盾”这一世界性难题。30多年来，菌草技术不仅帮助数以百万计的农民脱贫致富，还在减少水土流失、保护生态环境等方面作出了巨大贡献。如今，该技术已被推广至全球100多个国家。林占熺本人也获得了全国优秀共产党员、时代楷模、全国脱贫攻坚奖贡献奖、全国脱贫攻坚先进个人、全国最美教师等多项荣誉。

“忆春草，处处多情洛阳道。”把唐代刘禹锡诗中的“春草”改为菌草，“洛阳”改为中国，或许能契合巴布亚新几内亚独立国总理詹姆斯·马拉佩应邀出席北京冬奥会开幕式期间与中国签署《援巴布亚新几内亚第二期菌草和旱稻技术援助项目立项换文》之后的心境。

不独巴新，在世界不少地方，菌草已蔚为大观。2021 年 11 月 30 日召开的中非合作论坛第八届部长级会议通过《中非合作论坛——达喀尔行动计划（2022—2024）》，郑重提到中非双方将“开展菌草、杂交水稻、杂交谷子等技术开发和利用合作”……

2021 年，是菌草的春天，是菌草援外事业发展的重要里程碑。为了这一天的到来，林占熺一路在奔跑，从春跑过夏，从秋跑过冬，从风华正茂跑到桑榆暮年，从深山跑向海滨、戈壁、雪域高原，跑向国际，远远地跑在时间的前面。

一

2021 年央视开年大戏《山海情》，像是为剧中“比农民还能吃苦”的菌草专家凌一农教授原型林占熺的一连串喜事热身。

除夕之夜，国家菌草工程技术研究中心首席科学家、福建农林大学菌草研究所所长、“菌草之父”林占熺现身央视春晚，作为“时代楷模”代表人物，向海内外中华儿女拜年，道出新年愿望：在黄河两岸建起千里菌草生态安全屏障，向母亲河献礼、向建党百年献礼。

2 月 25 日，林占熺刚在人民大会堂接下沉甸甸的“全国脱贫攻坚先进个人”奖牌，便奔赴菌草基地，一路提醒担任国家菌草工程技术研究中心副主任的女儿林冬梅博士：“黄河流域的菌草技术团队进

林占熺在察看利用巨菌草碎渣来培育的菌菇

入作战状态了吧，每多争取一天时间，一亩地就能增收至少五六十公斤菌草。”

从国外回来与父亲并肩战斗18年的女儿，忙里偷闲在微信朋友圈为父亲“剪影”:“佩服林老师，出最多的差，加最多的班。我们这些中年人都累得坐下了，他还站着，难怪会被我家老太太称为‘比钢铁还坚硬的特殊材料制成的共产党员’，他的精神能级太强大了。”

3月4日，由联合国经社部主办的菌草技术培训会议，在福州和纽约、坦桑尼亚、卢旺达四地连线。林占熺穿梭其中，让中国的声音，连着菌草生长时扑哧扑哧的呼吸，灌满世界的耳朵。

3月27日，一天三地，在北京遇沙尘暴，到宁夏、内蒙古后，沙尘也如影随形。他道声“时不我待，得治”，第二天便躬身在沿黄河几字弯的一线前沿“作战”——种草。

“林老师，你慢些走哎慢些走……”在这个团队里，女儿最能开玩笑、调节气氛，只是这个年将八旬的林老师，20 年前援助巴新时有惊无险捡回一命后，便把每一天都当成生命的倒计时，催促自己只争朝夕。

何况，此时也不容他偷闲，联合国线上菌草技术非洲区域会议已近在眼前。非洲 23 个国家 100 多人参会，届时南苏丹、南非、坦桑尼亚、卢旺达、刚果（金）、莱索托、尼日尔等国代表将分享发展菌草产业的经验。

3 月 29 日早餐时，林冬梅向父亲道及 4 年前的今天，他们与卢旺达总统会面的情景，林占熺笑道："这个日子我还真忘了，倒记得 1988 年，也是 3 月，我们的'以草代木'发展食用菌，正式被省政府列为'福建省科技兴农项目'。"

林占熺 1986 年创下"菌草学"、发明前途未卜的菌草栽培技术后，只能拉亲人下水试验。1994 年，研究生毕业的六弟在实验室因锅炉爆炸献身，他擦干眼泪，又把在小学当老师的五弟占森和两个侄儿带上阵。从小学到大学，林冬梅都觉得父亲太累太难。她回国助力时所见，比预想还要困难：菌草科学实验室连员工的基本工资都发不出，名列"全国十大扶贫状元"的父亲为了技术研发和扶贫推广已是负债累累。

1992 年 4 月，林占熺发明的利用菌草栽培食用菌技术在国际上获金奖后，原本可以把专利高价卖出，或者为自己创造经济效益。他却选择了科技扶贫、共同富裕之路，并把时任中国扶贫基金会会长项南题赠的"发展菌草业，造福全人类"刻上石头，刻入心里。他常对团队说："我们的工作就是补短板，把技术应用到贫困地区是补社会的短板，把技术应用到生态恶劣的地方是补生态的短板。要挡得住诱惑，耐得住寂寞，受得了委屈。"

女儿的回国加盟，让林占熺如虎添翼，带着团队走上了以菌草技术产业化应用为技术研发"造血"之路，继而通过国家援助项目，最终在非洲大陆落地生根，开花结果。

2012 年，生态文明建设被郑重写入中共十八大报告，菌草团队欢呼雀跃，想想林占熺早在 1983 年，就开始为解决“以木养菌”带来的水土流失问题而研究菌草技术，何其具有前瞻性！

2017 年五六月间，林占熺 20 天内两次受邀赶赴联合国总部演讲，代表中国提交全球“消除饥饿”的“中国方案”。菌草技术被列为“中国——联合国和平与发展基金重点项目”，他和中国菌草团队肩负新使命：让菌草项目成为中国与各国共建“一带一路”中为国际社会提供的一个“公共产品”。2019 年，菌草技术又被列入“中国——太平洋岛国农业部长会议楠迪宣言”。

菌草五洲四海飞跑，他千万里追寻，从中国出发，披星戴月，种向天涯海角。

二

“2021 年 5 月 24 日，林辉、蔡杨星抵达中非共和国首都班吉，实施中国援助中非菌草技术项目。”林冬梅微信里记事，也记着父亲对队员的评价：“疫情期间的逆行”。

他们对 5 月有一份特殊的记忆：2000 年 5 月，经时任福建省省长习近平牵线搭桥，菌草技术被正式引进巴布亚新几内亚。林占熺带着巨大的信任和嘱托奔走世界，也是科学报国的应有之义。

6 月 8 日，林占熺参加中外记者会，连日劳累，不慎崴脚、骨折，坐着轮椅出现在演播厅，手拿一张图告诉世界：“经过 30 多年的不懈努力，菌草技术已经拓展，菌草菌物肥料、菌草生物质能源、菌草生物质材料等领域，尤其是菌草用于生态治理方面取得一系列突破……”

会后，这位科技明星坚持赶往中国四大沙尘暴发源地之一的内蒙古阿拉善盟乌兰布和的菌草防风治沙基地：“紧赶慢赶这么多年，要在黄河泛滥区筑起千里生态安全屏障，建党百年前不赶去看个究竟，哪能安心？”早在2013年，他就“剑指”乌兰布和沙漠。这里年平均降雨量仅102.9毫米，蒸发量却达2258.8毫米，沙层厚度在2米以上，常年风力6 ~ 7级，风沙过境，遮天蔽日。

与黄河、与沙漠的决斗，是林占熺这辈子最难啃的硬骨头之一。有一次，眼看千辛万苦种下的菌草都绿油油一片了，却在一场八级大风中，不是被打烂，就是草入泥河。狂风呼啸中，几名队员哭得像孩子：“林老师，看来真是不行啊，天意逼我们收兵！”林占熺声色俱厉，差点没把牙齿给咬碎：“不，我们是有进无退的过河卒子，绝不能缴械投降！”

风更大了。林占熺的声音也更大了：“你们都知道，乌兰布和沙漠东缘85公里的河段，每年有上亿吨沙流入黄河，是全黄河流域飞沙走石最严重的地段，照这样下去哪还了得！”

林占熺在阿拉善菌草基地一蹲四个月，从十多种长根系草种中再筛选，并和大伙一起研究风沙规律，分析沙土结构，调整种植布局，变换育苗方式。屡败屡战，菌草终于牢牢扎根在沙地上。一年后，沙里就富含了有机质，几年后，带着不可言说的肥力，滋润得乌兰布和沙漠南部长出一片绿洲。

林占熺回到福州，被司机背上了楼。第二天，他脚缠绷带，又准时出现在新闻直播现场，开口就对关心他的观众说，我没那么娇贵，就是一根草嘛。

7月下旬，刚荣获“全国优秀共产党员”称号的林占熺又深入阿拉善菌草治沙基地指导。吉普车小心翼翼地行驶在风沙弥漫的穿沙公路上，把林占熺送到“阎王鼻子”。陪同的村书记介绍，很多年前，有驼队为节约时间，避开大沙漠，选择沿河较为平坦的小道行走，可谁也不知道这一段有流沙河，一排驼队不小心滑进了黄河。这凶险之地由此得名“阎王鼻子”，行走其上，得万分小心。林占熺脚踩滚烫的沙子，率先顶风行走。

三

2021 年 8 月 5 日，林冬梅有点感伤。林占熺 1984 年举债 5 万元盖的试验场，被定为危房后正式拆除。林冬梅记得，当年，是父亲和工程队捡拾金山庙拆下的瓦片、老百姓拆迁的废料，七拼八凑、因陋就简建起了试验场。

就是在这里，面对一次次的试验失败，林占熺对女儿说：“失败是成功之母，爸爸坚信能成功。我们老家闽西是革命老区，过去那么多人为了老百姓的幸福而拼命，爸爸是党培养的科技工作者，为了给老百姓增加收入，拼一拼也是应该的。”

就是在这里，两年之后的 1986 年，林占熺擦泪宣布：“一门全新学科——菌草技术诞生了！”

正是这个全球首家菌草科学试验场，后来发展成为三个国家级创研中心和国际菌草技术交流合作培训中心，引领世界菌草技术研发和产业发展。

新冠肺炎疫情下的菌草扶贫和援外，持续推进：巴新东高地盼来了中国医疗队打疫苗；专家组肖正润在国内接种了两针疫苗，去做志愿者；中非疟疾高发季节，专家组两人得了疟疾还坚持工作；轮换卢旺达项目的专家到位，一个人坚守了整个疫情的祝粟终于可以回家了……

林占熺边听边点评，提些要求，而后说：“祝粟真是个好苗子，当年在新疆执行扶贫项目时，在人迹罕至、夜间还有野兽出没的戈壁滩上，独自一人看护我们的基地，我称他是‘孤胆英雄’。”

脸上总是挂笑的四川汉子祝粟，追随林占熺二十多年，再艰再苦都没把他吓跑。疫情前，其他专家回国休假，他独自一人守着卢旺达中心等轮换。没承想，这一守，就是一年。林占熺担心他，不时算准时差，在大半夜打去电话。他从不抱怨，也不提任何要求。他的母亲因意外事故去世，他没法回国，只能关在房里痛哭。

“每个人的身后都是一家人，承担忠孝和悲欢离合，普通人也是生活的英雄、事业的脊梁。”林占熺说起祝粟。

谁都知道，林占熺一家为菌草事业付出最多。六弟占华献出了生命；五弟占森接二连三援外，二十余年无法回国过春节！

8 月 26 日，林占熺在岳母过世的第二天，强忍伤痛现身津巴布韦农业部和联合国经社部的线上会议，郑重表示：“非洲发展菌草业普遍存在的问题，我们能够提供成熟的解决方案。”

谁会怀疑中国方案呢？镁光灯下的明星，心中更有无限星光，要把梦想照进现实，照耀远方，照耀世界。

卢旺达的种植户莱昂尼达斯可以作证。他参加菌草技术培训班后，自创公司，雇用当地青年和妇女以草种菇，并得到中国援卢旺达农业技术示范中心的指点，致富后办起了幼儿园。

南非夸祖鲁纳塔尔省最贫困的群体——单亲妈妈们可以作证。这里建成了非洲规模最大的菌草技术培训示范中心，她们靠着“一看就懂、一学就会、一做就成”的菌草技术，组建了合作社，告别了贫穷，提升了社会地位。

斐济常驻联合国代表达乌尼瓦鲁大使可以作证。菌草为缓解当地旱季饲草短缺的难题作出了贡献，妇女、老人、残疾人也通过菌草

林占熺在南非指导种菇时与当地人合影

种菇获得收益。“这不只是给斐济，还是给全世界的一个礼物。”

巴新内阁部长可以作证。小而美、见效快、惠民生的中国菌草成为造福巴新百姓的幸福草、致富草，她因此为女儿起名“菌草”。

莱索托的广大妇女可以作证。她们为菌草创作了民歌：“有人说，她是野草；有人说，她是生命；她，是食物，也是药物；她，是希望之物……”

四

秋高气爽，林占熺的心头却火热火热的。

2021 年 9 月 2 日，“菌草援外 20 周年暨助力可持续发展国际合作论坛”在北京召开，习近平总书记发来贺信。作为菌草人兼农业技术援外人，林占熺在发言时表示，“中国草”时刻都在抖擞精神助力世界发展。

9月6日，福建平潭岛有一场会议等着他作报告。他一早先去平潭菌草盐碱地治理基地和菌草防风固沙基地指导。在这处原先风大沙猛的滨海地带，菌草生态治理成了旅游打卡点，有人填词赞美：“风住沙停，一派葱茏，银滩披菌草”“对故土芳姿，乍见人惊倒，草青风景妙”。

9月10日教师节这天，一份特殊的礼物——21年来所带的129名硕士、博士的照片集，让刚戴上2021年全国最美教师桂冠的他眉开眼笑，影集中第一位外国学生与他的合影，是在2005年的南非新堡。

原计划的黄河菌草生态安全屏障会议和现场参观因疫情取消后，林占熺特别叮嘱：10月6日左右就会有霜冻，菌草在此之前要收割。犹不放心，10月初再赴内蒙古、宁夏大漠戈壁基地。菌草团队组织起了一场国际“云参观”，效果意想不到地好，贫瘠的土地里真能长出金苗苗！

刘拐沙头菌草阻沙固沙治理点已经成为当地人周末游览的好去处。以前这里是一片5公里长、1公里宽的流沙地带，每年河水掏空沙子，河道渐渐移动，河中心出现沙洲，宛如一道被剔除了血肉的史前怪物骨架。治理要花钱，先后也来过几家企业，可都担心治理没几年又会被淹没，谁也不愿意投钱。直到林占熺团队带来菌草后，这里始有生命久违的呼吸声。

林占熺的快乐，就是看到菌草长得又高又壮。他从南到北千里奔波，纵使负累也轻盈。当他惊喜地看到，被风雨冲刷出来的菌草根系竟铺了几米远时，开心地说：“自然界似乎有一种神奇的力量在支持我们正义的事业，照这样看来，明年新的治理方案成本可以继续降低。”

菌草裸露在外的白色粗壮的新根，就像小娃娃的粉嫩胳膊粉嫩腿一样可爱，引得菌草团队蹲在那里看得乐不可支：“真是美，怎么看怎么拍都不够。”

“大漠孤烟直，长河落日圆”。一群志在扶贫和改善生态的实干者们，齐声唱起了《小草》：“没有花香，没有树高，我是一棵无人知道的小草。从不寂寞，从不烦恼，你看我的伙伴遍及天涯海角……”太阳下山了，他们也舍不得走。林占熺说：“我们和黄河岸边、沙漠地里的菌草的关系，也像小王子与玫瑰一样，驯养与被驯养。我眼里最美的就是它们，岁岁枯荣，生生不息。”

“南草北种，援出民族共富路。”前些年给团队布局时，林占熺就强调：在黄河岸边的试验，一定要让大家都看到，菌草既能阻沙又能固沙，确实是宝贝；但要让大西北的农民愿意种植，除了生态效益，也得有经济效益。

10 月底，福建农林大学国家菌草工程技术研究中心荣膺“第六届全国专业技术人才先进集体”，团队此前已先后斩获国家西部大开发突出贡献集体、福建省援外工作先进集体等荣誉。林占熺在表彰大会上所作的《牢记嘱托，种好“幸福草”》的典型发言，让人回味不已。

五

2021 年 11 月 7 日，中国新任驻巴新大使曾凡华接受央视新闻《大国外交》节目专访，深情谈道：“到了巴新以后，真切感受到菌草对于发展中国家发展合作带来的良好效益……”

“双 11”，迎来第 26 届联合国气候变化大会线上边会——菌草绿色屏障“云参观”，主题聚焦菌草技术的生态治理与产业发展。一个个视频，一个个案例，雄辩地告诉世界，发展菌草是应对全球气候变化挑战的有力武器。线上线下，鲜花和掌声齐飞扬。

11 月 14 日，林占熺飞苏北，对盐城草庙镇 40 亩巨菌草试验田予以指导，正是 3 年前 2018 年的这一天，习近平总书记在对巴布亚新几内亚进行国事访问前夕，在该国报纸发表署名文章，回顾了中国菌草助力巴新发展的佳话。那些天，林占熺父女恰好在巴新，12 月 9 日 75 岁生日时，巴新东高地省省长到场贺寿，并带头唱起了生日歌。林占熺许下愿望：“希望东高地省尽快提前实现联合国 2030 年可持续发展目标，成为全世界的样板！”

11 月 19 日，在北京召开的第三次“一带一路”建设座谈会上，习近平总书记谈到援外，说“我就派《山海情》里的那个林占熺去了”。《参考消息》报道“中国援助能以有意义的方式系统地使受援国受益”，并刊载了林占熺主持援建的卢旺达菌草技术示范中心的图片。桃李不言，下自成蹊，菌草技术为国家外交、国际减贫、精准扶贫、生态建设与绿色“一带一路”建设作出了积极贡献，菌草技术援外享誉国际，成为中国农业国际合作的金名片。林占熺的名字能不上热搜、被手机刷屏？

人近八旬，夫复何求？可他还在玩命地奔走四方种草。他这个种草人，其实也是种花人，恰如《山海情》主题歌所唱：“东南风吹西北暖，那年你到咱家来，拔掉穷根把花栽，美得哟，沙漠变花海！花儿一唱天下春，花儿一唱幸福来，干沙滩变成了金沙滩，再唱花儿等你来。”

这株凝结风霜雨雪、越过高山大海、见证披星戴月的草啊，已让全球众多国家和地区脱贫致富，在荒野沙漠催生出了新绿丛立。

漂洋过海来福州求学的非洲学生戴提，在林占熺面前再三鞠躬：“菌草爸爸是我一生的导师，我真切地感受到，您每天的工作都在践行构建人类命运共同体这一伟大使命，我的整个人生观和世界观都因为您和菌草而改变！”

六

2021 年 11 月 29 日，林占熺又踏上了前往广西上林县的路途。远方再远，他的脚步总是如约而至。

几位非洲研究生在家门口送林占熺上车后，问他女儿：“菌草爸爸种草的时间比我们的年龄还大呢，功成名就了还不享清福，一辈子干劲满满地奔波，家人就不心疼？”

林冬梅平静地回答：“林老师这一生的状态，《西游记》主题歌算是给他唱明白了，那就是‘踏平坎坷成大道，斗罢艰险又出发’，他作为中国共产党的一员，希望把所有的聪明才智服务社会、贡献世界，这是他最本质最朴素的情怀。以前他没少让我们心疼，现在我们差不多也都成了‘拼命三郎’，有首歌叫《长大后我就成了你》……”

在追随父亲，携手菌草事业，扛起扶贫减贫、生态保护等责任时，林冬梅越来越觉得自己的人生选择有了最辽阔最幸福的回报。

戏称“斜杠中年”的她，在微信朋友圈这样为即将收官的 2021 年注脚：“这是个注定没有任何假期的一年，从大年初二到暑假到国庆、到现在，冲锋陷阵。疫情让事情难上加难。兵来将挡，水来土掩……”

“一年三百六十日，多是横戈马上行。”明代戚继光的《马上作》，何尝不是林占熺的人生写照。

林占熺和女儿林冬梅

这样跑着跑着，2022 年 1 月 28 日，以国家重大战略为牵引的福建省菌草科学与技术研究院获批建立，执行院长兼技术总负责人林占熺风尘仆仆出现在寒风中。

老骥在伏枥，“中国草”在奔跑！

一身泥土气　两袖稻花香

李书烜

谢华安简介

谢华安，1941年8月出生，福建龙岩人，中共党员，福建省农业科学院研究员、中国科学院院士。40多年来，他一直从事杂交水稻育种研究，育成我国杂交水稻亲本遗传贡献最大的恢复系“明恢63”；主持育成中国稻作史上种植面积最大的水稻良种“汕优63”及系列杂交水稻品种50多个，累计推广14亿多亩。育成6个农业部确认的超级稻品种，“Ⅱ优航1号”创造百亩再生稻单产世界纪录。曾获国家科技进步一等奖、二等奖各1项、福建省科技进步奖一等奖7项，福建省科技突出贡献奖、陈嘉庚农业科学奖等奖项。荣获“国家有突出贡献的中青年专家”“全国首届优秀科技工作者”“全国杰出专业技术人才”“全国优秀共产党员”等荣誉称号。

引 子

有一种爱的给予，不在乎渺小和卑微，只在于全身心为“让大家都有一碗饭吃”的投入。

有人说他是大地的儿子，祖国的骄傲。

他用永不疲倦的脚步，丈量着祖国的土地；他用毕生的心血，追逐那青葱翠绿和稻花飘香；他用粒粒饱满的稻穗深情地点缀着大江南北、长城内外。

谢华安到南靖县水稻育种基地调研

他就是中国科学院院士谢华安，我国著名植物遗传育种学家，从事三系杂交稻和超级杂交稻育种研究40余载。他带领团队培育了我国杂交水稻恢复系“明恢63”，这是我国应用最广、持续应用时间最长、效益最显著的恢复系品种，也是我国新恢复系遗传育种领域中贡献最大的优良种质。他主持培育的水稻良种“汕优63”，解决了第一代杂交水稻不抗稻瘟病的致命缺陷，截至2010年累计推广10亿亩，增产粮食700亿公斤。他曾获得国家科技进步一等奖、何梁何利基金科学与技术进步奖、陈嘉庚农业科学奖、福建省科技突出贡献奖等奖项。

一

出身闽西农村的谢华安，为什么能够寒来暑往50余载，一心一意致力水稻育种研究？这一切都与他小时候的经历有关。

谢华安出生在龙岩市新罗区适中镇的一个小山村。那里虽土壤深厚，但他父母一年到头勤勤恳恳地耕耘，打出来的粮食却少得可怜。对谢华安而言，整个童年都是在挨饿中度过的。“一年到头要吃一碗米饭都不容易！”谢华安说。

他始终忘不了外婆临终前的那一幕。外婆从昏迷中醒来，说：“我饿，想吃一口米饭！”舅舅流泪了，家里早就一粒米都没有了。外婆的脸转向饭桌，死死盯着，最后喊了一句：“有碗稀饭吃，死也甘愿！”外婆走了，眼睛都没闭上。

对于谢华安来说，童年挨饿的记忆太深刻了。粮食太重要了，他暗暗下定决心，一定要把解决人们的吃饭问题当成他这一生的奋斗目标。

15 岁时，他就读于福建省龙岩农业学校。1959 年毕业后，他辗转几所农业学校当了 13 年老师。这 13 年里，他从没有放弃任何一次机会。课后，学生们总是能看到谢华安在田地里种植、研究各种农作物的生产管理和栽培。有些人根本无法理解他，甚至嘲讽他“瞎折腾”。可是有谁知道这“瞎折腾”背后他那个远大的目标呢？

20 世纪 70 年代，杂交水稻良种的选育工作在全国范围内正如火如荼地展开。1972 年，谢华安因为有农业技术傍身，被调往三明市农业科学研究所工作，开始了他水稻育种的科研生涯。熟悉他的人，都说他是“拼命三郎”：从早忙到晚，每天待在田里的时间比农户还长。

水稻育种是一项极其艰苦的事业，每个环节都来不得一点马虎。谢华安常年奔波于乡村，忙碌在田野，晴天一身汗、雨天一身泥，没有节假日。他已经记不清下了多少次乡，培训了多少人了。也正因为此，他练就了一身硬本领。

当时全国掀起了杂交水稻协作攻关浪潮，命运再一次眷顾了这位水稻育种研究的“战士”。

二

那年冬天，三明地区农业局领导对谢华安说：“我们三明地区有几个县要去海南南繁，地区组织南繁领导小组，你任组长，过几天你就带队去，领导小组印章刻好后就寄给你。”就这样，他作为福建省三明地区南繁领导小组组长，被派往海南从事水稻育种工作。

所谓南繁，是指秋冬季节到海南岛从事农作物的新品种选育、种子生产和种质鉴定等活动。1956 年冬，辽宁省专家不远万里扎根三亚，选育水稻玉米良种，揭开了中国农业南繁的序幕。

南繁，成了育种家眼中的“加速器”。这对谢华安何尝不是如此？受命之后，谢华安一行13人于1972年12月中旬出发前往海南。让他们没想到的是，南繁的路“繁”得很。到达广东湛江之后，第一道拦路虎就把他们拦住了：眼前人山人海，要过海的人实在太多了，售票门口前早已排成长龙。为了快速买到车票，谢华安一行立马加入了队伍。这一排队，就是一夜，直到第二天早上才买到了票。

虽然一路车马劳顿，但他们的心早已到了海南。南繁育种，四季不歇，他们怎能歇？

素有“天然大温室”之称的海南，是全国最大的南繁育种之地。此次谢华安一行目的地就是三亚的崖城公社。那里常年光热充足，也是中国南繁核心区之一，承载着做强“种业芯片”、打造“南繁硅谷”的特殊使命。谢华安他们一行的到来，为这一使命创造了一个又一个的传奇。

三

当时去那里南繁的人太多了，要找个落脚点都不容易。谢华安他们一到那里，几番波折，才借住到一个只有20多平方米的小仓库里。这个仓库只有一扇小窗，堆满了谷子、化肥、农药、柴油桶不说，还有一台生产队手扶拖拉机，弥漫着各种难闻的味道。虽然条件如此之差，但大家都没有抱怨，迅速拿起扫把，一边清理杂物，一边腾出打通铺睡觉的地方。在门外，他们自己动手，用石头与泥巴砌起一个临时灶台，就这样安了家。这一待就是半年。

第二次到三亚，居住地点由仓库搬到了当地农民家。当时农民生活清贫，能有一口铁锅、一张饭桌，就是较体面的家庭了。借住农民家没有床板床架，生产队派人上山砍柴，钉成床架，再用竹子钉成床。这样的床不仅狭窄，而且还高低不平、坑坑洼洼的，睡在上面的滋味可想而知。后来他们用麻袋垫在上面，才稍微好受一些。

南繁的那段日子，谢华安追着农时跑。尽管播种前做了清鼠工作，但老鼠还是很多。他怕来之不易的育种材料毁于鼠患，为了保证种子出苗，夜间，他与科研工作者们轮流在田间值守，一手持电筒、一手持木棍，沿着田埂来回走，与窜进窜出的老鼠较量，通宵达旦。他记得每年南繁育种，为育秧安全伤透脑筋，年年与老鼠周旋，各种方法都用尽了，最后还是每个播畦用薄膜覆盖最保险。

有一次遇到暴雨天，大水冲刷整个实验田，稻苗满身披满泥土。为了及时抢救这些秧苗，谢华安第一时间卷起裤管，弯下腰，先用竹竿赶水，后用手一撮一撮地清洗秧苗，小心翼翼地扶稳。由于养鸭，水田里寄生虫多，水浸到手脚皮肤，发红疹，奇痒无比。蚂蟥更是无处不在，一下脚，腿上全部都是。

海南岛天气炎热，头上烈日直射，地上湿气蒸腾，只要你在太阳底下站上几分钟，浑身上下就湿透了。特别是到了水稻杂交授粉的季节，稻叶又大又硬，叶上茸毛沾上皮肤后奇痒无比，叶边缘就像锯齿一样，很容易划伤皮肤。年复一年，谢华安的手脚伤痕累累，又黑又糙，让干惯了农活的农民都感到意外。

谢华安是追赶太阳的人。常常可以看到他顶着烈日炙烤，挨近稻穗，缓缓挪动。他俯身下去，浮现在稻田里的半截身体和一个被太阳晒得通红的脑袋低垂着，有时候一不小心就被稻芒扎伤了眼睛，那些尖锐而又细小的伤害，有时候你看不见，看见的只有一双红肿的眼睛和眼泪。有一年，谢华安回到福建老家，成天在田地里劳作的父母一见面就惊奇地问：“你怎么比我们还黑？”

南繁工作是一项光荣的使命，也是育种和科技交流的大平台。

通过这个平台，谢华安接触了三系杂交水稻以及各省市、各种作物的南繁工作者。他还利用空闲时间走访江西萍乡、上饶、宜春等地的南繁科技人员，到吉林省基地看大豆育种，到北京基地看玉米，到甘肃基地看小麦……

几年下来，谢华安赶着时间跑，赶着梦想跑。这一切都是为了“让大家都有一碗饭吃”。

四

1974 年冬，谢华安第一次用二九矮四号不育系进行少量制种。因田间杂交育种任务重，上午快 12 时才到围着薄膜的制种地，用脚去踢父本，让它授粉，没想到结实率相当高，此举让他想到制种每天赶花粉不一定要赶 3 ～ 4 次。回福建后，他专门设计一天赶 1 次、2 次、3 次花粉的试验，最后发现没有显著性的产量差异。

授粉，其实并没有那么容易。你得将不育系和恢复系行比 12 ∶ 2 种植，关键技术是同时抽穗，到了扬花期，将用于制种的杂交稻父本、母本叶片割掉，扫除花粉的传播障碍。在晴天上午 10 时后，两人牵着一根绳子，或是一个人举着一根细长的竹篙，震动父本稻穗，在风力作用下，父本雄蕊的花粉就会散出飘落到母本颖花柱头上。

1975 年秋，9 个杂交稻品种在福建三明农科所作了展示，农科所所长吴汶发和副所长吴有水到田间观测、鉴定。杂交稻生育期适宜，还有较强的杂种优势，大家喜悦的心情无以言表。

这是稻田里的一场绿色革命，也是全人类的福音。这也让谢华安更加坚定了从事杂交稻育种研究的决心。

杂交水稻的研究成功，离不开党中央的重视和大力支持。1975年，中国第一代杂交水稻在海南大面积制种，当时制种杂交水稻是二九南不育系和IR24育成的杂交水稻——“南优2号”。那年冬天，福建第一次到海南开展大规模南繁制种。谢华安是三明地区南繁育种技术负责人，带队在陵水县英州公社鼓楼大队，周边还有厦门、宁德和龙岩地区育种队。那一年，当看着成片绿油油的秧苗迎风招展时，大家充满着希望。但谁都没有想到，一场稻瘟病席卷而来，多地纷纷告急，杂交水稻推广受阻。

20世纪80年代，三明、南平等省内粮食产区，早稻普遍因稻瘟病减产，个别地方甚至绝收。“在调研中，有的老农民指着农田无奈地说，一丘田放几只鸡下去都吃不饱。”类似这样的事情，谢华安看得太多了。老农的泪水深深刺痛了谢华安的心，也让谢华安更坚信要走科研之路，并将选育抗稻瘟病品种作为自己的主攻方向，通过育成抗稻瘟病的恢复系品种，进而育成抗稻瘟病的杂交稻。

然而，要育成抗稻瘟病的恢复系品种谈何容易。谢华安清楚，如果此举不能成功，杂交水稻推广就会受到影响。面对重重的困难和压力，谢华安认准了一条路，哪怕是悬崖峭壁，也要走下去。

五

1973年，谢华安的妻子怀孕临产，父母又生病，两个儿子正在出麻疹，很危险。他辗转十多天，才回到老家。刚放下行李的他必须赶回单位，他犹豫了很久，张不开口。妻子见状，主动说：“你走吧！家里的事我扛得住。”

最大的挑战不是来自生活与家庭，而是育种试验。无数个日夜，谢华安风里来，雨里去，无风无雨的日子，又有烈日暴晒。他几乎整天泡在田里，有时候脚指头都被泡烂了，流脓流血，痛苦不堪。可谢华安没停过一天。为了选育出更抗病的高产杂交水稻，他时刻检查水位，水浅了，怕秧苗被晒死，水深了，又怕秧苗被淹死。他还要时刻关注水稻的长势长相，一旦遇到什么难题，得绞尽脑汁地解决。

他就像一位父亲，精心呵护着自己的孩子，怕它冷，怕它热，怕它干了，怕它淹了。可是南繁的 7 个春秋，他何曾能这样关心过自己的家人和孩子？

“科研没有捷径可走，水稻育种更是这样。”谢华安介绍，与电子工业科研试验等相比，水稻育种科研面临更多自然条件制约和不稳定性。他和团队每年都将育种材料放到稻瘟病最重的地方去筛选、鉴定。“年年都在不同的病重地区，经受考验。从选种开始研究其抗病到株叶形态好不好、穗粒数多不多、结实率高不高等，整个环节综合考察。”

谢华安和科研团队在海南水稻育种基地

具体到试验而言，需要对数以千计的材料进行耐心筛选。“植物育种需要有两个以上亲本，一个父本一个母本。要不断试验，希望选择到将父母本的优良农艺性状综合在一起的后代个体。既要丰产性比较好，也要把抗病性结合进去。”谢华安介绍，两个亲本杂交后，从F1代到F2代，一直要到F4代，植株各方面性状才比较稳定。

“F1代就是两个亲本杂交。F2代种子种下去就分离了，有早熟有迟熟，有高有低，有的像父本有的像母本，群体分离很严重。到F3代，要从一个组合里选几十个单株，几十个中再比较哪一个好。一直到F4代以后，进行比较试验，然后进一步扩大试验，扩大试验以后表现不错，再进行产量测试……”谢华安介绍，产量测试确定后，还要参加省级统一试验，第一年好的继续参加第二年试验，而后进入第三年生产试验，生产试验比较好才可以进入品种审定。审定合格就说明这个品种“毕业了”，可以参加生产应用。

六

1976年冬，谢华安细心考察IR30和圭630等亲本，IR30抗稻瘟病较强，具有强恢复力，株叶形态优良，转色黄亮，所以作母本，并且用大粒性状、有较强恢复力的圭630作父本配组。通过观察确定为重点组合，该组合的F2种了一小丘，估计超过5000株，效果很好，最终选定36个单株。在接下来的研究工作中，谢华安坚持着重抗瘟性和大粒性状的选择，建立抗瘟育种程序，通过对各代在三明地区的尤溪等五县稻瘟病重病区多代多点同时种植、同时鉴定，终于选到抗瘟性强、大粒性状的恢复株系E6等，通过测交筛选，用测交F1的结实率作为选择的最主要指标，最终决定E6株系，1981年定名为

“明恢 63”。

1981 年，确定“明恢 63”和“珍汕 97A”组配，选育出了杂交水稻良种“汕优 63”。此时正值中国第一代杂交水稻因不抗稻瘟病生产推广走入低谷，“汕优 63”的育成，为中国杂交水稻带来了曙光。1983 年，“汕优 63”破格参加全国生产试验，好评如潮。该品种先后通过了福建、四川、湖北等多个省份和全国品种审定委员会的审定，迅速在全国 16 个省份大面积推广。据农业部统计，“汕优 63”从 1986 年至 2001 年连续 16 年都是中国种植面积最大的水稻良种，累计种植近 10 亿亩，其中 1990 年种植面积超亿亩，占全国杂交稻面积的 42%。

据农业部统计，截至 2014 年，全国以“明恢 63”配组育成 34 个杂交稻品种通过省级以上品种审定或认定，1984 年至 2014 年，用“明恢 63”配组的所有组合的推广面积累计达 12.66 亿亩，占中国杂交水稻推广面积的 20.56%。到 2010 年，全国各育种单位利用“明恢 63”作为恢复系选育的骨干亲本，先后育成了 594 个新恢复系，其中 168 个品种通过了国家品种审定。从 1990 年至 2015 年，这些恢复系配组的组合累计推广面积 15 亿亩以上，占全国杂交水稻推广面积的 28.74%。

“明恢 63”是 20 世纪中国杂交水稻品种配制中应用范围最广、时间最长、效益最显著的恢复系，同时也是创制新恢复系的优良种质，是恢复系创制中遗传贡献最大的亲本。1997 年 12 月 30 日，受福建省科学技术委员会委托，中国水稻研究所闵绍楷研究员对“杂交水稻恢复系明恢 63 的选育与利用”课题进行了成果鉴定，并担任课题鉴定的主任委员，与四川农业大学黎汉云研究员、福建农业大学陈启锋教授、中国水稻研究所张慧廉研究员、中国农业科学院作物研究所凌忠专研究员、湖南杂交水稻研究中心朱运昌研究员等组成的鉴定委员会，对课题的技术资料和有关数据进行了反复审查、核实。专家组鉴定认为：课题组提供的技术资料齐全、数据可靠；杂交水稻恢复系“明恢 63”的选育成功，改变了我国相当长的时间仅局限于引用国际水稻研究所品种作为杂交水稻恢复系的局面，对我国杂交水稻的更新换代起到了里程碑的作用。专家组还认为，“明恢 63”的选育在技术路线和选育方法上有三个方面的创新：创立了严格有效的抗稻瘟病育种程序；选用难恢复的不育系作为测交亲本，筛选出具有强恢复力的恢复系；选择在不同季节下，杂种一代结实率均高的对应株系作为主要选择指标。鉴定委员会专家一致认为，“明恢 63”的选育成功，已达到同类研究国际领先水平。

“汕优 63”相继获得福建省科技进步一等奖、国家科技进步一等奖。无论是跋涉在科研的崎岖山路上，还是站在满是光环的奖台上，谢华安始终心里装着人民，他把自己这滴水融进人民的大海之中。“当初做育种科研我从未想过任何荣誉，只知道一味埋头苦干，人民给我很多很高的荣誉，鼓励我不断攀升。”

谢华安长期从事三系杂交稻和超级杂交稻育种，在恢复系亲本的选择、测交配组、抗瘟性筛选育种和杂交水稻中稻制种等方面都有创新，才育成我国杂交水稻亲本遗传贡献最大的恢复系“明恢 63”和“汕优 63”。在后续的研究工作中，还育成生产上大面积应用的“明恢 70”“明恢 82”“明恢 86”“航一号”等恢复系，有 6 个杂交水稻品种被农业部确认为超级稻品种。他主持育成的超级杂交稻“Ⅱ优明 86”在云南省永胜县涛源乡种植，创单产 1196.7 公斤 / 亩的记录，育成的优质杂交稻“宜优 673”在云南省百亩示范片种植，亩产也超 1000 公斤。在开辟航天育种研究中，他育成“航一号”“航二号”等恢复系，配成的杂交稻应用面积最大，至2010年达1170万亩。此外，谢华安还长期研究再生稻。2000 年至今，谢华安在福建尤溪县麻洋村建立的百亩再生稻示范片，已连续 22 年进行了 8 个品种的再生稻栽培，第一季的产量超 800 公斤，再生季亩产均超过 450 公斤，年亩产 1250 公斤以上；育成的“Ⅱ优航 1 号”百亩示范片头季稻经现场测产验收平均亩产 815.4 公斤，最高亩产 904.3 公斤，再生季平均亩产 543.3 公斤，两季亩产 1358.7 公斤，创造百亩再生稻单产世界纪录。

谢华安将最美好的年华都奉献在了育种的这片土地上，他还在继续攀登，开辟新领域，如今在耐储存品种选育方面，已育成福香占等品种。一个人和一粒种子的故事还将继续改写。他说：“一个人要成功，要有爱国情怀，有矢志不移的奋斗精神。”虽然他已迈入古稀之年，但他还坚守在一线，一次又一次地向世界水稻史上的一座座高峰发起挑战。

傅光明的“中国芯”

萧诚贵　陈志鸿

傅光明简介

傅光明，1953年10月出生，江西资溪人，中共党员，福建圣农发展股份有限公司董事长。30多年间，他在闽北山区偏远的光泽县，从一个乡镇养鸡场起家，逐步成为肯德基等快餐巨头的供应商，发展出近400个工厂、20余个企业、2家上市公司，研发了中国人自己的白羽肉鸡育种技术，打造出亚洲第一的白羽肉鸡产业集群，为实现乡村振兴作出突出贡献。获“改革开放40年百名杰出民营企业家”“全国脱贫攻坚奉献奖”等荣誉称号。

光泽，地处闽西北，建县于北宋太平兴国四年（979年）。古人曾用“一滩高一丈，光泽在天上”形容其山高岭峻、地处幽深。县域面积2240平方千米，十几万人口，地广人稀，是一个典型的“八山一水一分田”的山区县城。

2021年末，一则重磅消息在全国各大报刊媒体刊播：11月26日，圣农“SZ901”白羽肉鸡新品种正式通过农业农村部审定，彻底解决中国白羽肉鸡种源“卡脖子”问题。圣农“SZ901”被国人亲切地称为“白羽中国芯”。

瞬时，光泽声名鹊起，全国的目光都投向这座名不见经传的小县城。

一座城成就一个人，一个人扬名一座城。

他，就是傅光明——圣农集团党委书记、创始人，全国优秀共产党员、全国劳动模范、改革开放40年百名杰出民营企业家。

认准一件事，开创白羽肉鸡“王国”

傅光明打小生长在光泽，是一个地道的山区汉子。1972年12月，他光荣入伍，成为福州军区后勤部224工程团风钻班的一名战士。工程兵逢山开路，遇水架桥，一天下来浑身都是灰尘和油污，像个泥猴子一样。

部队生活艰苦，身边的党员个个都是好榜样，他耳濡目染，在内心埋下信仰的种子。1974年7月，他在党旗下举起右手，庄严地立下誓言：一辈子听党话，跟党走。

“能入党，是我这辈子最光荣的事。”至今，说起当年入党的情景，他依旧十分自豪。从此，这一庄严的承诺，成为他毕生的追求。

在部队，他经过一次次历练，一次次成长，初心得以淬炼，信仰更加坚定。入伍6年间，他先后2次立功，多次受到嘉奖。

1978年4月，傅光明退伍回到光泽县武装部工作。

1983年，他舍弃了人人羡慕的“铁饭碗”，下海创业，当起了“养鸡仔”。

让他没有想到的是，这一干，就是一辈子。39年，他从一名普通的“养鸡仔”成长为中国乃至世界的“鸡王”。其中的艰辛，只有他自己知道。

1983年，傅光明从银行贷款2万元买了300枚种鸡蛋。由于缺乏经验，最终只孵出一只鸡，而且还是一只小公鸡。

第一次创业就经受如此挫折，一般人可能就放弃了。但当过兵的傅光明骨子里有一股“看准的事就要坚持到底”的执拗，他从来不是轻言放弃的人。

几个月后，他再次筹资，从上海买来600枚种鸡蛋。这次他吸取教训，买来有关养鸡的书籍，边学边干。没钱买孵化机，就买些木炭，用土办法孵，还自制了一台小电扇用来通风降温。他吃在鸡场，住在鸡场，半年没回家。饿了，泡个方便面；累了，在鸡舍旁打个盹。苍天不负有心人，终于有300只小鸡脱壳而出。

1984年5月，傅光明的光兴孵化养鸡场主要生产和销售鸡苗，员工30人。

1986年12月，光兴孵化养鸡场更名为光泽种鸡场，傅光明注册了编号为“0001”号的营业执照。

1992年12月，光泽种鸡场更名为光泽鸡业有限公司，年产肉鸡300多万只，成为一家规模中等的养殖企业。

养鸡这门生意，最终还是被他搞起来了。

1993年，是一个关键之年。傅光明力排众议，从欧洲引进了一套自动屠宰设备和冻肉加工生产线，引进的费用占当时公司总资产的近40%。

这是一场豪赌，但完全在傅光明的掌控之中：要市场，先要有质量；要质量，先要有标准；有标准，才能有效益。这个成本迟早要投入的。

1993年5月，光泽鸡业有限公司肉鸡加工厂建成投产，率先建立从种鸡饲养、苗鸡孵化、肉鸡饲养、屠宰加工到销售运输一条龙的农业产业化生产组织。实现产加销、贸工农一体化，员工400人，日宰杀肉鸡1万只，年产肉鸡300多万只，年产值提高到4500万元，出口总值100万元。成为当时国内同行业中最先进的一条生产线。

1994年9月，刚刚进入中国的肯德基，需要大量的鸡肉供给，亟须找到本地合格供应商。肯德基需要鸡，更需要质量可控、来源稳定的鸡。原计划去江西考察的百胜餐饮肯德基中国公司，听说国内有一个厂花重金采购了一套进口生产线，转身来到光泽县，最终和光泽鸡业有限公司签下了十年合约，并建立长期伙伴关系。公司从此驶入发展快车道。

1999年12月，光泽鸡业有限公司正式更名为福建省圣农实业有限公司。

2000年7月，圣农达到日宰杀肉鸡3万只、年产肉鸡1000万只的生产规模，员工1200人，初步形成了以肉鸡产业为主、消化处理废弃副产品为辅，带动农户和解决城镇富余劳动力的农业产业化企业。

企业发展不仅要靠自身努力，更要善于靠着资本市场借“鸡”生“蛋”。2009年10月21日，福建圣农发展股份有限公司成功登陆深交所中小板。

专做一只鸡，争创国际一流企业

傅光明是个干事执着的山区汉子。创业以来，他认准一条路：圣农只做白羽肉鸡上下游，不搞房地产，不做金融衍生品，也不赚别的快钱。

勇气和专注是他事业成功的法宝，执着与追求给他带来了丰厚的回报。

上市后的圣农在福建省浦城县、政和县和江西省资溪县、甘肃省镇原县加快异地产能扩张，进一步延伸产业链，并严格按照国际标准建起了10多个食品加工厂。圣农从养鸡开始，不断往产业链的其他环节拓展：鸡肠子加工、鸡血生物提取、鸡毛生物制药、鸡粪生物质发电……逐渐发展成为集原种研发、饲料加工、种鸡饲养、苗鸡孵化、肉鸡饲养、屠宰加工、食品深加工、产品销售、快餐连锁为一体的联合型肉鸡生产食品加工企业。是亚洲最大的白羽肉鸡全产业链生产企业，也是全世界唯一一家拥有完整配套产业链的养鸡企业。

谋定而后动，行且坚毅；谋定而快动，方有所得。

2020年，傅光明组织专门团队，牵头制定《圣农集团"十四五"发展规划》，计划未来5年产能从5亿羽增加到10亿羽，食品销售额增加到130亿元，祖代种鸡产能占国内市场的40%，打造白羽肉鸡千亿产业集群，争创国内禽肉第一品牌。

2021年是"十四五"开局之年，圣农集团肉鸡年产能达6亿羽，生产基地500多个，员工2.7万人，排名全球第七、亚洲第一。

39年来，傅光明把一个小小的个体养鸡小作坊，发展成为资产达200多亿元的白羽肉鸡生产、食品加工集团。他脚踏实地，一步一

圣农食品六厂

个脚印，在美丽的闽江源头、武夷山国家公园西区打造出一个庞大的“肉鸡王国”。

圣农的成功自有其独到之处。

据抽样调查显示，中国民营企业平均寿命仅 3.7 年，中小企业只有 2.5 年，即便是大公司平均寿命也只有 7 ~ 9 年，大大低于欧美企业。圣农为什么能够屡创奇迹，历经风雨屹立不倒，从小作坊发展成大企业，从一只鸡发展到亿万只鸡呢？

最关键的一条，就是企业掌舵人傅光明的专心专注、创新创造，他不断地超越自我，成功实现了“用工业化做农业，实现农业生产自动化、智能化、标准化、系统化”。

圣农过去采用的是人工孵化、人工饲养、人工宰杀等作坊式的操作方法，如今，饲料加工、种鸡饲养、苗鸡孵化、肉鸡饲养、屠宰加工、食品深加工均实现了自动化、智能化。圣农所采用的工艺和引进的设备都是世界一流的。事实证明，只有实现了自动化、智能化，才能更好地实现标准化、系统化。

圣农养鸡场大多建在环境较为封闭、阳光足、排水好、向阳背风、电力充足、水质优良、远离城市和居民点的荒地和山坡地上。所有鸡舍均采用智能环控系统和自动饮水、自动喂料等先进设备设施，从而确保肉鸡品质和生产效益。此外，圣农通过强化 HACCP 国际食品卫生安全管理、ISO9001 国际质量管理、ISO14000 国际环境管理三大国际认证体系管理，促使生产经营水平与国际标准成功接轨，成功实现了农业标准化。

39 年来，圣农依托闽江源头生态环境，秉承绿色圣农、生态环保理念，精心打造了纵横循环的经济产业链，即以原种培育、种鸡饲养、苗鸡孵化、饲料加工、肉鸡饲养、肉鸡加工、熟食深加工等为主的纵向主业链和以鸡粪生产生物有机肥、生物质（鸡粪）发电、鸡

圣农养鸡场

的废弃物（鸡毛、鸡肠、鸡骨架、鸡血）开发利用、包装材料、液化气（天然气）、蔬菜种植、储运物流、兽药疫苗等为主的横向配套产业链。实现了肉鸡产业资源的综合、高效利用，真正形成无污染、零废弃的循环经济生产模式，获得高效的经济效益、社会效益和生态效益，成功实现了农业系统化。不仅有效地保护了生态环境，还大大地降低了企业成本。

“自动化、智能化、标准化、系统化”相辅相成，环环相扣。产业政策、产业基础、产业环境是圣农发展的天时、地利、人和，促进圣农不断做强、做大、做优。

圣农模式，为中国肉鸡养殖探索出一条发展新路子，成功地实现了生产效率高、产品质量好、企业效益大、生态效益优等重要目标，有效破解了食品安全和供应、县域经济和“三农”问题、环境保护和可持续发展以及现代畜牧业的发展模式等四大难题。

三十九年磨一剑，功业成就映山川。

2018 年，傅光明被评为“改革开放 40 年百名杰出民营企业家”。

2019 年，他荣获“庆祝中华人民共和国成立 70 周年”纪念章。

十年磨一剑，锻造白羽肉鸡“中国芯”

即便坐上亚洲头把交椅，实力雄厚的圣农仍然受制于人。

20 世纪 80 年代白羽肉鸡进入中国后，我国便迅速成为世界最大的禽类消费国，但育种技术却长期被欧美国家死死捏在手上，中国人餐桌上的白羽肉鸡 100% 靠进口种鸡繁育。

吃鸡还被人“卡着脖子”，业内人士仍没有足够的底气。专家直言：追上他们的水平，至少需要 10 年。东北农业大学教授、博士生导师、国家农业农村部鸡遗传育种重点实验室主任李辉在谈到白羽肉鸡育种时提到了三个词，项目难度大、周期长、风险高，国内很少有企业愿意做，也很少有企业有能力做。

白羽肉鸡之“芯”，是中国人喉中的梗，也是傅光明心中的痛。

“国外企业想怎么掐你就怎么掐你，完全掌握原种鸡的定价权，价格由他们说了算，鸡苗价格由最初的每羽 5 美金上升到 37 美金。圣农等白羽肉鸡养殖企业只能接受，没有任何讨价还价的能力。”傅光明义愤填膺地说，“而且，国外企业出口中国原种的数量随意性大，造成国内白羽肉鸡全行业亏损。有时引进的原种鸡还携带多种种源性疾病，给国内畜牧行业生物安全造成极大安全隐患。”

这场翻身仗，已经迫在眉睫……

肩负初心使命，亟待企业破困局、开新局。有困局，就有破局者。

傅光明的牛脾气又上来了：“我就不信，我们这么大国家还研究不出一只小小的白羽原种鸡！”

2011 年，傅光明开始为白羽肉鸡育种做准备。通过调研，他发现当前中国人均鸡肉消费量远远低于欧美国家，未来中国将成为全球养鸡最多的国家，养鸡行业发展前景巨大。同时，他也充分认识到：没有核心技术，就永远达不到产业的制高点。

国家也在关注白羽肉鸡“中国芯”。2014 年 3 月，农业农村部下发《全国肉鸡遗传改良计划（2014—2025）》，提出未来 10 年培育出 2 ~ 3 个国际先进水平白羽肉鸡品种。

时机已到，是时候研究中国人自己的白羽肉鸡“中国芯”了。2015 年，在经过 4 年周密调研后，傅光明做了一个大胆的决定——马上研发中国人自己的白羽肉鸡育种技术。

当时国内白羽鸡育种技术仍是一片空白，没人知道要投入多少、投入多久、能否成功。但傅光明下定决心：即便再艰苦，风险再大，也要攻坚克难，为国分忧。这是一名共产党员的初心、责任和担当。

圣农累计投入14亿元，冒着被断供停摆的风险，在光泽县大青村开始秘密育种。傅光明把育种项目作为圣农发展的重中之重，“要钱给钱，要人给人，要设备就给全世界最先进的设备”。

占地1200亩、全封闭式管理、全球顶级的核心育种场很快建成，并配套建设高温加热无沙门氏菌饲料生产线、谷皮垫料高温消毒加工车间。圣农与国内外知名院校和研究机构合作，并邀请国内多位肉鸡行业知名专家、教授参与白羽肉鸡育种工作。

然而，秘密研发了几年的圣农自主培育原种项目，还是被欧美国家发觉了。2019年的一天，一位“不速之客”来到集团总部，放下话来：如果再不停止研发，立马断供。

傅光明立即找来公司育种负责人和专家，只问了两个问题：“现在不从国外引种，有没有问题”“10年、20年后，不从国外引种，有没有问题”。

圣泽生物育种场

当听到育种负责人和专家异口同声地回答“没有问题”时，他不留任何情面地要求这位“不速之客”立马离开圣农。

傅光明成功了。集团打破欧美企业对种源长达百年的技术垄断，终于在2019年培育出11个原种品系和国内第一个原种配套系——SZ901。

随后，他开始了为期2年的对比试验。2019、2020年分别采用欧美企业原种和SZ901，在光泽、浦城、政和三个基地开展数百批次对比试验，并在2019年9月把SZ901送往农业农村部家禽测定中心进行品种性能测定。

对比试验和性能测定结果显示：SZ901种鸡养殖的产蛋率、孵化率，肉鸡养殖的料肉比、成活率全部好于国外品种，达到国际先进水平。2021年，圣农集团一跃成为世界第三大白羽肉鸡育种企业。

中国白羽肉鸡种源“卡脖子”问题彻底解决了。

“圣农育成白羽肉鸡新品种，将彻底打破我国白羽肉鸡种源完全依赖进口的局面，改变我国乃至全球白羽肉鸡种源市场的供需格局。”国家肉鸡产业技术体系首席科学家、中国农业科学院北京畜牧兽医研究所文杰研究员说。圣农这项具有自主知识产权育种技术的突破，将成为国内白羽肉鸡行业一个里程碑式的新起点。

拿到农业农村部颁发的新品种认定证书后，圣农资溪祖代种鸡片区建设全面提速，多个原种育雏育成场、孵化场相继投产。目前，圣农育种生产基地主要分布在光泽、资溪两县，拥有1座核心育种场和21座祖代种鸡场、2座祖代孵化厂。预计到2022年底，SZ901将形成年产1750万套父母种鸡的供种能力。

“2019年至今，圣农依托SZ901的优良品质，在全行业多数企业亏损的严峻形势下，依然年年实现盈利。”傅光明不无自豪地说。

倾注一片情，携手共奔小康路

沧海横流，方显英雄本色。扶弱济困，犹见企业情怀。

傅光明曾经说过：“私营企业并不姓私，私营只是一种经营形式，创造的却是社会财富。圣农不仅要为企业创造财富，也要为地方创造财富，为国家创造财富，实现企业与社会共赢，企业与百姓共赢，并最终实现同步小康、国富民强。”

初心永驻，小康路上，圣农吹响了共同富裕的号角。

“圣农有今天的发展，离不开党的好政策，离不开社会各界的大力支持，致富当思源，圣农有责任为公益慈善、脱贫攻坚、乡村振兴、县域经济发展尽一份力。”傅光明的话铿锵有力。

在他的倡导下，集团把回报社会纳入总体发展规划，形成了“致富思源、感恩时代、回报社会、造福桑梓”的文化。

2004 年，圣农集团工农业总产值首次突破 10 亿元，不少人劝傅光明把总部迁到大城市。他立即严词拒绝：“光泽县域经济太薄弱、农村太落后、农民太苦，这时候离开，怎么对得起这片土地和父老乡亲们！”

这些年，他累计为希望工程、抗灾救灾、地方公益福利事业及道路、桥梁、学校、医院等基础设施捐赠逾 20 亿元，成为南平市向慈善事业捐赠金额最多的企业家，被南平市委、市政府授予“慈善家”称号。

2020 年初，国内爆发新冠肺炎疫情，他第一时间向福建省光彩事业促进会捐赠 1000 万元，用于全省抗击疫情所需的防护物资采购和医务人员奖励等，其中 500 万元用于南平市。同时，他坚持疫情防控和复工复产两手抓、两不误。圣农 2.7 万名员工中没有发生一起疑似或确诊病例，实现了生产经营和抗击疫情的双赢。

2020 年 8 月，圣农集团党委被党中央授予“全国抗击新冠肺炎疫情先进集体”荣誉称号。

各种荣誉的背后，是一颗扶贫济困、普泽众生的心。

“作为一名共产党员，办企业，不单要发展壮大企业，也要履行社会责任。一名合格的共产党员，必须慈心为人，善举济世，没有回报社会的党员谈对党忠诚，就是一句空话。”他的话朴实而真诚。入党 40 多年来，他始终没有忘记“我是一名党员”，那份诚挚的信仰，永远装在他的心里。

圣农是农业产业龙头企业，用工对象大多为农村劳动力，员工中农民占 80% 以上。以光泽为例，全县农村每 3 个劳动力当中，就有 1 个在圣农上班。圣农，撑起了光泽县域经济的“半壁江山”，谱写了光泽脱贫奔小康的新篇章。

近年来，圣农在福建、江西、甘肃三省 300 多个行政村新建养鸡厂上千个，租用抛荒闲置土地 4 万余亩，租金每亩每年 1000 斤干谷，农民得到实实在在的实惠。此外，圣农辐射带动省内外 7 万户农民发展玉米种植，实现每户年均增收 6 万元。不仅解决了当地农民就近就业问题，也促进了地方增税、村财增收、农业增效。

脱贫攻坚战，圣农当先锋。

2018 年初，圣农积极响应党中央“加速民营企业‘下乡’助力乡村振兴”的号召，把助力光泽县乡村振兴纳入圣农集团发展总体规划，强化顶层设计，坚持示范引领、以点串线、连线成片、全域推进。

在鸾凤乡中坊村、十里铺村采取“单村点上发展”模式，创建乡村振兴试点村。“无中生有”延伸产业链条，投资 1300 万新建“乡村振兴工厂”——鸡肠子加工厂，由中坊村承包生产加工，2018 年至 2020 年，中坊村连续三年村财收入突破 100 万元。创建“飞地经济”模式，提供 500 万元启动资金，协助创办日月兴物流有限公司，由十里铺村承运饲料厂豆油，连续三年村财收入突破 200 万元。

2019 年，傅光明提出采取“以点串线、抱团聚力”模式，整乡（镇）组建乡村振兴共同体，探索发展新路径。投入 1200 万元启动资金，引导鸾凤乡 6 个村财困难村组建圣兴物流有限公司，承运集团豆粕，2020 年 6 个村村财收入均超过 30 万元。

2021 年，提供 500 万元启动资金，支持止马镇 10 个村财困难村组建新振肉制品加工厂，承包加工圣农腌制肉串。提供 500 万元启动资金，支持崇仁乡 9 个村财困难村组建崇振食品有限责任公司，承包加工圣农鸡尾串。提供 420 万元启动资金，引导鸾凤乡 5 个村财困难村成立圣通冷链物流有限公司，运输圣农鸡肉冻品。

“十四五”期间，光泽县 8 个乡（镇） 86 个行政村将连线成片，实现全域乡村振兴。同时，将向浦城县、政和县推广圣农乡村振兴运营机制和模式，助力邻县村财困难村实现乡村振兴。

家是最小国，国是千万家。一个优秀共产党员心里装着的，不仅是一个“小家”，还有一个“大家”。

在圣农集团大力帮扶下，2018 年 1 月，光泽县退出省级扶贫开发工作重点县，实现全面脱贫。2020 年底，福建省浦城县、政和县和江西省资溪县、甘肃省镇原县同步实现小康。三个省 5 个偏远山区县实现凤凰涅槃，浴火重生。

圣农集团先后被国务院扶贫办、全国工商联授予“全国扶贫先进集体”和“万企帮万村”精准扶贫行动先进民营企业等荣誉称号。

在 2020 年全国脱贫攻坚总结表彰大会上，傅光明获“全国脱贫攻坚奉献奖”。2021 年，他被民政部授予第十一届“中华慈善奖”慈善楷模称号。

“圣写千秋信誉，驰名八方。农筑万代根基，奔向小康。”《圣农风采》的歌声飘荡在乌君山下。熟悉他的人都说，这是傅光明最喜爱的一首歌。

巍巍乌君山下，圣农似一只展翅翱翔的凤凰，在青山绿水间翩然起舞。勤劳智慧的圣农人带着成功培育白羽肉鸡“中国芯”的喜悦，描绘着小康建设的美好蓝图。

用爱撑起一片蓝天

乔　夫

詹红荔简介

詹红荔，1963 年 11 月出生，福建南平人，中共党员，福建省南平市延平区人民法院党组成员、少年审判庭庭长，中共十八大代表。从事少年审判的 9 年间，共审结涉及未成年刑事案件 500 件 1140 人，在她的帮助下，315 名失足少年重返课堂，70 多名刑满释放的新生少年找到工作，70 多个濒临破碎的家庭得以挽救；她长期坚持开展法制教育，足迹遍及学校、家庭、社区，建立 300 多名重点少年犯帮教档案，解答群众咨询求助电话 1800 多个，受教育群众达 3 万多人次。获“全国政法系统优秀党员干警”“全国优秀法官”“全国模范法官”“全国三八红旗手”等荣誉称号，荣立个人一等功 1 次。

引　子

听说上头要来拍詹红荔的电影，片名就叫《南平红荔》，我的心里有一种特别的骄傲和自豪，因为她和我既是市直政法系统的同仁，又是业余锻炼的球友。那时候，她是福建省南平市延平区人民法院的党组成员、少年审判庭庭长，她所在的办公楼与我工作的单位恰好一河相隔。有一段时间，喜欢锻炼的她隔三岔五地在下班后的傍晚，来到我单位的一楼打球健身。

记得那时，一身运动装打扮的詹红荔，显得格外精神。她脸蛋红润，身姿矫健，嗓音嘹亮。而她的球路，以直攻快打为主，尤其边缘直线球发得迅疾如箭，往往让人难以招架，怪不得她曾经获得过全市法院系统的乒乓球女子单打冠军。

然而一段时间后，可能是工作太繁忙，渐渐地她就很少来球室了。随后，我就陆续从许多人的口中听到她是如何以内心之爱，撑起一片司法蓝天的动人故事……

她用母性之爱，撑起失足少年心灵的一片蓝天

詹红荔原是一名企业工人，1984 年通过招干考试进入法院后从事刑事审判工作。2003 年延平区法院成立少年审判庭，她被调整到这个庭从事未成年人犯罪的审判。

未成年人犯罪，被称为是与环境污染、贩毒吸毒并列的三大社会公害。詹红荔初到少年审判庭时，认为既然是刑事犯罪案件，就无

论罪犯年龄大小，在审判方面应该没有多大区别。没想到几个案件下来，她对少年审判有了全新的认识。

就从郑微案件说起吧。在20世纪80年代的延平城区，郑微是个小有名气的“人物”。由于他父母残疾，无人管教，9岁就开始“闯荡社会”，领着一帮狐朋狗友打、砸、抢、偷、盗无所不为。从2001年开始，郑微就常在各类案件中出现，并唱主角，可每次都因年龄小而没追究他的刑事责任。2003年6月，他刚满14岁，又因涉嫌抢劫、强奸和故意伤害被起诉。看到这么小的一个孩子竟然干了那么多的坏事，詹红荔感到非常愤怒。心想，这个可恶的孩子，应该好好地给他一个教训。庭审上她甚至正眼都没看他一眼，就匆匆地依法将他判了刑。

第二年的春节前，区法院组织人员到福建省少管所慰问，詹红荔也在慰问团之列。在少管所的会场里，詹红荔发现有个人一直低着头，便走过去轻轻拍了拍他的肩膀，那孩子抬起头，詹红荔一时也没能想起他是谁，就冲他一笑，顺手将一份精心制作的贺年卡送到他手里。

几年之后的一天傍晚，习惯饭后散步的詹红荔走到滨江路商业城边，一个骑摩托车的人突然折回头停了下来叫“詹法官”，詹红荔转过身子，仔细端详这个满脸笑容的小伙子，却一时想不起他是谁。

“我是郑微呀！我获得了减刑提前出狱了！”他接着说，“詹法官，我要感谢您呀，是您的关爱激励了我。那年您来慰问送我的贺卡我一直留着，上面的话我全记得。您还记得您拍了一下我的肩膀吗？那一拍，我就知道您没有忘记我。后来我很努力改造，这不，减刑出来，现在在马站那边一家私企工作。”

听了郑微的话，詹红荔愣得半晌不知如何回答，只是下意识地说了一句习惯的话：“那现在真要好好做人、做事了！”

“放心吧，我不会辜负您的！”没想到郑微又马上接过话题，作了这样的表态。

这天晚上，詹红荔辗转反侧——自己没对郑微做什么事，怎么会有这样的结果？第二天上午她一到办公室，就不由自主地调出了郑微的案卷。案卷里还是那些密密麻麻的文字，还是那些肮脏的照片，但这一次，詹红荔却透过这些看到了恶劣生长环境下一个少年成长的不易和艰辛。她想：“我不经意间改变了他，他也改变了我。”从那以后，詹红荔对经手的每一个少年刑事案件，都认真做足庭前准备工作。拿到案卷后，第一时间仔细梳理案情，找准案件关键问题，接着深入被告人所在的社区、学校、家庭逐一走访，查清被告人的平时表现、思想品质、心理素质等，准确掌握未成年人性格特征、成长经历、家庭生活环境及周围环境。

小陈，16 岁，因为一个小小的“过节”，便叫上几名学生去教训对方并致其死亡。羁押在看守所，又与一个老年在押人员发生口角并把他踢成重伤。办案人员问他为什么打人，他说：“他瞧不起我，该死！”问他后不后悔，他说：“反正我未成年人，判不了我死刑。”

面对这样的未成年人，詹红荔想，这种思想及心态如果不能很好地引导舒缓，对他、对社会都不利。于是，詹红荔两次远赴小陈老家开展调查。

原来，小陈有一个非常不幸的童年。他出生于一个偏远的山村，其生父性情暴戾，家暴成性。其母亲在无法忍受丈夫的百般施暴后终于离婚，带着小陈及其姐姐远走他乡改嫁。年幼的小陈在成长期间也备受打骂，又长期目睹母亲和其他家人被虐待，从而形成了屈辱、自卑的心理，并具有典型的攻击型人格障碍。他对人总是心怀戒备，只要有人有犯于他，即予反击。但他对继父、母亲和哥哥姐姐的感情较深。了解到这些，詹红荔便在开庭之前几次三番到看守所对小陈进行深入细致的心理疏导，与他聊成长过程中的事，聊他喜欢读的武侠小说里的人物……小陈想不到这个法官比父母还了解他。庭审时，詹红荔讲述他母亲为了他整日以泪洗面，讲述他的姐姐和哥哥为了替他赎罪，主动到医院伺候被踢伤的老人，讲述他的继父四处借债替他赔偿受害人等等，桩桩件件，令这个桀骜不驯的少年泣不成声。之后，他当庭跪在被害人家属面前请求原谅，叩头发誓一定要改过自新。他们母子抱头痛哭，所有在场的人都泪流满面。后来，无论是在监狱改造中，还是在刑满释放后，詹红荔和她的团队都倾力对他进行帮教。现在，小陈已结婚生子，并在艰难的创业路上闯出了属于自己的一片天地。

流浪儿小林因盗窃被起诉。这个孩子一直说他没有父母，是个孤儿。怎么办？如果不把这个孩子的来龙去脉弄清楚就简单开庭审

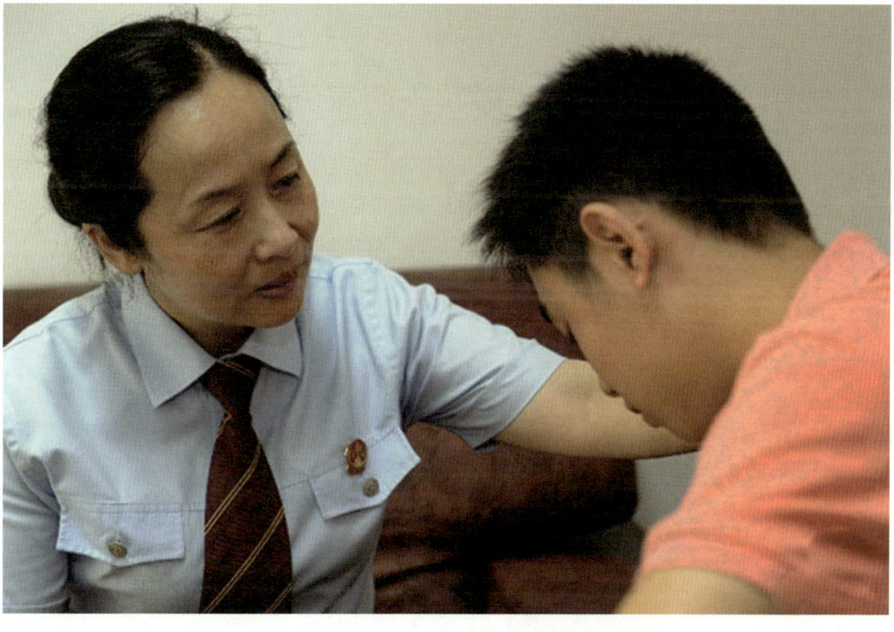

詹红荔与一名失足少年谈心，鼓励他走出阴影

判，案子是可以了结，但不能解决这个孩子的根本问题。詹红荔接案后通过各种渠道了解到：小林的确没有父母，从小由叔叔抚养长大。于是，詹红荔和同事冒着酷暑，驱车穿行了100多公里的崎岖山路，到政和县的一个矿上找到了小林的叔叔，并动员说服他参加庭审。最终，这个流浪儿心中有了亲情，燃起希望，努力改造，得以阳光新生。

詹红荔认为："没有坏到骨子里的孩子，只要有耐心，加上正确的方法，都可以变好，只要有1%的希望，就要付出100%的努力。"她深深体会到，对于犯了罪的青少年，只有走进他们的内心世界，用真情和爱心洗涤他们的心灵，使其真诚悔过，才是少年审判的良方。

就是这样，詹红荔用她天然的母性之爱，为一个个失足少年撑起心灵的一片蓝天。

她用"师长"之爱，撑起失衡家庭的一片蓝天

詹红荔常说："挽救一个孩子，就是挽救一个家庭；挽救一个家庭，社会就多了一份和谐。"

2008年9月，南平市某中学两名学生因一句话发生争执，各自召集了一些同学"理论"，"理论"的结果导致群殴，造成一名学生当场死亡。

案件成立，参与群殴的9名青少年都被提起公诉。开庭时，被害人家族200多个亲属聚集在法院门口，要求被告人"偿命"，并提出要200万元的赔偿，而且情绪激动，见被告人及其家属就想冲上去打。

詹红荔知道，这是一起因校园矛盾激化引发的突发性案件。她

通过庭前深入调查得知：好几个被告人都是学习成绩不错的学生，他们都是独生子女。这个事件的发生，无论对被害人还是被告人的家庭，可以说都是一场灾难。如果依照法律简单判决，很多孩子甚至他们的家庭就毁了。由于法律规定与被害方的要求相去甚远，被害方得不到满足，对抗将进一步加剧。詹红荔想，此案虽造成一人死亡的严重后果，但案件中的多数被告带有被卷入的偶然性，而且这几个学生事后悔罪态度较好，和一般刑事犯罪案件被告人的主观恶性和人身危险性有所区别。

怎么办？一方面是被害人家属要求从重从快的请求，一方面是挽救孩子、挽救家庭、维护和谐稳定的责任在肩。权衡再三，詹红荔决定顶住各方的压力，申请延长两次审限。她一趟又一趟跑看守所，和看守所的同志交流，让这些孩子在所里多学习，要求他们面对事实，严肃认真地生活；同时根据各被告人家庭经济情况和在案件中所起的作用，连续几周在被告人家长和学校之间奔波。

对于这种案件来说，审判能否顺利圆满，取决于加害人一方能否取得被害人一方的谅解。詹红荔一次次到被害人所在的村庄安抚被害人家属，并向被害人家属和村民解释法理和情理。前几次，被害人家属和村民一听是来为被告人求情的，表现得十分愤怒。

“我不为谁说话，为的是仇恨能少一点，为的是犯罪能减少一点，为的是我们的生活能安全一点！”无奈之下，詹红荔激动地说。

一次不行两次，两次不行三次，为了这个案件，詹红荔自己也记不清去过多少次那个村子了。有道是，功夫不负有心人。精诚所至，金石为开！詹红荔三番五次地上门安抚、释法理情，终于得到了大家的理解。被害人家属与各被告人家长达成了民事赔偿和解，并出具了谅解书。最终，这起敏感案件以稳妥的结果结案。

当代社会，一个孩子的身上往往寄托着三个以上家庭的希望，一旦一个孩子失足，一个家庭的和谐也就失衡，更多的人都因之承受沉重的思想包袱和经济负担，如果处理不好，还有可能导致家庭破碎、矛盾激化，给社会和谐带来不稳定因素。想到这些，詹红荔反复要求自己："一个共产党员，不论分内分外，如果需要，都义无反顾；一个人民法官，不论庭内庭外，如果需要，都责无旁贷。"

在长期的实践中，她和同事们一起摸索、总结出了一套符合少年审判规律的"三三九不工作法"：(1）庭前的"三个不开庭"：对关键问题没有梳理清楚不开庭；对被告人成长背景没有调查清楚不开庭；被告人对犯罪危害没有足够认识不开庭。(2）庭中的"三个不轻易"：被告人没有真诚悔过不轻易下判；被害方没有得到精神抚慰、达不成和解不轻易下判；可以判非监禁刑，但没有落实帮教措施不轻易下判。(3）庭后的"三个不松手"：入监后延伸帮教没有到位的不松手；回归社会的问题没有妥善解决不松手；发出的司法建议没有落实的不松手。

2005年，16岁的小严以优异的成绩考取南平某高中，作为一个好学生，父母寄予厚望，老师关怀备至。但是，就在毕业聚会上，酒后的小严与同学发生争执，恍惚之间，用刀子捅伤了那名同学。幸亏那名同学伤势不重，小严只被判了缓刑。判决后，学校不再接收小严，他好不容易在延平区的一家私企找了份工作。

有一段时间，工厂原材料屡屡被盗，老板怀疑是小严干的，就扣发了他的工资。小严找老板理论，不但工钱没讨回，反被羞辱了一番。一气之下，小严顺手拿起一把水果刀，准备找老板再谈一回。他怒气冲冲直奔老板办公室，可就在推门的一刹那，他想起了詹红荔告诫他的一句话："小严呀小严，今后，遇事要冷静，凡事要三思。"于是，他猛然转身，回到宿舍拨通了詹红荔的电话。

詹红荔心急火燎地赶到工厂，她问清原委后，当即找到老板协调商量。詹红荔说："钱是小事，给人清白是大事。偷窃的事要有证据，不能乱怀疑。"但老板始终不肯松口。第二天，詹红荔又一次来到老板的办公室，并带上了小严的帮教档案。她讲述了小严的经历，讲明他的艰辛、不易和对新生活的渴望。最后她说："小严曾经是一个好孩子、好学生，只是在人生的路上摔了一跤。我们无端地猜疑、歧视，只会再次伤害他的心灵，浇灭他重拾新生活的信心。"老板被詹红荔的执着感动，他仔细回顾了小严以往的表现，消除了疑人偷斧的心态，当场给小严补发了工资。事后，工厂失窃案告破，也证实了小严的清白。

在一起盗窃案件中，被告人小蔡是一个"二进宫"，面对尚未成年的他，詹红荔思索着：小小年纪，受过法律惩处还不长记性，其中必有原因。她不是简单地就案办案，而是积极了解其犯罪动因。原来小蔡家在一个偏僻的农村，父亲体弱多病，家庭经济困难，学习成绩也不是很好，读完初中就没再上学，到延平城区自谋生活，因找不到工作衣食无靠才去盗窃。詹红荔了解到这些，便四处联系，最终在一家私企帮他找到了工作，并落实了帮教，也挽救了这个贫困家庭。

詹红荔建立了一个少年犯档案，详细记录了300多名重点少年犯的生日、犯罪动机和原因、家庭状况、性格特征以及感化点等。她还申请了一个Q Q号码，取名"快乐的兔妈妈"。她对那些失足少年说："我属兔，是你们的兔妈妈，你们都是小兔子，要从小事做起，用一点一滴的变化重塑自己，改好了，就都是好孩子。"

有了Q Q做联络，她于2004年将分散在各地的孩子们组织起来，成立了"新生少年服务队"，带领他们参加各种公益活动。2008年汶川地震发生后，一些队员提议通过实际行动为灾区献爱心，立即得到詹红荔的支持，她决定和同事们一起，与新生少年一起举行"祈福灾民、天佑中华"赈灾义演。

詹红荔在QQ上留言：请新生少年于5月18日晚7点到南平激情广场的红旗下集结。当晚，20余名小伙子集结在广场中央，用自编自导自演的节目，深深地打动了在场的群众，募集款物7万多元。

从事少年审判工作期间，詹红荔审结未成年刑事案件500余件1100多人，无一错案、无一投诉、无一上访。在她的帮助下，315名失足少年重返课堂，70多名刑满释放的新生少年找到工作，70余个濒临破碎的家庭得以挽救。

就是这样，詹红荔用她“师长”般的爱心，为一个个失衡家庭撑起一片蓝天！

她用“医生”之爱，撑起社会问题之下的一片蓝天

通过多年的少年审判实践，詹红荔深深体会到：社会转型期少年犯罪的成因很复杂，有他们自身的原因，更有家庭和社会的因素。她说从她接触过的案件来看，有些孩子真的很可怜，这其中有的是家庭贫穷，父母无力顾及孩子；有的是父母工作忙，无暇顾及孩子；有的是家庭残缺，父母之爱缺失；有的是父母常年在外打工，把孩子放在家里留守；有的是父母自身有不良爱好，将孩子放任自流；还有的是父母教育方法简单粗暴，使孩子心理逆反。凡此种种说明一个问题：不同的父母行为，往往会影响或造成孩子不同的命运。这是转型时期的社会之病！

面对越来越低龄化的犯罪现象，詹红荔将思考拓宽到如何减少和预防青少年犯罪上。她把对青少年的法制教育工作从校园拓展到社区和家庭，构建了“三位一体”的法制教育体系。她开通“青少年维权热线”，到社区给居民开设心理讲座，帮助家长掌握科学的教育方

法，学会与青春期的孩子相处。

天道酬勤。詹红荔的出色工作和骄人业绩得到党和人民的高度肯定，她先后获得全国政法系统优秀党员干警、全国优秀法官、全国模范法官、全国三八红旗手等荣誉。2011 年 8 月 11 日，中共中央政法委员会还向全国政法系统发出了《关于开展向詹红荔同志学习活动的通知》。

为了推行詹红荔的“三三九不工作法”，南平市中级人民法院在所属的 10 个基层县（市）法院，全面设立詹红荔工作室，并统一了工作制度。2016 年 1 月，詹红荔被调到南平市中级人民法院工作。更高的工作平台，让她有了更宽阔的视野，也有了更高的目标。

她说，一个有问题的孩子背后就是一个有问题的家庭，所以她把工作的一部分内容转向了家庭教育。为了做好这项工作，她兼任了南平市妇联组建的家庭教育讲师团的副团长，并积极参与和带动同院女法官们一起在“幸福家庭、快乐人生”“与基层姐妹谈法聊理”大讲堂、大宣讲活动中发挥作用，同时组建了心理咨询师队伍到学校和社区，帮助家长转变教育理念和方法，倡导“父母好好学习，孩子天天向上”。引导家长正面管教，学会接纳自己和孩子，肯定孩子的价值，营造相互尊重的家庭教育环境。

在以她名字命名的工作室里，她还与本院 4 位资深高级法官一起，建立了 5 个特邀调解组织、1 支心理咨询师队伍和 1 支家事调解志愿者队伍，并与妇联、共青团、工会等 20 多家单位共同组成调解团队，调解的案件均能实现当事人满意率和调解协议自行履行率两个百分之百，真正做到案结事了人和。在“新生少年服务队”的联系指导上，她还积极与市民政局取得联系，在全市养老、敬老护理院建立起新生少年服务实践基地，安排新生少年学习护理、陪伴、交流等专业技能，并建立了由服务场所对他们的服务质量进行等次考评、按月考核的管理机制。她还新组建了“新生少年”志愿服务群，在群里由少审法官、矫正干部、心理辅导人员定期发布有关矫正纪律、心理干预、心理疏导、职业规划、行为引领等的视频和文章，引导他们向善、向上。

南平市网际职业技能培训学校，是于 1997 年 12 月创建的一个以社会需求为导向，整合国内专家师资资源和设备设施资源，开展家庭教育、成人教育、国家职业技能培训、鉴定等的平台。在詹红荔的策划建议下，南平市中级人民法院以购买服务的方式，开设了“百合花开”馨课堂。“百合花开”馨课堂秉持一个理念，法振家教家风，协同共育共管；一个愿景，希冀父母百年好合，期待子女灿烂花开；一个口号，一个班、一群人，点亮一座城；一首歌，《让爱传出去》；一首诗，《当我内心足够强大》。对广大家长，重点是罪错、困境未成年人家长和危机婚姻案件当事人进行相对系统、持续的家庭教育培训和长期的婚姻家庭指导，以帮助他们掌握科学的家庭教育理念和方法，引导建立、维护和修复平等、和睦、文明的婚姻家庭关系，纠正家庭教育缺陷，消除家庭危机对未成年人身心健康的不利影响，从而达到家庭和谐、最大限度地减少和预防青少年违法犯罪的效果。

就是这样，詹红荔用她“医生”般的爱心，撑起社会问题之下的一片蓝天！

红荔的愿景

詹红荔是一个阳光生活、快乐工作的人，她恪守认真办案、干净做人、清爽做事、开心生活的人生理念，也被她的同行和许多群众评价为“案件之内易于沟通，案件之外难有私交”的好法官。她的办公室面积只有十三四平方米，里面的摆设和她的穿着一样朴素，尽管她获得了诸多表彰和奖励，但在她的案头和橱柜里，看不见一个奖牌、一张荣誉证书。

詹红荔工作室的隔壁是过去传统意义上的少年刑事审判法庭，自詹红荔来后，这个法庭已改为集未成年人刑事审判和家事审判为一体的标准化人文法庭。法庭的布置令人耳目一新。它一改高差错落、显示法庭威严的传统布局，取而代之的是一张蓝白相间的心形平台，引导当事人感受“大心护小心”“心贴心”“心连心”“将心比心”“以心换心”。法庭的正面墙上，悬挂的是一幅内嵌“和”字的规矩与方圆图标，寓意来到这里，无论是刑事案件还是家事调解，都要以和为

集未成年人刑事审判和家事审判为一体的标准化人文法庭

贵。法庭的调解审判平台置于蓝天白云镶嵌的吊顶之下，象征在祖国的蓝天下，大家用法、用心、用情关护未成年人健康成长，为未成年人和失衡家庭撑起一片和美的蓝天。

屈指算来，我和詹红荔已有十余年没见面了。这次相见，我惊讶地发现她的容颜和精气神居然与十多年前毫无二致。我打趣她快活成“妖”了，她听后哈哈一笑说:“阳光生活、快乐工作就是我的青春秘籍呢。”当说到来年即是她的花甲之年，我更只有惊讶的份了。我问她:退休之后的“第二春”还有什么梦想？她沉吟了一下说:“梦想不敢说，但我的愿景就是在我的有生之年，影响更多的家庭走进家庭教育的课堂，让青少年违法犯罪和失衡家庭的社会阴影，在法理、情理和科学的家教熏陶下逐一消逝，化作一片碧空蓝天……”

眷眷风华：从美丽的畲乡走来

何　也

兰臻简介

兰臻，1972年2月出生，福建漳州人，中共党员，福建省漳州市实验小学书记、高级教师，中共十八大代表、第十三届全国人大代表。从教30余年，教学精湛、情智并重，深受家长和孩子们的喜爱，被称为“姐姐老师”。担任书记以来，学校先后被评为省基层先进党组织、市先进基层党组织，2017年、2020年学校连续两届获评“全国文明校园”。作为全国党代表、人大代表，积极为教育发展建言献策，提出10项议案建议。全力支持乡村教育，累计开展“送教下乡”104场次，惠及师生9000余名。获“全国模范教师”“全国巾帼建功标兵”“福建省特级教师”“全国优秀共产党员”“全国三八红旗手”等荣誉称号。

畲乡情深

漳浦赤岭是福建省畲族人口比例高达92%的民族乡。据不完全统计，由赤岭祖地繁衍到各地的蓝氏后裔将近40万人，占全国畲族人口的一半。其中“种玉堂”派系下蓝氏在台湾现有人口近6万人，主要分布于台北、高雄、屏东、宜兰、桃园、金门、南投等地。

明清两朝赤岭畲族乡曾涌现百余名五品及以上的文官武将，其中清朝时“平台首功”福建陆路提督蓝理、“治台名将”福建水师提督蓝廷珍、“筹台宗匠”广州知府蓝鼎元被誉为“蓝氏三杰”。特别是生于清顺治四年（1647年）的蓝理将军，是清朝军事史上的重要人物。他在平定藩乱、收复台湾、治理定海、重修普陀山、经营福建、开垦天津，在实现国家统一、推动社会和谐与民生发展等方面作出了卓越的贡献，被康熙誉为“平台首功”，赐联“铜柱海疆曾著绩，铁衣戎略夙知名”彰显其英名。

坐落在赤岭的蓝姓发祥地种玉堂、蓝理将军府第等名胜古迹，承载着畲族历史渊源和生动的畲乡风情。当地百姓耳濡目染的是祖辈的家国情怀和尊师重教、崇尚孝廉门风的传统人文。

“全国优秀共产党”兰臻，就是一名来自漳浦赤岭的畲族女子。

兰臻这个名字，和她的气质、容貌相媲美。她是赤岭“蓝氏三杰”的后裔（在闽南民间，姓蓝和兰在书写时往往通用，父母给女儿取名为蓝臻，但户籍登记工作人员图一时方便写为兰臻而沿用至今）。她父亲就读于漳州农校，毕业分配单位在农科所工作，后结婚、生子，畲乡赤岭成了兰臻名副其实的老家。

小时候的兰臻最喜欢的莫过于回到老家畲乡赤岭看望爷爷奶奶。

兰臻当选党的十八大代表

那时候回老家，除了要带点礼品外还要随身带上被盖，下了班车后回赤岭还要步行一段路。亲人们会挑一副箩筐前来接应，一头放被盖、一头放兰臻挑回村去。“你是用箩筐挑回来的。”等稍大一点，老家的亲人笑着对兰臻说。

一天一个五六岁的小孩掉进村口的池塘，农忙时节左邻右舍都在地里忙活，身边也没有施救工具可用，情急之下年已80多岁的奶奶趴在地上，一手抓住岸边的灌木丛，一手伸进池塘将小孩救起。须知乡下池塘土筑的堤岸一般斜坡入水，一旦滑下，别说救人，奶奶自身都有生命之虞。“我奶奶的这个救人之举，得有多大的智慧啊！”说到动情处，兰臻不免由衷发出这样的感叹。

老家畲乡赤岭给了兰臻方方面面鲜活丰富的滋养。在兰臻的心中，那里有爱、有亲情，充满生活的智慧，还有在父亲嘴里说不完道不尽的家国情怀。所以当兰臻在教育领域拼出一片天地时，基于对故土的拳拳之心，老家赤岭的民族中心小学就成了她送教送培的重点帮扶校之一。她坚信：唯有教育能阻断一个家庭一个地方贫困的代际传递，从根本上奔小康。

名满杏坛

1985 年，兰臻考上龙溪师范学校。刚入校，她就代表学校参加全省中师的演讲比赛，还被选为学校播音员。在兰臻的记忆里，那是一段激情燃烧的岁月。学校秉承“经学致用”的办学理念和“学高为师，身正为范”的校训，精心培育未来的中小学教师人才。校园里到处是师生们忙碌的身影，校园的每个角落都让人感受到文化的魅力。学校还增加了教师基本功课程、农场的实践课程、城市小学见习周、下乡跟班实习等内容，这一切都为兰臻走上教师工作岗位做了充分的储备。她憧憬着教育的美好未来，给自己立下“做一名好教师”的目标。1988 年 7 月，兰臻以优异的成绩毕业于龙溪师范学校，同年分配到该校附属小学工作，开始了她的教师梦。工作的第三个年头，这位畲族姑娘便以独特的教学风格夺得了全省作文指导课电视评比大赛的一等奖。当时她是最年轻的参赛选手，指导课获得专家的一致好评。随后她执教的思想品德课《盲人摸象的启示》，再次斩获省赛一等奖并被选送参加全国展播，和指导课一起被选为全国卫星转播课。《盲人摸象的启示》一课的教案同时被收入上海教育出版社出版的《名师授课录》一书中。

“我儿子从小学开学第一天迈进附小，就高兴地称自己是最幸福的人，稚嫩的他对我说：‘我们的老师很漂亮，特别是一口标准的普通话真像鞠萍姐姐。’兰老师对所有的孩子都一样倾注了爱心，她从与学生见面的第一天起就感染着他们。当时兰老师也还只是个大女孩，十八九岁的样子，可是她已经是小有名气的年轻教师，已经两次参加省级教学评比而且都获得一等奖的优异成绩。她的优秀，除了她本身具有的素质外，她付出的努力也比别人多得多！通过和她接触观察，和她聊天，我发现她的每一天比谁都忙，简直是高密度的工作。清晨 7:30 到校，组织早读、早操，上课，批改作业，参加备课活动，检查学生各项行为习惯，排路队放学，辅导差生；下午 2:10 到校，组织午读，上课，批改作业等等；晚上要备课，自学大专课程。这些工作对这个大孩子来说也是一个很大的挑战呀。有一次，我们在医院门口遇见她，看见她因为感冒发烧来就诊，小脸红红的，嗓子也哑了，我们都劝她下午在家好好休息，可是下午放学去接

课堂上的兰臻

孩子，依然看见她站在教室门口，送孩子们出校门。真是个拼命女郎！”一个在闽南日报社从事记者工作的学生家长说道。

19 岁时，兰臻便成为学校最年轻的教研组长。这样的韶华年纪，朝气蓬勃，在业务上、思想上与时代同行，得风气之先，接触、汲取到许多新颖的学识，在教学风格上完成了一次又一次的蜕变，获得了质的飞跃。

中国著名教育家叶澜教授在面对当代学校教育中的“老房子”——课堂教学时，提出了这样的改造思路：用生命的动态生成观念来审视课堂教学；课堂教学是师生人生生命意义的有机构成部分，具有个体生命价值；促进师生生命多方面的发展，让课堂焕发出生命的活力；把人的发展置于中心位置，让教学设计脱下僵硬的外衣；教师不能完全对整个课堂教学进行预定安排，教学进程有时需要改变；课堂教学中有许多生成性的资源，教师应该开发和利用这些资源；教师是学生生命发展的激活者，是学生人生的对话者，师生全身心地投入，他们的生命在课堂上涌动和成长。充满生命活力的课堂对师生来讲，具有无限的可能性。在这样的课堂上，师生不仅仅是在教和学，不仅仅是在认识世界，不仅仅是在利用已有的文化资源，不仅仅是在围绕着书本转，而更为重要的是，他们的生命向着无限的可能性开放。这样的课堂教学是真正的育人。

在叶澜教授的倡导下，凭着对小学教育的热爱、对语文教学的情有独钟，兰臻有了自己独到的感悟。

兰臻善于引导学生全身心投入课堂，她的教学语言亲切、自然、富有感染力，抓住难题，质疑、解惑甚至想象发挥，在无形中化解教学重难点；在不断的钻研、探索、磨合中形成了睿智、灵动的教学风格。1998 年，兰臻参加福建省阅读教学观摩比赛，以小组合作学习、问题意识为主线贯穿《海底世界》这堂课的始终，教学效果出奇地好，折服了所有听课老师和评委，获得省赛一等奖，《福建教育之窗》开辟专栏连续几期点评了这堂课。

三尺讲台的智慧、幸福与快乐

兰臻曾借用一首诗来表达她对教育、对孩子的热爱："天空收容每一片云彩，不论其美丑，所以天空广阔无边；高山收容每一块岩石，不论其大小，所以高山雄壮无比；大海收容每一朵浪花，不论其清浊，所以大海浩瀚无涯。"兰臻声名远扬，成了漳州家喻户晓的人物。许多家长慕名而来，都希望自己的孩子能在她班上就读。孩子们都喜欢她，不仅因为她美丽聪颖，更因为她深爱每一个学生，在她的心目中，每一个学生都是那样地独特与不凡。

2002 年秋天，兰臻又迎来了一个新的班级，班级里的一个男生引起了她的关注。这个男生好动却时时处处表现出胆怯，语言表达流畅却完成不了书面作业，和同学玩耍时动作显得有些迟缓。直觉告诉兰臻，这孩子好像哪儿不太对劲。她通过家访了解到，男生的父母都是不识字的农民，除了供孩子吃饱穿暖、送他上学外，对别的不太上心。兰臻细心观察男生的言行举止，发现他不按田字格的位置写字，和他指出问题时，他也是神色茫然，但又不像故意捣蛋的样子。难不成这孩子是眼睛有什么毛病？兰臻赶快提醒家长并和家长一起带着孩子去看医生，检查的结果是孩子得了先天性白内障。难怪他写出来的字歪歪扭扭，难怪他无法完成书面作业！孩子及时做手术恢复了视力，也恢复了他原本可爱、聪敏的样子。至此兰臻才大大松了一口气。

有一天，兰臻收到一个在国外留学的学生寄来的一封信。这封信里有一首诗，字里行间流露出学生对她的想念和感恩：

忆取我们相处时的欢声笑语
我至今还感到幸福
记取您的音容笑貌
我现在还感到温暖

时光
带我离开祖国
来到另一个遥远而陌生的国度
但我却发现
时光带不走的是我们对您深深的怀念

您是否还记得曾经调皮的我……

兰臻当然记得这个叫张劲奕的调皮学生，其时他已是伦敦政治经济学院的研究生了。当年考虑到张劲奕胆子大的特点，兰臻让他参加了“故事大王”比赛。作出这个决定兰臻可说是费尽了心思，对故事内容逐字逐句不厌其烦地做示范，硬是让他克服了方言的影响，成了小故事大王。张劲奕还在给她的信中这样说：一位好的启蒙老师可以影响学生的一生。您是我的启蒙老师之一，也是我小学的第一任班主任。您强烈的责任心和对学生慈母般的关爱给我留下了深刻的印象。从您那里我学到的不仅是一口标准的普通话，更重要的是对他人的关心、对工作的执着和热爱。“动静分明”是您给我的第一条评语，同时它也提醒了我外向的性格需要较强的自我约束力。许多年后，我还将它铭记在心。良好的开始是成功的一半，衷心地感谢您———我的好老师！

有教无类，各显所长，是兰臻执教生涯中充满母性柔情的教育理念之一，同时也可见她有意无意在尝试“本真语文”教学理念，她以“真心”与“真行”让学生在语文课堂获得“真”成长。学生各有各的特点，各有各的不足，在兰臻的心目中，都是含苞待放的花骨朵，每一朵都有盛开的理由。几十年教书育人的岁月，兰臻与学生之间发生的动人故事几天几夜也讲不完，一件件一桩桩都珍藏在她的心里，成了美好的记忆和幸福的回响。每逢寒暑假，兰臻家里总是热闹非凡，在外求学的学生回来看她了，在她面前诉说这样那样的心声，成了她最快乐的时刻。每年的教师节，也总会有许许多多带着思念、问候的信笺从各地飞来。

“兰臻始终保持着向上生长的生命状态，所以我们可以理解她为什么能走这么远，因为永远热爱，不停探索。”漳州市教科院小学语文教研员柯一冰这样评价她。随着兰臻在教育这方水土上的名头越来越响亮，荣誉也接踵而至，从 2007 年的全国模范教师到 2009 年福建省中小学中青年学科教学带头人，从福建省名师工作室领衔人到省特级教师……这让我们回想起当年老校长鼓励她的话：“你身上有不服输的拼劲，没有功利心又敢于挑战，是一个‘好苗子’。”兰臻一路拼搏，教育的路子为什么能越走越宽？老校长的这句话说到了点子上。

兰臻名师工作室

兰臻以她的执着与勇气上下求索，学习借鉴前人的经验，钻研现代教学理论和身边名师的成功经验，践行她课改先锋的角色，成了学习、实践、研究并举的名师。她撰写的论文《构建汉语拼音教学的新模式》获国家级论文评比二等奖，《小学语文教学中问题意识的培养》在《福建教学研究》发表。她还负责漳州实验小学全省基础教育重点试点项目《KTY 一体化教育》工作的开展。从 2003 年起参与省级基础教育课程课题研究，成为省一级课题研究的子课题负责人之一，所带的课题组两次被福建省普教室评为课题研究先进集体。

2003 年 5 月，青年教师刘松青参加了省口语交际课比赛，经过半个多月的磨课苦练，他觉得已经成功在望了。兰臻却认为不可松懈，连五一劳动节都要继续琢磨和改进。获得省口语交际课比赛一等奖后，刘松青对这位“师傅姐姐”大为感慨：平时看兰臻老师挺浪漫的，是一个活得轻松自在有品位的人，谁想她一旦认准了，就不但严谨还是一个“咬定青山不放松”的人。

来自县城的年轻老师林金美每次接到观摩课任务，兰臻都会着手帮她查阅资料、备课，坐在教室里记下她在课堂上的闪光点或不足，为一个细节反复讨论。2006 年，林金美在漳州市首届小学优秀青年老师评比中载誉归来，兰臻比自己得奖还要高兴。

2001 年 6 月，教育部印发了《基础教育课程改革纲要》，这是中华人民共和国成立以来第 8 次基础课程改革，又被称为新课程改革。新课程改革呼唤新型课程设置、新型课堂方式、新型师生关系，给教育带来了一系列翻天覆地的变化，同时也赢得了社会各界的理解、支持和参与。在这个时代背景下，教师职业也悄然发生着改变——它变得更为多元、开放并富有挑战性。教师不再是传统意义上的教书匠，在教育教学中，教师开始扮演多种角色，是学生学习的指导者，是班级管理的领导者，是行为习惯的示范者，是心理健康的引导者，更是教育科学的研究者。兰臻在这方面可说是一个先行者，她置身教育改革的时代前沿，新课改以来，她听课节数不下 1000 节，写下的研讨笔记和评课记录不下 10 万字，指导的公开课不下 15 节。

2010 年 4 月，青年教师郭李虹准备参加福建省首届小学语文教师素养大赛。这是一个全新的赛事，比赛分 5 个环节进行：现场备课上课、现场评课和知识问答、朗读展示、特长展示、粉笔字展示。除了特长展示外，其余四项全部现场随机抽取，最后把每个环节的得分记入个人总分。与传统比赛相比，这项赛事增设了不少内容，全面考核选手的语文综合素养。由于备赛范围广、难度大，选手难免处于不知从何做起的茫然无序状态。这样的新型赛事，明显对老师有提升全面素质的导向要求。时任漳州市实验小学分管教学副校长的兰臻对此次比赛加倍重视。为了能在这次省级赛事中出佳绩，兰臻反复谋划并腾出自家书房作为备课团队“磨课主阵地”。团队有了固定的备课地点，便于进行点对点业务指导。备赛近两个月，青年教师眼中的这个“校长姐姐”，既是“备赛教练”又是“伙食主厨”。郭李虹获得该大赛特等奖后说：“兰臻姐视每位青年教师如家人，她忘我投入、不计付出的品格影响着身边的每一个人。”不想此例一开，以后学校每个参加省赛的老师都要在她家“修炼”。为了节省时间，常常吃完中晚饭后继续操练，直至深夜。这样的付出很快见成效，经兰臻指导的许多老师成了学科骨干教师。看着这些茁壮成长的后起之秀，有人开玩笑说：“你给自己培养了一批对手。”兰臻却笑着回应说：“一花独放不是春，万紫千红春满园。”

近年来，国家陆续颁发了许多乡村教育的利好政策，但是乡村教育依然面临许多问题，这意味着改革还在推进中，乡村教师队伍素质的整体提升迫在眉睫。时代的召唤、身份的驱动，让兰臻这个从贫穷的畲乡走来的教师始终心系乡村教育。在教好书、教好学生的同时，如何更好地发挥自己的示范引领和辐射作用，兰臻的视野有了新跨越。兰臻善于抓住拓展每个教育时空的关键契机，拉帮带挖掘、组织团队力量，发挥名师辐射功能，把目光聚焦在乡村教育上。兰臻回忆多年前在一次音乐公开课上，一位坐在她身边的乡村教师一边观摩课堂教学一边默默流泪。问询后那位老师告诉她说:“太羡慕这所学校了，学校有这么多乐器，学生有机会享受这么好的教育资源。”原来，那位老师所在的学校没有专任音乐教师，她只能每周末骑自行车到县城学手风琴，再回来教孩子。兰臻听后深受触动:城市中触手可及的也许是乡村教育梦寐以求的。

触动就是推动。2013 年，漳州市兰臻名师工作室正式成立，工作室吸引了一批有着研究精神和奉献精神的优秀教师参与其中。团队始终把服务基层、助力乡村教育、做好基层教师的“引路人”作为工作的核心和导向，坚持“哪里有困难，哪里有需要，我们就到哪里去”的工作理念。怀揣初心，培育有理想信念、有道德情操、有扎实学识、有仁爱之心的好老师，“让更多的基层教师得到更好的专业提升”，“让更多的乡村孩子享受更好的教育”。

兰臻说:“之前可能就是想为乡村教育多做事、做好事，当有了全国人大代表这个身份后，我更关注基层声音，要成为‘基层代言人’。”送教下乡时，兰臻会根据城乡学生学情不同，为孩子量身定制不同的课型，“不分城市乡村，不分成绩好坏，随便给我一个班都要把课上好”，这是作为教师必须掌握的看家本领。这也是兰臻践行“本真语文”教学理念的核心，守住语文学科的本，课堂要实现人课合一。“当老师时间越长脾气越好，因为你越来越了解孩子的内心。”不得不让你服气的是，与兰臻交谈，她发自真情的知性话语总是脱口而出。

名师工作室的团队全体成员在出色完成本职工作的基础上，不计报酬，不辞辛苦，去过漳州市最偏远的山区送教、帮扶、共建。助力乡村教育成了发挥名优教师在专业成长和教育科研上的示范、引领作用的一个生动写照。赤岭畲族乡是漳州市仅有的三个少数民族乡之一，赤岭民族中心学校地处偏远山区，是农村义务教育薄弱校，兰臻情系家乡教育，该校成了工作室重点帮扶的农村师资薄弱校之一。她多次带领团队送培送教，开展为期三年的“城乡携手·教学相长”帮扶活动，通过送培送教、跟岗学习、教研互动、资源共享、结对帮扶，传帮带培养骨干，为该校语文教师的专业成长铺设了道路。

与畲乡赤岭一样受惠的山区校、基层校很多。七八年来工作室进行了11期乡村教师培训，近850名接受培训的乡村教师都已成为当地小学教师的中坚力量。工作室“送培送教”足迹已遍布漳州各县、市、区，“送教送培”逾百场次，参与教师数千人。2018年，工作室被省教育厅命名为“福建省小学语文兰臻名师工作室”，被省总工会命名为“福建省兰臻劳模工作室”。

就在不久前，兰臻联合省内4个小学语文名师工作室在漳州市实验小学开展了一次集体联动。“让来自不同区县的教师进行展示碰撞，在相互借鉴的同时生发出更多新的思考。”

兰臻名师工作室组织的乡村教师培训

兰臻在送教下乡之余坚持发放调查问卷、与师生座谈，尽可能多地掌握和了解一线最真实的声音。每年全国“两会”前，兰臻都会把多种渠道征集来的信息进行分析汇总，最终形成意见并提交。“两会”结束后，兰臻都会进行宣讲，把党的教育方针和政策向一线教师传达。当教师知道自己的呼吁被写入报告，他们就不只是兴奋，而是实实在在地感受到“原来我们与党和国家的距离这么近”。这时候的兰臻，已是乡村教育名副其实的守望者了。

她有多努力就有多幸运，就有多担当

兰臻一步一个脚印，从一名教师到小学教导处副主任、主任、校长助理兼教导处主任，再到漳州市实验小学副校长、党总支书记、党委书记；她在不断的学习、实践、调研中提高自身素养，在教学中不断创新、完善教育理念，发表多篇论文并获奖；她于 2006 年 11 月当选福建省第八次党代会代表、2011 年 9 月当选福建省第九次党代会代表、2012 年 6 月当选全国第十八次党代会代表，2015 年身着畲族服装受邀观礼抗战胜利 70 周年阅兵仪式，2016 年 10 月当选福建省第十次党代会代表、2018 年 1 月当选第十三届全国人民代表大会代表、2021 年 8 月当选漳州市第十二次党代会代表、同年 10 月当选福建省第十一次党代会代表。2007 年 9 月国家人事部、教育部授予兰臻“全国模范教师”称号，2007 年 9 月教育部、全国妇联授予她“全国巾帼建功标兵”称号，2014 年 9 月福建省人民政府授予她“福建省特级教师”称号，2021 年 6 月中共中央授予她“全国优秀共产党员”荣誉称号，2021 年 6 月福建省委授予她“福建省优秀共产党员”荣誉称号，2021 年 9 月，福建省委授予她“福建省杰出人民教师”荣誉称号，2022 年 2 月全国妇联授予她“2021 年度全国三八红旗手”荣誉称号……让人不禁惊叹：这得有多大的投入、付出和努力，肩负多大的责任与担当啊！

漳州市教育局局长黄江辉说：“作为一名基层小学的女教师，要拥有这些耀眼的光环既要有政治上的突出表现，又要有教学业务方面的非凡业绩。这其中饱含了她忠于党的教育事业、教书育人的杰出贡献，更有她三十三年如一日扎根教学一线，刻苦钻研、潜心问道、精业敬业的厚重积累。……她头上的光环，是党和政府对她的肯定和褒扬。可她却用光环的光芒照亮千万孩子们的成长之路。”

兰臻身上的率性是与生俱来的，她温柔体贴、积极上进、充满阳光。不管工作职责、职务担当和社会角色如何改变，也不管有多大的荣誉加身、头顶多少光环，她都以谦卑的心态坚守在一线。在一次采访中，兰臻一直强调，她感恩于学校和市教育局提供的帮助和支持，为她提供了宽松、包容、温暖的环境。“没有这些社会角色前，我可能只考虑做好自己的本职工作，但有了这些角色，就给了我跳出教育看教育的机会。”兰臻心里清楚，这些角色更多时候是一种责任、一种使命。

漳州市实验小学校长柯智勇说：“兰臻是实小的骄傲，她把福建教育的好声音传到了更远的地方。”教育是建成小康社会的基石，在全面建成小康社会的伟大进程中，兰臻是教育奔小康的奋斗者。因为兰臻在心里认定，中国教育的每一步前行，必将带给人民对美好生活更为真切的获得感和自信心，她愿意为此付出毕生的努力。

兰臻是福建省乃至全国中小学教育领域的一面旗帜，她的路将越走越宽，也将越走越远。

书海有道

王晓岳

陈奋武简介

陈奋武，1941年11月出生，福建福州人，福建省文联顾问、福建省书法家协会主席。作品多次入选全国性重大书法展及在日本东京举办的“中国著名书画家作品展”，作品被收入《中国古今书法选》《中国书法百家墨迹精华》《中国现代书画家作品集》等，为国内外博物馆、展览馆收藏。在他的带领下，省内知名书法家每年都会走进基层，为农民送楹联写春联，是一位德艺双馨的艺术家。2022年2月，他被中宣部授予“2021年全国文化科技卫生‘三下乡’活动服务标兵”荣誉称号。

一

初识陈奋武是在1989年秋天。当时，我参加了省委机关举办的书法培训班，有幸聆听他为书法爱好者们授课。

是年，已任福建省书法家协会主席的陈奋武48岁，已是声名远播。他的作品多次入选全国性重大书法展及在日本东京举办的“中国著名书画家作品展”，作品被收入《中国古今书法选》《中国书法百家墨迹精华》《中国现代书画家作品集》，并为国内外多家博物馆、展览馆收藏。先生还应邀为泰山、黄山、武夷山、庐山、黄帝陵、黄鹤楼、黄河碑林，以及桂林、北戴河等名胜古迹题写碑铭。

记得，培训班第一课的内容是中国书法艺术的传承和创新。陈

陈奋武为福建农林大学题字

奋武以中国书法艺术发展历程为据，阐明了他的一些艺术观点。

他说，六国统一后，为了确立中央政权的权威，秦始皇要求“书同文”，命李斯从先前六国随形随意的大篆中整理出一部小篆，字形大小一样，线条粗细一样，偏旁部首一样，文字高度规范化。然而，艺术最忌讳统一规范，因为艺术的主体是人，是从个性意义上反映共性的特殊的精神生产，是以不断突破自身有限性作为精神生命的人学，它的本质是动态的发展的美学，所以它才能给社会带来精、气、神。因此，秦末就出现了隶书。到了汉代，隶书大行其道，字形由长的变成扁的。到了晋唐，扁的变成方的，出现了楷书。无论是篆隶，还是楷行，中国书法元素的基因一脉相承。但是，中国书法形式和姿态一直在创新性地转化、创造性地发展。这才有了中国书法艺术生生不息的强大生命力。

接着，陈奋武讲了中国书法史上几次大的转折点。他说，第一个具有里程碑意义的转折点是把章草变为今草。汉代草书是因典籍书写烦琐不便，从而在隶书的基础上删繁就简，以达到实用效果而逐渐兴起的。这个时期的草书被称为章草，代表人物是张芝。章草的产生动机和“隶变”现象一样，都是出于实用书写的需要，这也是书体变革的初心和动力。

汉末就出了今草。今草源于章草，是楷书的草写体。张怀瓘著《书断》，他在该书“草书序论”中指出，“右军之前，能今草者不可胜数”。到了魏晋，王羲之、王献之父子才是变革章草为今草的集大成者。他们创造出更加自由便捷的草体，使楷、行和小草逐步写出魏晋时期独有的韵味而引领了魏晋书风……

了解一位艺术家，最为重要的是了解他的艺术理念和创作实践。陈奋武的这次授课可以看作是他对自己艺术理念的剖析。继承和创新的理念决定了他是一位永不停息的跋涉者和有胆有识的改革者。

二

陈奋武认为，对他人生影响最大的有两人，一位是他的父亲陈起炳，另一位则是他的书画启蒙恩师陈子奋。

1941年，陈奋武出生于福州市琅岐岛的一个书香门第，自幼深受家学熏陶。父亲陈起炳博学多才，他教会陈奋武很多为人做事的准则，其中一条便是勿忘故里，牢记本源。陈奋武的衍派在河南颍川。“颍川”乃是古代郡名，秦王嬴政十七年（公元前230年）置。颍川又是大禹的故乡。翻开华夏历史的第一页，人们会发现，颍川是我国历史上第一个朝代——夏朝的首都所在地。华夏民族之文化，历数千载之演进，而中华文明的火炬首先在颍川燃起。颍川是华夏文化的根脉，也是陈奋武家族的根脉。

大禹是颍川最为杰出的代表。他以民为本，敢于担当的精神深深地烙在了陈奋武的心灵中。陈奋武在其作品的落款中多为“颍川陈奋武”，其本意表达了作为颍川儿女的自豪。

1960年，陈奋武考入福建艺术学院，在舞台美术系学习设计专业。国画家陈子奋担任他的国画老师。陈奋武是陈子奋最得意的门生，其篆刻和白描技法深得陈子奋真传。授业恩师对陈奋武的影响是多方面的，但最为深刻的有两点。第一点是，陈子奋的人生格言：“做人要低调，不做耀眼的流星，甘当一只融入百姓的萤火虫。”这种“平凡铸就伟大，英雄来自人民”的思想照亮着陈奋武一生的征程。他一生都在践行恩师“积水成渊”的教诲，一生都在苦研苦练，这才逐步成长为人民艺术家。第二点是，陈子奋超凡脱俗的线条。陈子奋白描线条的特点是把金石书法融入一笔一画之中，使白描线条显出阳刚拙涩之雄风，独具艺术价值。陈子奋把这种千锤百炼的线条基因传给了陈奋武。陈奋武从艺术学院毕业后在文化系统先后从事美术设计、文学编辑、编剧等工作，积累了丰厚的学养。又经千般磨砺，把自己的笔墨线条锤炼为独具美学魅力的艺术语言，为书法创作奠定了坚实的基础。陈子奋以金石书法入画的创新精神，也对陈奋武以画入书的创新实践起到了启发和推动作用。

2012 年，陈奋武应邀在中国美术馆举办了一次书法个人展，吸引很多人前去观摩，其中有位观众在《武夷棹歌》这幅作品前流连忘返，高价求购，被在场的福建省委领导婉言谢绝。时任中央政治局常委、全国政协主席的贾庆林两次参观陈奋武书法个展，并为陈奋武写了“高风”二字。在京的文化界领导、书法家，包括爱好书法的 30 余位将军参观，并给予高度评价。

三

陈奋武的书法有三个突出的特点。第一个突出特点是庄穆中透出大度，刚严里不失宽和。散文家黄文山说，陈奋武的许多书法作品不仅是艺术的表现，同时也是一篇篇人格宣言，显示了一位艺术家的良知和正义感。大字隶书《德其道》端正有力，掺以篆意的碑味，凝重高古而气息深厚，观之回肠荡气，思之意味深长。陈奋武近期所作林则徐《赴戍登程口占示家人》的七律条幅，落笔看似随形就势，使转自然，但字里行间透着金文汉篆的沉雄、汉隶北碑的刚健，整幅作品便洋溢着凛然骨气，很好地表现了林则徐为国家社稷，将个人安危和进退置之度外的风范。

第二个突出特点是“海纳百川”。中国美术馆原馆长范迪安在以

"书锋长健，艺术长青"为题的评论中指出，陈奋武"把篆隶的结体特征和行草的运笔结合起来，在飘逸奔放的行草中蕴含着篆隶的古朴拙雅，此乃取中国千年书风之长，熔为一炉，自成一家书风"。

第三个突出特点是以画法入书法。这一革新之路对作者要求颇高，一是要精通中国画大写意的精髓，才能把国画大写意的笔意美、性情美、神韵美随心所欲地在书法中流露出来。二是要求线条极具活力，才能构造出"起伏不定、舞美灵动、沉涩老辣、端庄秀劲"的审美感受。陈奋武系美术出身，又是国画名师陈子奋之高足，其绘画功力、篆刻造诣、造型能力、文化底蕴已十分深厚，尤其他那炉火纯青的线条语言，独具"活"的生气，"力"的表现，"韵"的品位，足以支撑起他对书法创作进行变革的实践。

陈奋武把中国画"尚简尚意"的审美理念，以及中国画结构的空间之美、笔意节奏的时序之美熔入书法，特别是把中国画装饰化这种"形而上"的美学思想融于书法，他通过简约化、装饰化的语言符号激发心意和笔意的交融生发，催生笔墨的沉稳痛快、酣畅淋漓。其书法象中有意，内蕴澎湃的创作激情，外示艺术家宽阔的艺术境界。

陈奋武有幅作品，四尺条幅只有"高歌"二字，其书势如公孙大娘舞剑，笔走龙蛇，奔放不羁，狂野之气，滂沱逶迤，真正融入了具有深厚文化意义的人格力量和超凡脱俗的意境，因此产生出强大的艺术感染力。

四

2003 年至今，我和陈奋武同在某群团组织文化艺术委员会任职，从事优秀传统文化的普及与交流工作。2012 年，我们组织了一次由海峡两岸书画家参加的“百首咏茶诗书画展”。该展览作为海峡两岸图书交易会的一项重要内容，在台北展出。台湾各大媒体争相报道，在台湾社会引起强烈反响。中国是诗词的国度，又是茶的故乡。以诗写茶自《诗经》始，唐宋八大家酷爱创作茶诗，白居易一生写了60多首茶诗，以茶道感悟人生。两岸的书画家以书画艺术共写茶诗茶画，这种以“茶香、书香、墨香”为特色的文化交流，洋溢着浓重的文化乡情。时任国民党副主席的洪秀柱一边品茶，一边观赏茶诗书画，兴致甚高。当台湾记者问她感受时，她爽朗回答道，茶好，书画更好，是难得一见的文化盛典。又说，台湾话就是闽南话，高山茶源自武夷茶，两岸同宗同源，诗词书画更是一脉相承，这样的文化交流，一定会受到台湾乡亲们的欢迎。

这次书画展的成功，陈奋武功不可没。他是这次书画展的策划者和组织者，亲自给全省知名书法家打去电话，发出征稿邀请。因为陈奋武在书法界享有盛誉，具有凝聚力和感召力，知名书法家们纷纷响应，踊跃参加。陈奋武应邀书写《七碗茶诗》。该诗为唐代诗人卢仝所作。卢仝著有《茶谱》，被世人尊称为“茶仙”，常将之与“茶圣”陆羽相提并论。卢仝的这首茶诗文字优美，意境深远，可以说是中国茶诗中最为著名的一首。为了写出诗人品饮新茶时的美妙境界，陈奋武前后写了六稿。定稿的次日，陈奋武又送来一稿，第七稿越发茶香缥缈、墨韵横生，达到了出神入化的境界。不是亲历，谁能想到，一位全国闻名的书法家竟能七易其稿，以图精益求精。陈奋武的人品艺品影响了整个福建书画界，凡参加“百首咏茶诗书画展”的书画家们无一人轻漫懈怠，无一例草率成章。国台办、国家新闻出版总署领导参观“百首咏茶诗书画展”后，连声叫好，并说，百幅书画作品中精品之多、质量之高，让人赞叹。

自福建省委宣传部开展文化科技卫生“三下乡”活动以来，陈奋武率先垂范，年年带领省内知名书法家深入群众，走进基层，为农村农民送楹联写春联，回答农村书法爱好者的疑惑，教授书法基本技能。2020 年至今，福建省委宣传部开展“送万福进万家活动”，陈奋武带领 20 多位书法家踊跃参加，为福州百姓写“福”字送春联 1000 多幅。陈奋武系国家一级美术师，省文联顾问、省书法家协会主席，省专家联谊会文化艺术委员会主任、省文史研究馆馆员，系享受国务院特殊津贴专家。陈奋武还是第八、九届福建省政协常委、文教卫体委员会副主任，又是中国书法家协会创会代表之一，第二至第六届中国书协理事，第七届大会主席团成员，第六至第十次全国文代会代表，省文艺百花奖总评委，并多次出任国展评委。作为一位年过八旬的老艺术家，对于走进基层一片痴心、一片赤诚，动力何在？陈奋武认为，文化惠民，就是不忘初心，坚持下乡写春联，既是送文化，更是“种文化”，关键是能收获真情。陈奋武说：“下乡写春联过

陈奋武送书法下基层

程中，很多人很多事让我感动。这种感动来自生活，发自灵魂。”他举例说，春节前夕，很多老人家岁数比他还大，还大老远赶来，在凛冽的寒风中排长队等着春联。他是从福州琅岐乡下走出来的，看到这场面不由得就心动，所以一到现场，笔就停不下来。陈奋武由衷感叹道：“心中有乡亲，脚下才有根。”

2022 年 2 月，陈奋武被中宣部授予“2021 年全国文化科技卫生‘三下乡’活动服务标兵”荣誉称号，这是对其“文化惠民，不忘初心”的褒奖。

陈奋武为人真诚，广交朋友，但这也给他带来许多额外负担。经常有朋友和单位向他求字，他总是有求必应，让写匾就写匾，让题签就题签。

改革开放以来的 40 多年间，陈奋武笔耕不辍，他除了以中华优秀传统文化如古诗词为内容之外，突出创作了许多反映福建文化历史和闽海文化、乡土风情的作品，满怀激情地讴歌中华文明，讴歌故土家园，讴歌中华复兴的中国梦。他广受大众欢迎的作品已经成为催人奋进的号角。

陈奋武既是当代书法家，又是书法艺术的传播者，被中国书协邀为书法培训中心教授。他讲课深入浅出，幽默生动，且又理念深刻，观点鲜明。同时，边讲边书，把书法技法讲得明明白白。因此，他的授课很受欢迎。省市厅局机关几乎都请陈奋武讲过书法课。工厂学校、驻军部队、企事业单位也争相邀请陈奋武讲课，他从不拒绝，他不肯放过走进群众的机会，历来都在为“艺术到群众中去”而奋斗。

陈奋武就是这样一位德艺双馨的艺术家。

闽东“活地图”的农民情结

林思翔

王绍据简介

王绍据，1947年10月出生，福建福鼎人，中共党员，中共宁德市委宣传部原副部长、闽东日报社原总编辑。他从事新闻行业30多年，任总编辑19年。个人采写（拍摄）的新闻作品获省（部）级一等奖达14件，成为全省新闻界的领军人物，为宁德地区创造了“五个第一”：第一个获得中国新闻奖，第一个评为高级记者（正教授），第一个获得“全国百佳新闻工作者”称号，第一个获得“全国报业经管先进工作者”称号，第一个享受国务院政府特殊津贴专家。同时，他30多年来锲而不舍做好扶贫工作，撰写多部扶贫专著，远赴宁夏、内蒙古、贵州等地传播精准扶贫经验。被授予“全国脱贫攻坚奉献奖”和“全国脱贫攻坚先进个人”等荣誉称号。

1984年6月24日，《人民日报》在头版以《穷山村希望实行特殊政策治穷致富》为题刊发了王绍据的来信，还配发了题为《关怀贫困地区》的评论员文章。这信、这评论，引起了巨大的震动。

王绍据在信中写道："在闽东福鼎县与霞浦县交界的一条深峡谷里，有一个穷山村，这里地名叫下山溪，全村十八户，八十一口人。他们居住的房子十分简陋，耕种的土地全是贫瘠狭小的山坡地，粮食产量极低。他们祖祖辈辈吃番薯度日，偶尔到外地买几斤大米，只能在春节吃两顿，或供妇女'坐月子'吃几天。他们身上穿得破破烂烂，有的人买不起鞋子而光着脚板。他们的文化水平更低。解放三十多年来，这里只出过一个高小毕业生。据了解，在闽东山区尚有一些村庄至今生活仍很艰苦。这些地方大多数是解放前红军和游击队的根据地。"接着，他提出了帮助这个山村改变面貌的几点建议。

评论员文章则写道："农村尚有局部地区和少数贫困户，在生产、生活上还存在着相当大的困难，有一部分农民的温饱问题还没有得到解决。本报读者来信中反映的闽东一个贫困山村的情况，就是一个有代表性的例子。"评论员文章还要求各地"下决心到那些贫困落后的地区去走一走，实地调查一下那里究竟是什么样子？有哪些困难？应当采取哪些特殊政策和措施？跟那里的干部、群众坐在一起，共同研究治穷致富的门路"。

那几天，在闽东的各级会议上，谈得最多的是中央关怀贫困地区，要帮助农民脱贫。而人们却在议论，王绍据是什么人，怎么胆这样大？

"说实在话，我也怕。但亲眼看到的真实情况不反映，我良心过不去啊！"王绍据这样对我说。这位年已75岁的老报人，两眼炯炯有神，精力依然充沛。当我问起当时的情景时，他陷入沉思，缓缓地回忆起童年的苦难生活和他与农民的不解之缘。

“我始终关注农村，不忘农民”

王绍据出生在福鼎店下镇台峰村。台峰地处山窝，百姓靠种地为生。王绍据12岁时，因一场台风灾害刮倒房子，刚满50岁的父亲被土墙活活压倒，不幸逝世，留下他、母亲和刚4岁的妹妹。由于生活贫困，王绍据初中才念一年就辍学回村放牛，与母亲一起挑起生活重担。他爱读书，却没法上学，只好借一本字典天天自学。白天放牛，晚上看书。家里穷得点不起煤油灯，他就抓来几十只萤火虫，塞进空蛋壳里照明，每晚坚持学习。

这期间他尝试写一些稿子。有一天，他听说村里两个原本有矛盾的生产队，在抗旱时，溪上游的生产队居然把水让给溪下游的生产队灌溉稻田。他觉得这是件新鲜事，于是就写了一篇题为《昔日冤家成对头，如今让水风格高》的稿子，很快，《闽东日报》发表了，《福建日报》也转发了。这个事件在当地引起轰动，他也很受鼓舞，觉得写稿不仅可以提高写作能力，还能促进村民团结，推动社会发展。从此一发不可收拾，与新闻结下了深厚的情缘。日复一日，年复一年，这样一直写下去，他的知名度也提高了，先后当上了《闽东日报》《福建日报》《中国青年》等报刊的通讯员。

随着稿子越写越多，他的写作能力不断提高，身份也发生了变化：从生产队会计员到村耕读班教师，又到公社新闻干事、报道组长、党委秘书，再到县委报道组组长、县委办公室副主任（正科），直至地委宣传部副部长兼闽东日报总编辑。王绍据说：“不管地位怎么变动，几十年来，我始终关注农村，不忘农民，农民情结时时萦绕心头，挥之不去。”

“老区人民有希望了！贫困群众有希望了！”

话题转到 1984 年初夏。那时王绍据已是福鼎县委办公室副主任兼县委报道组组长、县广播电视局局长。经常有乡里来的干部、农民找他聊天，这已经成了他工作的一部分。与基层来的人聊天，也是新闻线索的重要来源，他总是热情接待他们。一天，来了一位磻溪镇的干部，与他聊了起来。说着说着说到形势上来，那位干部说，现在报纸上都在讲大好形势，这里“万元户”，那里“亿元乡”，好像没有贫困了。其实不然，我们那里的下山溪村，农民还是吃野菜度日，还有两个人共穿一条裤子的。说者无意，听者有心。王绍据认真地问：“真有此事？”那干部说：“你去看看就知道。”于是，王绍据决心要去看个究竟。

1984 年 5 月 15 日，王绍据起了个早，独自一人从福鼎县城乘区间车到磻溪镇，花了 1 个多钟头。到下山溪得先到赤溪村，而镇区到赤溪还得走 35 里山路。好不容易爬完山路到了赤溪，一问还得走 16 里才能到下山溪。“如果说前面 35 里是崎岖山路，那后面的 16 里就是羊肠小道。”时间过去近 40 年了，当年的情景王绍据依然记忆深刻：下山溪村挂在半山的岩壁中间，沿路一边是深渊，一边是峭壁，走在山岭上“未流汗先流血”。路上长满荆棘和五节芒，走路时必须抓住路边的五节芒，否则就可能会跌落山涧，而这种植物的叶片边缘如锯齿般锋利，抓紧了手掌就会被割出血来。这时他肚子又饿，只好将带来的光饼就着山泉水，边吃边走。好不容易到了山顶的村子，这时两手已经血淋淋了。

他在村子里挨家挨户走了一遍，看到的情景正如那位干部所说。

全村 22 户畲族农民分散住在草楼或破旧的木瓦房里，多数人吃的是野菜。锅盖打开，有一股呛人的怪味。喝的菜汤就是一壶开水加一把盐。村里没一块水田，不产稻谷，但每户都得交公粮和统购粮，就只好掏钱去买了。村民在瘦瘠的梯壁地上种点地瓜充口粮，再就是靠砍些竹子抬到几十里外的镇上去卖，来回一趟整整一天，也仅能卖块把钱。王绍据动情地说，他看到一群七八岁的孩子没裤子穿，光着屁股，也没一双像样的鞋，更不用说念书了。更有甚者，有一家婆媳两人共穿一条裤子，谁出门谁穿上，另一个只好裹着被子卧在床上。村里只有女子嫁出去，几乎没有媳妇进来。

耳听不虚，眼见更实。这个老区村还这么穷困，这是王绍据万万没想到的。他越想心里越不是滋味。回到县城，已是深夜，他辗转反侧，难以入眠。“今天看到的情况应该向上面反映，不反映良心过不去！无论是党员，还是新闻工作者，都有责任把下山溪村的情况写出来让上面知道下情。”想着想着，他干脆起来，凌晨 4 点写了这封信，如实反映了下山溪村的贫困情况并提出三点建议。之后，他便把信寄给了人民日报社。

又是一个令王绍据万万没有想到的：他的这封信被人民日报社编成清样件呈送中央领导，中央政治局一位常委当即作了批示，并迅速传真到福建省委办公厅。省委领导看后，作了批示，表示此件所提要求应尽快予以解决，类似这样地方也要采取措施。否则就对不起这些地区的人民。批示又迅速传到宁德地委、福鼎县委。这回上面不仅知道，而且有了批示，要帮助解决问题了。王绍据激动得跳了起来：“老区人民有希望了！贫困群众有希望了！”

他及时向县委书记汇报了自己看到的下山溪村的贫困情况，并自告奋勇当向导，带大家上山去看看。之后，由王绍据引路，县委书记、县长领着各有关部门负责同志，带上当地群众最急需的衣被、粮食等物品和现金，分发给各户，开始了“输血式”扶贫，开启了闽东乃至全省扶贫之先河。

时过半个月，《人民日报》公开发表了王绍据来信并配发评论员文章。“关怀贫困地区”成为热门话题。又过了几个月，中共中央、国务院发出《关于帮助贫困地区尽快改变面貌的通知》。通知指出：各级党委政府必须高度重视，采取十分积极的态度和切实可行的措施，帮助这些地方的人民首先摆脱贫困，进而改变生产条件，提高生产能力，发展商品生产，赶上全国经济发展的步伐。

中央的声音，犹如和煦的春风吹遍大江南北，全国性的扶贫活动拉开帷幕。福鼎的赤溪村（下山溪村后来搬迁并入的新村）成为最早的扶贫村落，故被国务院扶贫办定名为“中国扶贫第一村”。

王绍据在赤溪村帮助青年农民发展产业致富

“只要乡亲们能富起来，我多跑几趟山路又算得了什么？”

《人民日报》评论员文章特别是中央文件下发后，扶贫的政策和措施清晰、明确了。王绍据对扶贫工作的信心更足了，劲头更大了，他跑下山溪村也更勤了。

不久，他又与县领导及有关部门领导一起进山。如果说上一次县里是给下山溪“点心”吃的话，那么这回就是带“干货”上山来了：减免了公粮；无偿送给种苗和配套资金，鼓励发展生产。为了解决村里小孩读书和群众看病问题，王绍据还多次找县教育局和卫生局领导，聘请了一位既能看些简单病又能教初小的医生兼教师来到村里。从此，下山溪村响起了琅琅书声……

此后，村里人大事小情都爱找王绍据，他也乐此不疲地当起了小村与外界联系、上传下达的联络员。今天跑这个部门，明天上那个单位，不遗余力，反映情况，帮助解决问题，成了下山溪村民们的贴心朋友。在他的努力下，村里人的生活逐步有了改善，偏僻闭塞的山村渐渐有了生气。村里一点一滴变化，王绍据都感到欣慰。当人们问他，这样常年奔走累不累时，他总是那句老话：“只要乡亲们能富起来，我多跑几趟山路又算得了什么？”

20 世纪 90 年代初，闽东人民发扬“滴水穿石，弱鸟先飞”的精神，扶贫活动在闽东大地轰轰烈烈地展开。王绍据与当地干部群众一起，对下山溪村这十年扶贫情况进行分析。大家认为，上级对下山溪村很关心，给钱给物，又给了特殊政策，群众生活有所改善。但总体变化不是太明显，这只“弱鸟”还没有飞起来，甚至连请来的民办教师也待不住。究其原因，有两方面。主观上还是小农经济思想作怪，安贫乐道，满足靠“输血”过日子；客观上，下山溪地理条件太差，远离镇区，没田缺地，土质贫瘠，一方水土难养一方人。于是，大家越讨论，越觉得要挖掉下山溪穷根，必须挪开穷窝，整村搬下山去。

说到搬迁，村民哗然，七嘴八舌议论开来。有的支持，有的却忧心忡忡，说：“命里有福自然富，命里属穷就得受。我们过惯了山里生活，哪里都不想去。”看来挪窝得先挪思想，扶贫得先扶志。王绍据和镇村干部一道做村民工作，说明搬迁的意义，还特地请了老党员李先如现身说法。生产队长李先如妻子难产，大出血，因远离镇区，找不到医生，喊天不应，叫地不灵，只能眼睁睁地看着妻子离世，后来千辛万苦把孩子拉扯大。李先如老人动情地说：“山里人在山里混，山中鸟吃山中虫，这话没错。但要看在什么山，我们这个山旮旯就不适宜人生活，当年我妻子分娩大出血，要是在山下就不会死。如果不搬迁出去，别说大家生活过不好，还会有第二个、第三个女人像我妻子一样悲惨离去。”他含着泪水说的这番痛彻心扉的话语，打动了许多村民，让大家思想开了窍。

然而，一个分散在山旮旯里的自然村，要集中搬迁到 8 公里外的地方重建家园，可不是一件容易的事，宅基地、重建资金、生活出路、孩子就读等一系列问题都要解决。

于是，一场由地区、县、镇、村、自然村五级干部参加的现场办公会召开了。地区领导将穷困村整体搬迁之举称为“造福工程”，要求大家一起为百姓造福。地区民政局局长当场表态拨出专款支持，福鼎县委领导表示要挤出资金帮助，磻溪镇发动干部、职工集资，赤溪行政村除无偿提供一片宅基地外，还划出 40 亩沙滩地，让搬迁户种粮、种茶。王绍据在其中穿梭联络，帮助落实，还捐出了 2 个月工资支持搬迁工程。

看到上级这么支持，干部们连工资都捐了，村民们十分感动，他们积极投工投劳，还千方百计凑了点钱。经过2年多上下一心的共同努力，下山溪村22户81人全部搬离山旮旯，迁到山下赤溪行政村的平地上。他们告别了祖祖辈辈蜗居的茅草房屋，住进了砖瓦木结构的崭新楼房，真是天壤之别！搬迁那天，村民们像过节一样，敲锣打鼓，燃放鞭炮。他们拉着王绍据合影留念，还把王绍据等捐资人的名字刻在门前的感恩碑上。从此，下山溪自然村融入了赤溪村，下山溪这个名称也就成为历史了。

搬下来、住进去，不等于万事大吉。1995年初冬的一个深夜，已经熟睡的王绍据被突然的敲门声惊醒，他赶紧起来，披衣开门。原来是李先如带着镇供销社主任站在门口，说是因为来宁德的路上堵车，这时才到，王绍据忙叫妻子煮两大碗面先给客人填一下肚子，而后问他们有什么事。原来他们搬迁新居后，窗户还没玻璃，电灯也没装上，希望能帮助解决。王绍据听后安慰了一番，表示会想办法帮

下山溪村整村搬迁后，王绍据挨家挨户了解村民们的生产、生活情况

助，让他们先回去。送走客人后王绍据想，群众连夜找上门，这是对我的信任，把我当亲人看。他们反映的实际问题，我怎能不管？于是，他又跑了民政、水利、老区等部门，请求支持。在这些部门的支持下，村民的窗户玻璃装上了，电灯也亮了。为了使村民们搬迁后过上新生活，他拿出自己的积蓄，叫爱人到商店买了22床新被套送到村里，每户发一床，好让乡亲们温暖过冬。

光靠那一点地种粮、种茶，收入是有限的。怎样才能使他们安居又乐业呢？王绍据惦记着乡亲们，又积极帮助他们寻找致富门路。他利用退休后自己担任省扶贫协会特约研究员和宁德市诚信促进会常务副会长的职务之便，多次上省城有关部门为赤溪发展旅游业和人员就业牵线搭桥，联系沟通。后来，赤溪利用绿水青山搞起了山水观光游，村里办起了茶厂，茶叶精深加工也上来了。有了产业，村民的钱袋子逐渐鼓起来了。周围山上的几个贫困村见下山溪村搬迁后日子过好了，也纷纷搬迁进来，按照统一规划建起新房。赤溪村成了集聚人气的旺地，10个自然村先后搬迁到这里，形成1500多人的中心村，占全村总人口的85%以上。如今当年出了名的贫困村，已然走出了一条旅游富村、农业强村、文化立村、生态美村的脱贫路，成为全国闻名的小康示范村。

“再穷不能穷孩子。……有了人才，才有未来。”

赤溪村的乡亲们永远忘不了王绍据对他们小孩念书的支持。

那是下山溪村搬迁下山的第一个秋季。王绍据接到村生产队长打来电话，说是开学了，他们村下来的18个学龄儿童学费还没着落，眼看着要辍学了，言下之意就是想请王绍据想想办法。他理解村民们困难，他更清楚，下山溪穷，很重要一个原因就是没学上缺知识，下一代如果再不读书还会穷。“再穷不能穷孩子。一定要让他们读上书，有了人才，才有未来。”

可钱从哪里来？总不能老向政府部门“化缘”。这时，他想到自己有一篇通讯曾获得中国新闻奖，刷新了闽东新闻界纪录，地区行署领导特地奖给6000元奖金。这笔奖金是他有史以来最大的一笔收入，在当时可购一套小房子。那时他家三代七口人，挤在50多平方米的小屋里，妻子打算用这笔钱买一套小房，让大儿子一家三口出去住。偏偏这个时候接到了村里的求助电话。怎么办？王绍据心里很矛盾。他的脑海中浮现出那些孩子的笑脸和自己童年辍学时渴望上学的情景，决定把这笔奖金献出来，帮助村民解决小孩读书问题。那天，他召开了一场家庭会议，说明原委，请家人支持。他说：“现在住房虽很拥挤，但可以克服，可孩子错过读书年龄就不能再补回来了。”最终，他得到了家人的支持，果断把6000元钱悉数交给学校，为搬迁户18个适龄儿童一次性交清了一年级至六年级的全部学费。知识改变命运。20多年过去了，这些学生有的成为公务员，有的成了企业家，有的当上了教师。他们还时不时给王绍据写信汇报工作，感谢他当年的热心帮助。

2016年正月初三，年逾古稀的王绍据带上全家老小来到赤溪村，又捐出自己的退休金6000元钱，奖励赤溪小学品学兼优的20名学生，每人各奖300元。

2021年2月，王绍据荣获中共中央、国务院表彰的“全国脱贫攻坚先进个人”，国家颁发奖金3万元。他分文不取，把这笔款项作为赤溪小学的奖学基金。他的义举感动了中信银行福州分行的员工，他们慷慨解囊，共集资了105万元，作为赤溪村的奖学基金，为乡村振兴培养更多实用人才。

“人生就是一趟单程车，没有返程。越到终点，越觉得时间宝贵，越应该体现人生价值。”

2016年2月19日，习近平总书记在北京与赤溪村视频连线，王绍据有幸在视频上简要汇报扶贫工作并聆听总书记指示。总书记亲切地称他是当地的“活地图、活字典”，鼓励他协助大家总结扶贫经验，为下一步全国全面摆脱贫困、建成小康发挥余热。

“我要把激动、感动，化为实际行动，按照总书记的要求实实在在地做些事。”老骥伏枥，奋蹄扬鞭。这位古稀老人，又为总结宣传扶贫经验而著书立说，忙碌不停。

连线的第三天，他就开始运笔写作。这时他正患腰椎间盘突出，身子一挪就剧烈疼痛，只好用带子把腰部固定在椅子上。就这样，一本10多万字的《赤溪——中国扶贫第一村纪实》问世。这本书从三个阶段七个方面总结了赤溪脱贫经验，在全国发行后深受好评，被中共中央组织部党员教育和干部测评中心、国家新闻出版广电总局、国家图书馆联合评为第三届全国党员教育培训教材优秀读物奖。

他还主编了两本书，共60多万字：一本是介绍福鼎市脱贫攻坚经验的《强村富民话白茶》，一本是介绍扶贫的“宁德模式”的《滴水·筑梦》。

2018年隆冬，他又冒着严寒，深入寿宁下党乡采访，而后写出了《下党乡巨变》一书，该书作为《赤溪——中国扶贫第一村纪实》的姊妹篇在全国发行，为全国深度贫困地区脱贫攻坚提供成功经验。

除著书外，王绍据还利用在各地举办各类培训班等机会，广泛介绍扶贫经验。2016年以来，他开展讲座280多场。2018年全国脱

2018 年，王绍据不慎摔倒，跌断右手，
仍坚持撰写《下党乡巨变》一书

贫工作进入攻坚时刻，许多省尤其是西部地区的同志来闽东学习脱贫经验，都指定要王绍据讲课。客人远道而来不容易，即使生病他也要坚持宣讲，甚至带着药罐上课堂。他要把闽东脱贫经验传播出去，更不让远方来的客人失望。同时，他也把在外地讲课中听到、看到的脱贫攻坚经验带回来，达到取长补短、共同推进的目的。

有一次，一位国资委领导到赤溪考察，王绍据向他介绍了赤溪脱贫经验，这位领导十分赞赏。于是，他就顺水推舟提出要建一个扶贫展示馆的设想，得到了这位领导的支持。随后，国资委所属单位拨给了一笔专项资金。王绍据与村委干部一起紧锣密鼓积极筹划，利用杜家堡的古民居，很快办起了中国扶贫第一村展示馆。通过生动的图像、文字和实物，全面展示了赤溪村输血、换血、造血的脱贫全过程。

为了探讨怎样使绿水青山真正变成金山银山，他到浙江华东林业产权交易所考察调研，认真总结那里发展林下经济、林产权抵押贷款、碳汇交易等有效经验，采写成《林子变票子，鼓起钱袋子》的调查报告，在《人民日报》全文刊登，为全国各地加强生态建设提供了可借鉴的经验。

王绍据说：“这些年我为脱贫攻坚作了些实事，这是一个共产党员应该践行的使命。可党和政府却给了我很多荣誉，而这些荣誉应该属于广大奋斗在脱贫攻坚第一线的同志们。我已经70多岁了，人生就是一趟单程车，没有返程。越到终点，越觉得时间宝贵，越应该体现人生价值。我还想继续做些力所能及的事情，为人民多办些实事。”

我们得知，自全面建成小康社会后，王绍据又在为巩固脱贫攻坚成果、有效衔接乡村振兴而四处奔走忙碌着。他现在最大的心愿就是在赤溪村建立一个乡村振兴人才培训基地，育才扶志，解决代际贫困链问题。为此，他多次到省城联系师资问题；又长途跋涉到江苏华西和浙江淳安考察发展产业问题；与中信银行福州分行联系，帮助解决资金问题；请省民宗厅领导主持召开座谈会；请省乡村振兴研究会领导实地考察；还策划组织在福鼎市召开推进会，协调解决有关具体问题……不懈奔走，不辞劳苦。他的真诚感动了有关领导和部门，他们纷纷伸出援手。

采访末了，我望着王绍据那有着些许皱纹却仍洋溢着朝气的脸庞，忽然想起了一句话：“人生的价值不是看他取得了多少，而是看他奉献了多少。”诚哉斯言！王绍据就是以数十年对扶贫事业的执着奉献，获得了全国脱贫攻坚奖奉献奖。功之所至，奖得其所。其人生价值也就不言而喻了！

让大山深处飞出更多“金凤凰”

刘晓宇　王威雅

王命瑞简介

王命瑞，1964年11月出生，福建福清人，中共党员，省政协委员，福州市人力资源和社会保障局党组书记、局长、二级巡视员。2017年起，他带领福州市人社局开展与甘肃定西的东西部扶贫劳务协作，成功开创可复制可推广的福州定西劳务协作模式，直接带动10多万定西贫困人口脱贫。福州定西劳务协作模式入选“全球减贫案例”、中组部“不忘初心、牢记使命”主题教育丛书及中央党校、国家行政学院教学案例。在他的带领下，福州市人社局先后获评全国人社系统先进集体、全国农民工工作先进集体、甘肃省脱贫攻坚帮扶先进集体、甘肃省脱贫攻坚先进集体。他两次荣立三等功，被评为全国脱贫攻坚先进个人、全省人事系统先进个人。

“教育是可以改变人的命运的！我经常和夫人说起，等退休以后，如果能找到一个学校，让我们老两口去当志愿教师，给孩子们上上课，那就太好了！”春日的暖阳透过办公室的落地玻璃温柔地映照着王命瑞的侧脸，他看向窗外，双眼充满希望，“我的愿望是，能让大山深处飞出更多‘金凤凰’！”

2021 年 10 月，王命瑞将“全国脱贫攻坚先进个人”获得的 3 万元奖金以及夫人的 2 万元稿费悉数捐出，并发起带动福州市 6 家单位筹集爱心捐款 55 万元，设立福州定西扶贫攻坚奖学助教公益基金，用于支持漳县金钟镇斜坡希望小学教育事业发展。“我愿用自己的光和热，为全国脱贫攻坚伟大事业奉献一切。”身为福州市人力资源和

王命瑞获“全国脱贫攻坚先进个人”称号

社会保障局党组书记、局长的他，十分重视东西部对口协作工作。

东西部对口协作要从 1996 年说起。这一年，中央扶贫开发工作会议作出推进东西部对口协作的战略部署，确定福建对口帮扶宁夏。自此，远隔千山万水的闽宁两省区结下不解之缘，探索形成了多层次、多形式、全方位的扶贫协作和对口支援模式——闽宁模式。2016 年 7 月，在闽宁协作开展 20 年之际，习近平总书记在宁夏银川主持召开东西部扶贫协作座谈会，在讲话中用“大战略”“大布局”“大举措”三个词陈述了东西部扶贫协作和对口支援的重要性，要求采取系统政策和措施，进一步做好东西部扶贫协作和对口支援工作。

福州与定西结对帮扶，是东西部扶贫协作战略决策的重要组成部分。2017 年初，福州、定西两地政府正式签订《东西部扶贫协作框架协议》，劳务协作和转移就业作为一项重要内容列入其中。然而，福州和定西，山水相隔、相距千里，劳务协作既无先例可参考，更无经验可借鉴，具体要如何开展实施，又将如何推进，成为摆在王命瑞眼前的问题。

两地合作一波三折　扶贫之路困难重重

在王命瑞的心中，与定西开展劳务协作是一项特殊的任务、特殊的使命。早在 1983 年，定西就被确定为全国最早实施区域规模扶贫的重点地区，是全国脱贫攻坚的主战场。2016 年底，定西人口 303 万人，建档立卡贫困人口就有 33.28 万人。“陇中苦瘠甲天下”，“不具备人类生存基本条件”，这让王命瑞深切感受到，安排福州与定西结对是党中央对福州的信任和重托。他下定决心一定要做到真抓实干、真情实意、真帮真扶，帮助定西真正实现“就业一人，脱贫一户”的目标。

一开始，王命瑞以为，福州是人力资源需求大市，定西是劳动力资源大市，两地开展扶贫劳务协作肯定问题不大，甚至是水到渠成的事情，但事实并非如此。在劳务协作开展过程中，他很快就碰到了定西人员“出来难”和人员来了“留不住”这两个主要问题。2017年2月28日，就在福州与定西签订《东西部扶贫协作框架协议》的当天，王命瑞带领福州市人社局在定西举办了“福暖陇中”大型招聘会，这是福州有史以来赴省外举办的规模最大的现场招聘会。当时组织了86家福州市重点企业提供了8000多个岗位，吸引了当地5000多人到场求职，现场达成意向的有1500多人，但第一批真正到福州就业的仅89人。2017年3月，两地人社部门合力组织了1000名定西人员到福州就业，可就业超过1个月的竟然不足500人。

组织难度大、就业流失率高，这一系列问题引发了王命瑞对劳务协作成效的深深担忧。这场战役如何继续，存在的诸多难题如何破解，成为摆在他面前刻不容缓的重大课题。为了解问题症结，王命瑞带领市、县两级人社局及就业部门相关人员先后10余次赶赴定西，深入34个深度贫困乡镇、150个深度贫困村，走访了1000多家农户，终于摸清了问题症结。大致为五个方面：一是两地相隔2000多公里，劳务协作基础非常薄弱；二是福州制造业采取计件工资，定西务工人员劳动技能不熟练，收入与预期有差距；三是气候、饮食差异大，生活上不习惯；四是定西当地外出务工高峰期在农历正月十五以前，招聘活动错过了黄金期；五是招聘会地址选在了定西市区，真正有意愿外出务工的贫困群众又几乎都分布在偏远农村。

“所有问题都一定会有解决方案。”这是王命瑞在工作中说得最多的一句话。在发现问题根源后，他立即组织劳动就业等相关部门人员，围绕让贫困劳动力“来得了、留得住、干得好、带得动”的目标任务，研究提出了“感情留人、待遇留人、政策留人、环境留人”的工作思路和具体措施。在这个工作思路的指导下，福州市、县两级人社部门先后出台政策文件93份，在规范劳务输转操作、开展精准对接、引导企业吸纳就业、帮扶人员稳定就业、鼓励“以工引工”等方面，构建起强有力的独具福州特色的政策帮扶体系。事实证明，这些政策在促进两地劳务协作开展过程中发挥了巨大作用，产生了广泛影响。

坚持问题导向　劳务协作披荆斩棘

在调研和实际工作中，王命瑞发现大部分来榕务工的定西建档立卡贫困劳动力年龄偏大、技能缺乏、工作效率较低，因此薪资待遇不高，这成为“留不住”的最大原因。为破解这一难题，确保来榕务工的定西建档立卡贫困劳动力真正通过就业增收脱贫，他在全国率先创新提出“企业千岗面向定西精准脱贫计划”（简称“千岗计划”），通过筛选一批社会责任感较强、管理规范、薪酬待遇较高的企业作为定西建档立卡贫困劳动力就业基地，每年开发2000个岗位，定向招聘定西建档立卡贫困劳动力。同时，要求就业基地试用期月工资不低于3000元，试用期满后月工资不低于3500元。除企业工资外，定西建档立卡贫困劳动力连续工作满3个月、6个月的，还可以得到政府补贴3000元至1.2万元。为吸引企业积极参与“千岗计划”，他牵头制定了一系列企业吸纳就业的鼓励措施，对吸纳10人以上定西建档立卡贫困劳动力稳定就业的就业基地，予以企业1000元/人的奖励；招用定西建档立卡劳动力稳定就业超过30人，授予“市级就业扶贫示范基地”称号并予以一次性10万元奖励，在此基础上每增加30人，再给予一次性奖励10万元。4年来，在政策的有力推动下，福州设立定西贫困劳动力就业基地 213 家，累计开发就业岗位 4 万余个。

岗位和工资待遇的问题解决了，第二个要解决的，就是定西建档立卡务工人员来福州后的生活问题。为了让定西员工吃得惯、住得好、留得下，打消他们的后顾之忧，王命瑞和福州市各级人社部门积极引导企业带着感情和责任，全力做好定西劳动力来榕就业安置工作。通过设立定西食堂、改善住宿条件、提供夫妻房、协调帮助定西员工子女入学入托等实实在在的举措，让福州成为定西建档立卡务工人员的第二故乡。

为了让招聘工作收获实效，王命瑞决定转变“大海捞针”的招聘思路，采取更精准、针对性更强的招聘方式。在他的要求下，福州市人社部门每年将就业帮扶政策和用工信息制成 10 万份年画和挂历，春节前深入定西深度贫困村镇，挨家挨户宣传发放，还通过电视、报纸、网络、微信公众号等大力宣传福州市宜业宜居环境、企业招聘信息和补贴政策；抓住正月十五前外出务工黄金期，在定西贫困人口较为集中的村镇举办小型“家门口”招聘会。同时，通过“以工引工”的形式，组织在福州发展较好的定西老员工鼓励带动乡亲们来福州“抱团打工”。就这样，一批批的定西贫困群众走出了大山，来到福州，见了世面、转了观念、涨了见识，将“等靠要”的思想转化为自食其力的内生动力，成为新时代的产业工人和光荣的城市建设者。

大胆创新　彻底阻断贫困代际传递

在王命瑞心中，“精准”二字是扶贫工作的生命线。在与定西 4 年的劳务协作过程中，他始终遵循习近平总书记提出的“扶贫开发贵在精准，重在精准，成败之举在于精准”的要求，杜绝“一刀切”的做法，围绕“精准”二字，使出“绣花功夫”，聚焦不同类型定西建档立卡贫困人员出台不同的政策和帮扶措施。

在了解到2017年定西市高校毕业生1.3万人，而年度就业率还不到50%，王命瑞深感定西建档立卡贫困家庭高校毕业生就业问题不容忽视。从2017年起，在编制紧张、岗位有限的情况下，他要求福州市人社局按照“三定”（定向、定岗、定制）、“三公”（公开、公平、公正）原则，组织福州市事业单位和国有企业招聘定西建档立卡贫困家庭高校毕业生，并根据报考人员实际情况，适当放宽学历、专业限制，降低聘用分数线。至2020年底，累计招聘381人（事业单位170人，国企211人），人均年收入超过7万元。

来自定西市陇西县的许婧，全家人仅靠父亲打零工维持生计，姐弟二人考上大学后每年上万元的学费让家庭陷入困境。2017年，许婧因“三定”招聘，被福州市闽侯县白沙镇卫生院录用，有了稳定的收入，家里也实现了脱贫摘帽。2019年、2020年，许婧的弟弟、弟媳也相继被福州市事业单位、国有企业招录，一家人的命运彻底得到改变。可以说，“三定”招聘架起了定西建档立卡贫困家庭高校毕业生通向幸福的桥梁，他们相继在福州立业成家，从根源上彻底斩断贫困代际传递。2020年10月1日，因“三定”招聘来到福州工作的定西市漳县建档立卡贫困家庭高校毕业生包晨亮与当地姑娘喜结连理，王命瑞为他们证婚，见证了这跨越2000多公里的福定情缘。在婚礼现场，王命瑞动情地说：“福州市人社局是新郎包晨亮就业的‘红娘’，福州定西劳务协作是两位新人新生活的起点，我们亲眼见证了山海协作结出了幸福的果实。”这份福州与定西的特殊缘分被央视新闻直播间和《人民日报》报道，引起了较大轰动，点击量过百万。王命瑞开创的事业单位、国有企业定向招聘定西建档立卡贫困家庭高校毕业生的举措、成效得到了国务院扶贫办、人社部、两地党委政府的充分肯定，被誉为“开了全国先河，是拔穷根、挪穷窝、治穷病的一个重大创新举措”。

除了建档立卡贫困家庭高校毕业生，还有一类群体也是王命瑞内心始终牵挂的，就是建档立卡贫困家庭初、高中毕业后辍学在家的孩子们（简称“两后生”）。这些孩子年龄尚小，也缺乏谋生所必要的技能，在家待业不仅会让贫困家庭雪上加霜，也会加重社会管理负担。为了让这类孩子回到学校，继续学习文化和劳动技能，他部署建立起以技能提升为途径的智志双扶机制。通过发挥福州市人社局局属两所技师学院优势，实行“三免两补”（免交学费、免学杂费、免住宿费、补贴交通费、补贴生活费）全额资助（每生每年 1.2 万元）定西建档立卡贫困家庭“两后生”来榕求学。2017 年至 2020 年底，共招收 264 名“两后生”到福州技工院校学习。现在不少学生已成长成才，用自己的专业知识和技能打开了通往新生活的大门。这些学生中，有一个叫赵霞霞的女孩，她是孤儿，由爷爷奶奶养大，为了贴补家用，她曾放弃学业到餐厅当服务员。2017 年，受益于福州定西劳务协作，她得以进入福州第一技师学院学习。2019 年，她在第一届全国技工院校学生创业创新大赛福建省选拔赛中获“跨境电商 ERP 工具翻转功能创新”项目二等奖。以优异的成绩从学校毕业后，赵霞霞到联联永悦（成都）科技有限公司福州分公司工作，如今成为一名优秀的技术人员。

还没毕业，福州第一技师学院的定西籍学生林彦强就收到了福州一家网红亲子餐厅的录用通知。试菜、调酱、布置桌椅……离正式开业还有一周，林彦强每天都来店里帮忙，“以前从没想过刚毕业就能拿到一个月 4000 元的工资，做的还是喜欢的工作”。

4 年前，高考失利、四处打零工，林彦强以为自己“一辈子也就这样了”。东西部劳务协作改变了林彦强的命运。在每名学生每年 1.2

万元的全额资助下，林彦强进入福州第一技师学院的中式烹饪专业学习，从此开启了自己的“厨师梦”。林彦强笑着说：“如今自己技能傍身，走到哪里都不怕。”

“一名贫困地区青年的成才，往往能点燃一个家庭的希望。我们提供就业岗位，对孩子进行技能培训与教育，就是希望通过年轻一代命运的改变，带动一个家庭增收致富，阻断贫困代际传递。”王命瑞说。

急事特办　按下脱贫攻坚“快进键”

2020年是脱贫攻坚决胜之年，但突如其来的新冠肺炎疫情给这场硬战带来了新的困难和挑战：交通停摆造成出行受阻，定西建档立卡贫困劳动力无法外出务工赚钱。王命瑞心急如焚，他坚定表示：战“疫”不能松，战贫也不能等。为了让定西建档立卡贫困劳动力“敢出来、想出来、能出来”，他第一时间向福州市政府提出通过包高铁专列方式“点对点”接定西务工人员回榕返岗。市政府批准后，他亲自靠前指挥，专门组建工作专班，牵头制定包列工作方案，并积极协调定西市人社局、福州市发改委、铁路等相关部门。2月21日，福州市派出全国首趟扶贫返岗免费高铁专列。2月21日至4月24日，福州市先后通过2次包车、8次包列（包车厢）免费接送3800余名定西建档立卡贫困劳动力来榕就业，为定西建档立卡贫困群众坚定信心摆脱贫困注入了强心剂。

困难还不止于此，随着疫情在全球范围内的影响持续扩大，福州市不少外贸型企业订单被推迟或取消，出现了人力资源过剩的情况，企业只能减少工时，有的企业入不敷出，只能勉强发放生活费，甚至裁员。定西建档立卡务工人员收入减少、失业风险增大，脱贫受

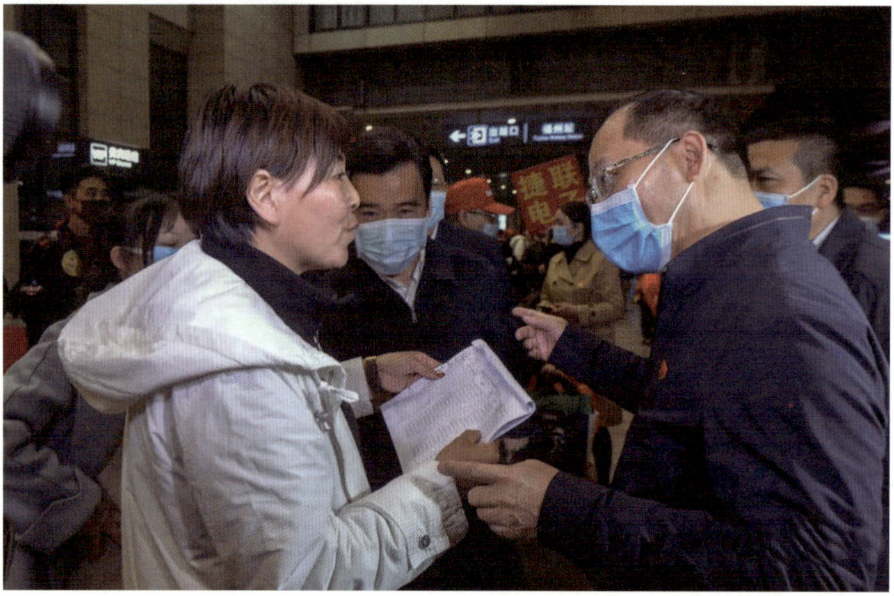

王命瑞到福州站迎接乘坐首趟返岗专列回榕的定西务工人员

到影响。为了确保定西如期脱贫，王命瑞审时度势，创新开发临时公益性岗位（消杀防疫、物资配送、仓储管理、保洁环卫、园林绿化等），建档立卡务工人员在完成本职工作之余，一天平均花两三个小时从事临时性公益性岗位工作，每月就能额外领取1720元的岗位补助，整体收入基本与疫情前持平，确保定西建档立卡劳动力“饭碗不丢”“收入不减”“脱贫不拖”。

打响福定劳务协作品牌　福州智慧助力全国脱贫

福州定西劳务协作开展4年来，王命瑞始终当先锋、打头阵、作表率，带领福州市人社局以“不获全胜、决不收兵”的韧劲，“逢山开路、遇水架桥”的勇气，积极创新、攻坚克难，坚持推进精准扶贫、精准脱贫，持续巩固提升福州定西劳务协作成果，以高质量推进就业扶贫工作，助力定西群众与全国人民一道共赴小康，为全国脱贫攻坚贡献福州智慧和力量。

在他的带领下，福州市人社局累计帮扶定西贫困劳动力就业 6.5 万人次，输转来福州就业 1.33 万人次，其中建档立卡贫困劳动力 1.1 万人次，建档立卡务工人员人均月收入超过 4500 元，直接带动 10 多万定西贫困人口脱贫。国务院扶贫办连续 4 年 5 次专刊介绍推广“福州经验”，王命瑞受邀在国务院扶贫办举办的培训班上进行经验交流，全国多个省（市）前来福州学习经验。从 2018 年起，福州定西劳务协作模式先后入选人社部精准扶贫优秀案例、中组部“不忘初心、牢记使命”主题教育系列丛书和中央党校、国家行政学院教学案例，并作为中国东西部扶贫劳务协作唯一案例入选联合国全球减贫案例。

赓续“山海情” 东西部协作再上新台阶

2021 年起，福州和宁夏固原正式成为东西部结对城市，脱贫攻坚工作取得决定性胜利，如何让东西部协作再上新台阶，成为摆在王命瑞眼前的重要课题。

“新的对象，就要有新的思路，我们要着力做好固原全面脱贫与乡村振兴有效衔接的工作。”王命瑞说。福州市人社局和福州市乡村振兴局在借鉴与甘肃定西扶贫劳务协作经验的基础上，积极推动劳务协作机制和帮扶方式创新，通过精准对接、深度合作，不断深化两地协作帮扶关系，持续增强固原经济社会发展内生动力。

跨越千里，山海情深。为取得帮扶实效，福州市升级拓展与固原“县对县”“区对区”结对协作关系，马尾区、福清市、闽侯县分别与固原市原州区、西吉县、隆德县结对子。在开展“一对一”结对帮扶的基础上，建立起“1+2”精准结对帮扶模式，即由马尾区牵头，鼓楼区、长乐区共同与原州区结对；闽侯县牵头，仓山区、晋安区与隆德县结对；福清市牵头，台江区、连江县与西吉县结对。王命瑞积极奔走，推动福州、固原两地人社部门签订了“十四五”期间劳务协作协议，建立起长效合作机制。为确保固原已脱贫人口在榕稳定就业，一方面，福州市人社部门在全市范围内优选了一批工作环境好、薪酬待遇优的重点企业，作为吸纳固原劳动力的就业基地。另一方面，扩大稳就业奖补政策受惠面，每年安排专项劳务协作资金 300 万元，包括固原在内的宁夏来榕劳动力在榕稳定就业满 6 个月的，可享受最高 1.35 万元奖补。2021 年，福州累计帮扶固原 1.5 万名农村劳动力实现就业（脱贫劳动力 1.1 万名）。大幅超额完成当年度帮扶固原 3500 名（其中 1000 名脱贫人口）农村劳动力实现就业的劳务协作目标任务。

通过闽宁劳务协作来到飞毛腿（福建）电子有限公司工作的固原籍员工陈满库，经福州市人社部门推荐获评 2020 年度全国优秀农民工。2021 年度，他荣获全国五一劳动奖章，并进京领奖。

为进一步巩固脱贫攻坚成果，在王命瑞的牵头下，福州市人社部门积极探索推动闽宁协作“扶技 + 扶志”项目。2018 年，飞毛腿集团在固原设立福建省飞毛腿技师学院原州分校（后改名为宁夏飞毛腿技工学校）。该校的建立弥补了原州区无高级技工学校的空白，成为闽宁协作中唯一一所技能扶贫学校，也是闽宁两地劳动技能人才的重要培训基地。学校推行全额免费“1+1+1”培养模式，充分发挥当地劳动力资源丰富、发展空间巨大的优势，以产业基地建设的方式实现就地取“才”，推动就地育“才”。贫困学子入校第一年在宁夏飞毛腿技工学校学习，第二年前往福建省飞毛腿技师学院福州总校学习，第三年进入飞毛腿集团公司相应岗位带薪实习，毕业后全部定向安排到飞毛腿集团就业，通过产教融合、校企合作，达到精准扶技、“智志双扶”的目的。2018 年至 2021 年，该校共招收学生 809 人，学生毕业后月收入均超过 5000 元。

为吸引更多固原劳动力来福州就业，2022 年春节前，福州市各级人社部门开展重点企业用工需求调查，收集福州市重点企业岗位信息 2 万余个。推出“寻工地图”，在包括固原在内的中西部重点劳务输出地区发布岗位需求信息，并通过手机“摇工作”APP、福州人社求职招聘平台以及用工地人社部门求职就业网站等线上渠道，广泛发布重点企业岗位需求信息。春节后，福州市人社局派出 3 趟包机，累计接回固原务工人员 456 人。同时，创新劳务对接模式，联合宁夏、云南、贵州等中西部 6 省（市）人社部门，共同举办“好年华 聚福州”2022 年企业用工线上专场招聘会。此次招聘的主会场设在福州，近 500 家重点用工企业提供 2.2 万个岗位，20 家重点企业直播带岗、开展视频连线对接；全国共设有包括固原在内的 21 个分会场，累计组织 7 万余名务工人员集中或自主观看。这是福州首创的招工引工新模式，成功破解线上招聘对象不精准的问题，取得良好对接成效，吸引固原务工人员来榕就业 605 人。

培育优秀创业项目　乡村振兴活力不断激发

在福州永泰县嵩口镇的灯架山家庭农场，满山遍野的果树散发出浓浓的果香。“我的果树种植被福州市人社局评为‘植根榕城’优秀创业项目，这是对我极大的鼓励。”面对前来指点迷津的市人社局创业导师，农场负责人刘治先由衷地表示，“有了科学的管护方法，农场的未来一定会越来越好。”

在乡村振兴战略的引领下，越来越多的有志青年选择返乡创业。为此，王命瑞创新机制，领导福州市人社局在提升创业担保贷款服务的同时，将“植根榕城”优秀创业项目评审活动纳入全年就业创业工作重点，大力宣传返乡创业优惠政策。“2020年，脱贫攻坚战取得了全面胜利，‘三农’工作的重心历史性地转向全面推进乡村振兴。”王命瑞向笔者介绍，为全面做好“三农”工作，实现巩固拓展脱贫攻坚成果与乡村振兴有效衔接，促进乡村创业带动就业，福州市人社局在“植根榕城”优秀创业项目评审活动中进一步加大了对返乡入乡创业项目的帮扶。

“植根榕城”优秀创业项目评审每年评选出100个项目，分别给予3万元至10万元的资金扶持。针对参与评审的企业，福州市人社局还组织创业导师开展“一对一”指导，以评促创。从2017年评选工作启动到2021年底，福州市人社局共资助395个优秀创业项目1978万元，其中资助返乡入乡创业项目123个657万元、就业困难人员及失业人员创业项目38个184万元。

除此以外，在王命瑞的牵头安排下，福州市人社局在全省率先制定出台《福州市互联网营销师培训实施方案（试行）》，并于2021年5月在全市全面开展互联网营销师培训，培养推广福州本土特色产品的直播网红和电商达人，助力乡村振兴和数字经济发展。

为了让培训更有针对性和精准性，王命瑞要求各县、市、区立足本地互联网经济的特色属性，精心打造“定制网红培训班”，充分利用互联网营销“新手段”，把网络流量转变为“新资源”，促进直播带货“新业态”蓬勃发展。福清市专门开设了“涉农班”培训，对从事农产品生产销售的企业、家庭农场和农村合作社人员进行专业化培训；罗源县围绕宣传推广畲乡风情开展特色培训；永泰县聚焦乡村旅游、民宿经济、文创产品推出电商融合培训班，提升乡村旅游从业者的营销能力。至2021年底，9234名从事或有意愿从事互联网营销相关工作的城乡劳动者完成培训，成功打造了一支互联网营销专业队伍。

闽清学员黄梅兰在培训后开始从事闽清橄榄、乡村土蜂蜜直播带货，原本在家务农的她家庭贫困、收入微薄，互联网营销让她的生活重新燃起了希望。来自长乐区古槐镇青山村的村民老陈在培训后成了带货“网红”，他一手拿着手机直播，一手举起一串从树上刚摘下的龙眼，向全国网友进行直播推介。老陈表示，幸亏有了互联网营销师培训，让手机这一“新农具”带来实实在在的产业增收，让直播成为“新农活”，也让村民们都当上了“网红”，在乡村振兴的道路上又前进了一大步。学员梁彦青是一位全职妈妈，空闲之余在互联网销售商品，参与互联网营销师培训后，她成立了专业直播团队，主要销售福州美食及海鲜干货，不到一周时间粉丝就涨到1305人。她欣喜地表示：培训班请来专业老师教我写直播脚本、剪辑短视频、做平台营销，我学会了直播带货，不但可以把家乡的好产品卖到全国，还可以实现上班带娃两不误。

看到经过培训的学员将学习成果运用到互联网销售的实践中去，为家乡代言、为本地制造业代言、为本土特色产品代言、为乡村振兴代言，成为福州市直播经济、电商行业发展的排头兵和带动者，王命瑞感到很欣慰 。“全面推进乡村振兴是一项系统工程，人社系统要做到不缺位、会补位。”眼下，王命瑞仍在新的征途上不懈前行，“还是那句话，让大山里飞出‘金凤凰’，是我的使命，也是我最大的心愿。”

他，致力打造小康工程的“龙岩样本”

刘少雄　詹鄞森

华锦先简介

华锦先，1963年1月出生，福建龙岩人，中共党员，福建省计划生育协会副会长，龙岩市新罗区小池镇培斜村党支部书记、村计生协会会长。1996年当选培斜村党支部书记以来，他20多年如一日扎根基层，推动培斜村竹茶加工、乡村旅游、农村电商三大产业发展，使人均收入不足千元的“省定贫困村”成为人均收入2万多元的福建省“金牌旅游村”。华锦先成了村民的“主心骨”、乡村脱贫致富的“领头雁”。荣获“全国劳动模范”“福建省乡村振兴‘一懂两爱’好书记”等光荣称号。

从清晨到黄昏我守望一朵云，
一个含情脉脉的吻。
风儿掠过草坪闯入一片山林，
留下爱情的迷魂阵。
圣托里尼的阳光多么粉嫩，
我在你的凝望里拥抱又一个春天……

在龙岩培斜的“沐光之城”，在凋零与绽放交错的春分时节，在山杜鹃绽放的季节，我们听春水潺潺，看云卷云飞。在宁静如风的时光里，我们采访全国劳动模范华锦先时，写下了上面这首小诗。

华锦先，培斜村的带头人、党支部书记，在满山青绿拥抱中，讲述了他与一个山村华丽转身的故事。

培斜村全面建成小康社会的历史进程，如此精彩。吸引着龙岩市历任领导以及21个市级乡村旅游试点村的党支部书记、相关负责人多次到此参观、学习。

培斜村，作为龙岩市致力打造文旅康养千亿级支柱产业中的一支重要力量，被列入全市“七景区”建设的重要布局之中。短短几年间，一个集竹茶文化展示展销馆、农业观光、森林飞越、环山步栈道、露营基地、儿童乐园等于一体的新型生态小镇中的森林水乡项目在这里崛起。

在这个梦想与现实交织、精神与物质共享、悠久竹文化与现实竹产业相辉映的地方，不仅有别具魅力、清新宜人的日光、月光、星光，更闪烁着人性之光、人文之光、爱情之光。

培斜村，从一个默默无闻的小山村变成了周末、节假期、寒暑假市民全家出游的最佳目的地，头顶着全国文明村、中国特色村、国家AAA级旅游景区、“竹茶之乡”等一系列光环。

竹产业撑起小康培斜的筋骨

车出龙岩中心城区，不到 30 分钟，便来到大名鼎鼎的培斜村。

蓝天白云下，青山耸立，原始森林簇拥村后，眼下正是栲树开花时节，万余亩栲林进入盛花期，漫山遍野如雪似粉，一团团一簇簇，蔚为壮观。随处可见的山杜鹃，迎风绽放、姹紫嫣红。村中流水潺潺，浪花飞溅。一排排别墅错落有致，一座座厂房整齐有序，一个个旅游娱乐设施，引来游人如织。村口刚刚竣工的威士忌酒庄、沉缸酒庄，新颖别致，带着时尚潮范。而村尾后龙山的“沐光之城”，则充满异域风情，令人神往。

走进村部广场旁的竹文化博物馆，培斜村支部书记华锦先早已等候着我们，一边介绍，一边带我们参观。

在这里，不仅有世界最大、最高的竹椅，高 3.99 米，深 1.96 米，用巨龙竹、楠竹制成；也有长汀羊牯百丈村 2 米多长的竹鞭，长出了 33 根冬笋，是“闽西竹笋最大家族”；更有一株麻竹丛生成的百株子孙，根根相连，四代同堂。在这里，更多的是奇异的竹制品、工艺品，咏竹诗画、神话、传说，竹编、竹雕、竹刻、竹艺等等。大量的实物展品、影像资料、图文展板、现场演示，系统地展现出一个魅力无限的竹世界。

而更大的竹文化却陈列在天空之下、大地之上，体现在衣食住行的方方面面，从竹食品到竹屋、竹亭，从竹农具到水利用具、五彩大水车、大风车，从竹简到竹园林、竹体验馆。竹凉席制品更是集纳了这 30 年来竹制品生产工艺的进步与产业的发展历程……

在培斜，随处可见竹文化、竹科技、竹产业。培斜人对竹文化情有独钟。正是这一竿翠竹，带动了一个持续发展的绿色产业。

华锦先是村里第一个办起竹席厂的人。他说，从 1 家到 5 家、9 家、25 家，最多时村里有 102 家竹席厂，辐射全区的 11 个乡镇，带动了 1.5 万名从业者，甚至辐射到周边的上杭、永定、南靖等村，村里常驻工人就有 3000 多人。“那时候，村里人最怕的是停电，一停电，工人们都走出来了，个个面面相觑，不知所措。很多都是外来民工，有认识的，也有不认识的。”

“我为什么会第一个办厂？”他说，“因为穷怕了！”他是老大，底下有 5 个弟弟，1 个妹妹，母亲身体不好，最小的两个弟弟都送人了。1979 年，他高中毕业后，回乡种田，种水稻，也种菜。第一天到圩上卖甜椒，说好的价格，到了第二天却跌了一大半，一斤一毛钱。“那时我就想，无工不富，这是老话、古话，也是真理。于是，我就开始开小食杂店，代销一些农副产品，也到外地打工。打工也不是办法，有时候工资都拿不到。”

一次，华锦先听大舅子说新罗区江山乡的麻将席厂的竹席很好销。他想，闽西多山，“八山一水一分田”，培斜与江山一样多的是毛竹，家家有竹山、有劳力，厂房就是家庭作坊。于是，1993 年，他筹资 2 万元，办起了培斜村第一家竹席加工厂。

“当时村民们没有经济头脑，只懂得砍下毛竹直接售卖，价钱低廉，一些村民靠山吃山，砍竹伐树、挖土制砖，村里越来越穷，只能住在风雨飘摇的土坯房里。”华锦先说。1996 年他当选为村党支部书记后，就开始经商办企业，从此带领村民走上了致富之路。他劝说村民大家办厂，不管姓赖姓华姓余、大姓小姓，家和万事兴，联合成立竹制品有限公司。

在村部，我们看见挂着龙岩农商银行福农驿站的牌子，牌子下面陈列着一些特色农产品。他说：“我们从一开始创业，就离不开他们的支持，金融助力，服务‘三农’。人的一生中，要学会理财，学会借用银行的资本，发展壮大产业，形成规模效应。”

1997 年，村“两委”整合 63 家小厂，成立了竹凉席有限公司。竹凉席也一直升级换代，从麻将席到两面可用的竹丝席、竹条席，席子越做越轻越精致，市场也越来越稳越来越大。制造工艺也从纯手工生产向机械化推进。新建了标准化厂房 2 万多平方米，采取“公司+农户”模式，统一管理、统一经营、统一包装、统一办证、统一规格、统一销售，打响了品牌。

目前，全村共有竹凉席加工厂 28 家，年产量 165 万床，销售总额突破 1.7 亿元，产品远销东南亚等地。培斜的竹席产业还带动了周边 11 个乡镇 115 个村的经济发展。

在他的带领下，培斜村竹席产业从 20 世纪 90 年代初创办以来发展至今，“天然牌”竹凉席获得福建省著名商标。

“一定要守住品牌、质量、字号。一个产业发展了 30 年，信誉最重要。品牌怎么树，靠产品质量追溯。”他告诉我们。他常常走访全国各地的批发、销售商，收集市场反馈。直接面对客户，产品才能

华锦先察看竹席厂经营情况

不断适应市场，不至于被市场淘汰。

从一产二产到三产，培斜的竹产业，成了他们的命根子。在村里，“竹文化”氛围极为浓郁，标准化厂房外墙的彩绘少不了竹画、竹诗；门边种植的各类珍稀竹品种成为竹类大观园；千米瓜果长廊，紫藤缠绕，紫气东来，沿路浅浅的流水、石阶则是孩子们的最爱；更有竹屋宾馆、竹餐厅、竹长廊。1.4 万亩原始次生林，蜜雪梨、金橘等水果飘香，带动了漂流、探险、露营、动物园、水上乐园、玻璃天桥、农业观光采摘等项目落地。

每一次发展，都是智慧的考验和新的飞跃

“这个竹篓，是我们竹制品厂生产的第一代产品，它印证了培斜村的发展。”在竹文化博物馆，华锦先给我们介绍这个带有历史印记的破旧竹篓。

“20 世纪 90 年代初，我参加新罗区组织的后备干部培训，到华西村参观考察，我记住了吴仁宝老书记与我们见面时说的话：一定要关注新闻联播，关注国家政策；一定要结合自己村的实际，因地制宜。”华锦先说，“1994 年，有一次，新罗区领导经过国道 319 线，路过村口大门时，临时决定进村看看，发现我们的竹席厂既解决了农村剩余劳动力问题，又把闽西丰富的竹资源利用起来了，还看到村里的反季节蔬菜一车车运往广东，非常高兴。第二周便在我们村召开现场会，提出林业、财政、税务、检验检疫等部门要加强服务，简化手续，派人驻村零距离服务，支持企业发展，24 小时办公，在规划、设计、指标、税收等方面给予政策倾斜和支持。”

“一条竹席需要 4 根毛竹，我就不信。”该领导还到现场实测，破

竹篾、搞调研，结果发现只要2.5根毛竹就够了。破竹片折率少了，一床竹席可以增加15元利润，一车竹席就多出一两千元。华锦先说："那时候，工人一天的工资才10多元。"

有关部门也动起来了，从过去的"查""管""罚"，变为"主动服务""献计献策"，曾经受到抑制的竹产业一下子就活起来了，资金也流动起来了。

2003年初，区领导又来到培斜调研，看了厂里的生产，表扬说："想不到竹席产业能够在你们村里连续红火10年，真不容易！"

领导的表扬，并没有让华锦先兴奋和自豪，反而让他有了危机感："所有鸡蛋放到一个篮子里，在一棵树上吊死，是很危险的！"一次，他到华安仙都考察了茶产业后，决定从安溪、仙都等地引进适合在培斜种植的优质铁观音、丹桂等茶苗，在高海拔闲置地上种植无公害高山茶。在党员的带动下，越来越多的人开始种植加工茶叶，目前全村种植茶叶1500多亩，茶叶年总产值达1000万元。

一次，市、区主要领导又来到培斜。在老村部门口，他们站着召开现场会。因为来过多次，全村人都认识他们，很受鼓舞。一位领导说："要把培斜的竹产业、茶产业、反季节蔬菜列入新罗区大力扶持的五大产业，如果资金周转困难，我让信用社马上解决。"

最多时，我们资金周转超过5000万元，常态保持在3000万元左右，授信2个亿。只要有亲戚朋友等3户联保，就可以每户贷款80万元，利息优惠。"华锦先说，"现在不是银行选我们，而是我们选银行。"

2013年，又是一个村里的转型发展之年。为了推销村里的特色产品，一些头脑灵活的年轻人在网络上卖起竹席，一年就赚了几十万。于是，村里鼓励大学生回乡发展电商。华锦先大学毕业的儿子华永良也回乡创业，在村里创办了第一家淘宝店。村里建起了可容纳100家商户的淘宝一条街，吸引了在外务工的年轻人回乡创办网店，营销竹制品、茶叶和其他产品。

“没想到，这事儿引起了阿里巴巴的注意，2013 年下半年，福建省电视台等多家媒体闻讯来村里采访，这时候我们才知道，培斜村成了福建省首个淘宝村，成为全国 14 个淘宝村之一。”华锦先说，“那一年，我们村出名了，销售额达 3000 多万元，有人不光做竹席生意，还做起了其他产品的经营。”

经过几年发展，培斜的淘宝网店发展到了 100 多家，2021 年电子商务销售额达 6800 万元。通过“互联网 +”，培斜村实现了跨越发展。华锦先说：“当然，淘宝村也要与时俱进，如今的网络直播、抖音带货、快递，年轻人都要尝试。”

如今，竹茶产业、电子商务、生态旅游成为拉动培斜发展的“三驾马车”。

村里有了钱，美丽乡村建设起来了，路也通了，基础设施搞好

华锦先察看淘宝村经营情况

了，村子变美了，乡村旅游也就带动起来了。

“发展乡村旅游的灵感也是外出考察时得来的。前几年，我到河南郑州重渡沟村参观学习，发现那里让村民参与、发展乡村旅游的经验非常值得学习。回来后，我鼓励村里人都出去看看，增长见识、激活思维。思路一开，干起来就快。”华锦先说，“我发动村里的男女老少都参与村里的文旅产业，每人入股3000元。没想到，一下子就筹集了180多万元。我们实行“三三制”原则，村民占三分之一，村里投三分之一，社会三分之一。现在村里的很多乡村旅游项目都是老百姓集资筹建的，村里采取集中供地，一年免租，两年按照门票收入分成，整个乡村游带动了二三百人就业。超过九成村民拥有乡村旅游的股份，基本实现了‘人人是股东，户户有分红’的共富局面。”

“永远不能等靠要，要紧紧抓住时代脉搏，紧紧抓住各时期的好政策。譬如说，以前的新农村建设、美丽乡村建设，现在的乡村振兴、小康工程，一个也不能少，踩在时代发展的节拍上就能发展得好发展得快。否则，就会被时代抛弃。”这是华锦先作为村里带头人的切身体会。他说：“一定要做好自己、发展自己，有为就有位，就能获得政策扶持、上级支持。每一个时期，都有发展机遇。”

培斜村的每一次发展，都是对基层支部智慧的考验，也见证了乡村的每一次新飞跃。

我们就是要让绿水青山，变现为金山银山

森林、阳光、蓝天、云朵、清甜的空气……我们走进了“沐光之城”，这是一处世外桃源，一处心灵疗伤的天堂。

走进原始森林便会产生一种自然归属感。在这里，你呼吸的是

森林纯氧，喝的是山泉甜水，看的是竹景美画，住的是竹景新房，其中的畅快惬意，只有亲身体验后才能感知。

“我们就是要让这绿水青山变现，变为金山银山。”华锦先说。培斜之南的九溪庐休闲旅游区拥有2000多亩的竹林、8000多亩的原始次生林。九溪庐山生态极优，珍贵楠木、香樟、格氏栲遍地，森林覆盖达83.7%，成为培斜村得天独厚的金山银山。

目前，村“两委”规划出9.53平方公里的山地森林，利用山、林、溪、村、红色遗址等资源建设多个旅游区，成为包含山水观光、乡村休闲、小圈层次会议、新式隐逸度假等功能的“沐光之城”“森林水乡”。

来到培斜动物乐园，鹦鹉、黑熊、羊驼、小浣熊、松鼠猴、土拨鼠等“萌宠”小动物应有尽有。游客可以近距离体验接触小动物的乐趣。

走进培斜泼水广场，炎炎夏日，这里是孩子们的消夏之地。广场后的滑道游乐场同样游人如织，色彩炫丽的滑道像一道彩虹悬挂山坡，这种从高处急速滑落的刺激感，并不是每个人都敢体验的。同样，被誉为“原始森林第一漂”的九溪庐漂流，也不是每个人都敢玩的。3公里长的水程，垂直落差320米，乘着皮艇，一次次在80米的落差中跌落，双手只能死死地抓住橡皮艇的拉手。在一声声尖叫中，才知道什么叫惊险、刺激、过瘾。

全透明玻璃天桥的建成也吸引了众多游客前来体验。天桥长300米、垂直高度100米，横跨峡谷之上，向下看村庄隐隐约约，往上看森林郁郁葱葱。有人说：“清风徐徐，人像在天空飞腾，脚踩在白云中的感觉。”

最新的“沐光之城”项目则成为情侣拍摄婚纱照的好地方。

威士忌酒庄、沉缸酒庄，植入古法生态酿酒、酒成果展览、原

培斜村玻璃天桥

酒私藏品鉴、科普研学等功能，成为中外酒文化的体验区、闽西特色酒文化工贸旅游区。

培斜旅游，已经形成良性循环，越有人气的地方，越有人愿意参与投资。一大批新鲜刺激的生态旅游项目，吸引了年轻人，促进了培斜旅游产业由单纯的观光游向休闲度假体验式旅游转型。一批批农业与旅游、教育、文化、康养等产业深度融合的项目正在形成，进一步壮大了村里的新产业，培育了新业态。

2021 年，在新冠疫情影响下，培斜村依然实现年接待游客 52 万人次，旅游收入突破 4000 万元，全村社会总产值达 3.8 亿元，农民人均收入 3.02 万元。

如今培斜已成为省、市、区新农村建设试点村，并获得“全国文明村”“中国特色村”“全国乡村旅游特色村”“全国乡村特色产业亿元村”等荣誉。被省文旅厅、住建厅评为福建省首批“金牌旅游村”。

华锦先个人也被评为“全国劳动模范”“省优秀共产党员”“省敬业奉献道德模范”“省基层最美人物”“省美丽乡村领头人”。2021年，已有28年党龄的华锦先当选为福建省第十一次党代会代表。

“我们党员干部要做到心中有党、心中有民、心中有责、心中有戒，努力把我们村经营好、建设好、管理好。”他说，“我们要像呵护孩子一般地呵护我们的绿水青山，让这绿水青山成为村民的金山银山，以永不懈怠的精神，带领村民把培斜村建设成为海峡西岸践行新发展理念的‘红土共富’示范村、‘红’‘绿’品牌及价值转换标杆村、最佳乡村休闲旅游村。”

培斜村还与内蒙古少数民族村签订合作协议，开展南北友好村寨共建共享，这也是一个大胆的尝试。引入蒙古族的美食、歌舞等民俗文化项目，为少数民族村增创收入。同时，少数民族村将获得的部分利润投入培斜村的文旅产业项目，为培斜村创造新的经济和村财增长点。

“不怕做不到，只怕想不到。”刚刚被龙岩市推选为党的二十大代表候选人的华锦先说，“我们正在着力发展的乡村旅游产业，未来将逐步融入文旅康养试验区，成为龙岩市‘绿色、宜居、健康、共富’的重要节点。譬如以培斜新村示范建设为契机，利用农宅发展乡村特色民宿、乡村绿色餐饮，经营手工工坊、田园学堂等农事农家体验项目。结合美丽乡村人居环境整治活动，统一新村建设风貌，做好房前屋后美化绿化，配套完善幼儿园等公共服务设施建设，打造乡村振兴背景下新时代农村风貌展示的代表样板。”

“我看青山多妩媚，青山看我应如是。”1.5万多亩的大青山下，正在演绎一个村庄的历史、演绎时代的发展巨变。在新时代中，一切皆有可能。

燃烧自己　照亮世间

黄莱笙

余虹简介

余虹，1967年4月出生，中共党员，福建华电永安发电有限公司燃管部燃运主管、助理工程师。自1984年4月进厂以来，他始终坚守在苦、脏、累、险的火电厂输煤岗位上，秉承着“胸有成竹、敢打硬仗”的永电品格，遵从着“干一行、爱一行、专一行”的家训与师训，用匠心，运匠功，成匠作，一步步走上了燃运主值、班长直至专业主管的岗位，成了输煤岗位上大家公认的安全生产方面的“行家”“专家”，撑起了输煤系统的“擎天柱”。荣获“全国劳动模范”等光荣称号。

一

逾越知天命的年岁后，余虹依然记得那张脸，还有那个身影。

那张黑乎乎的面庞忽然抽动了一下，露出了一口白牙，这是1984年在余虹心中烙下的印记。这一年，17岁的余虹走上人生第一个工作岗位——永安火电厂燃料部燃运班组皮带值班工，报到上班的第一天，工友热忱地欢迎他。余虹觉得这些笑容很是可爱可亲，兴许正是这样一种心性，注定了这第一个工场成了他人生的唯一工场。他终身与煤交好，从青年到壮年再到退休，一辈子干着把煤送给火的活计。

然后是那个身影，奔跑的身影，虽然在永安火电厂改制成为福建华电永安发电有限公司之后已经消失，却深刻地烙在余虹的记忆里。输送煤炭的传送带缓缓流动，流着流着，忽然就卡住不动了，传送带一卡停，就会有一个身影箭一般射出去，朝传送带流来的方向挥手，边跑边喊："急停！急停！快按急停钮，快按快按！"然后就是值班工急忙按下急停钮，周围呼啦啦涌来全班工友，拿着各种工具，捅斗的捅斗，铲煤的铲煤，煤灰四扬。那个飞奔的身影，是班长的身影，是余虹走上工作岗位初期最常见到的景象。那时，永安火电厂是福建省最大的火力发电企业，输煤系统被作为辅助岗位，配置的各类设备比较落后，甚至还没有实现集中控制，启动或者停止传输皮带都用人工按钮操控。于是，每条皮带就要有一个值班工守护，而在那种设施条件下，堵煤就成了家常便饭。余虹第一次看见班长飞奔的身影，听见那个身影发出的嘶哑喊叫，就被师傅拉扯着加入围场的人群。那个第一次并没有让余虹紧张，反倒使他感到新奇，他觉得这是激昂的场面，是火热的生活，也许，自己哪天也就成了这个身影。从1984年那个皮带值班工开始，到1988年转为桥抓值班工，再到1996年担任燃运主值，直至1997年，辗转13年，余虹还真的成了福建华电永安发电有限公司燃料管理部燃运班组燃运班长，一干就是15年。2012年，余虹升任燃料管理部燃运专业主管，至今又是10年了。

余虹的奋斗历程一路鲜花，被评为公司十佳文明职工、十佳岗位明星、优秀共产党员，然后是三明市劳模、中国华电集团劳模、福建省劳模；2020年11月24日，余虹走进了北京人民大会堂，参加全国劳模表彰大会接受表彰。踏着人民大会堂台阶拾级而上，余虹的脚步并不轻快，他感到荣誉太过沉重，而荣誉所意味的责任同样沉重。

走在平凡与不平凡交界地带的煤汉子余虹，正应了明朝名臣、

余虹被授予“全国劳动模范”荣誉称号

民族英雄于谦《咏煤炭》一诗所说：

凿开混沌得乌金，藏蓄阳和意最深。
爝火燃回春浩浩，洪炉照破夜沉沉。
鼎彝元赖生成力，铁石犹存死后心。
但愿苍生俱饱暖，不辞辛苦出山林。

二

一种价值的成长，往往来源于自我博弈，总会有过内心深处的思想冲突。

要说余虹对这种脏、险、苦、累的工作岗位没有过动摇也是不真实的。多年来，余虹周边不少工友，先来的、同时进的、后到的，都有不少人变着法子跳槽，多多少少诱发过余虹另找出路的念头。可为什么余虹却一直没有离开呢？一个原因是无从选择。那是一种无奈，年纪轻，没有社会阅历也没有处世经验，只会干活，不懂得怎么找关系搞调动，没那个跑门路的本事，就只好老老实实待下来了。再一个原因是他知道珍惜。余虹念完初中就辍学了，进火电厂工作之前，在家待业了 3 年，好不容易找到工作，饭碗来之不易，是不可以随便嫌弃的。

其实，余虹从小就有不服输的秉性，喜欢读书而且涉猎广泛，养成了爱思考的习惯。少年余虹最常问自己的问题是该怎么活着。其实这是一个价值观问题，他觉得无论做哪一行，都应当活得不掉价。当他得知煤在火电厂的成本中占了七成的比例时，他决定静下心来做个煤汉子。七成，分量可不小，也就是说，他目前干的这个活很重要，煤汉子对火电厂的前途至关重要。这份工作有尊严，不掉价，余虹彻底打消了跳槽的想法。

福建华电永安发电有限公司（以下简称永电）位于福建省三明市永安尼葛开发区，前身为福建省永安火电厂，始建于1958年，现为世界500强、特大型中央企业中国华电集团公司旗下的华电福新能源股份有限公司的全资子公司。永电原有6台机组，装机总容量为350兆瓦，后来全部关停，在原址东侧新建了2台300兆瓦“上大压小”机组，即2台300兆瓦循环流化床燃煤发电、供热机组，采用先进的炉内脱硫CFB（循环流化床）清洁燃煤技术，系国内燃用福建省超低挥发分无烟煤单机容量最大的发电机组，设计年耗煤量约180万吨。永电以“提供绿色能源，服务社会经济，创造人文价值”为企业使命。煤之于永电，有如血脉之于生命，煤汉子是永电的中坚力量。

开悟后的余虹爱上了永电，这一干就是30多年。可以说，余虹是与永电一起成长壮大的一代人，是新时代小康工程的奋斗者。30多年的风风雨雨，1万多个日日夜夜，余虹把自己一生中最美好的青春时光、把一颗火热的心、把一片浓浓的情，全部奉献给了企业，奉献给了心爱的电力事业，自己也从中实现了人生价值。

诗人艾青《煤的对话》一诗，揭示了煤的内在精神：

你住在哪里？
我住在万年的深山里
我住在万年的岩石里
你的年纪——
我的年纪比山的更大
比岩石的更大
你从什么时候沉默的？
从恐龙统治了森林的年代
从地壳第一次震动的年代

你已死在过深的怨愤里了么？
死？不，不，我还活着——
请给我以火，给我以火！

三

余虹得到了火。

余虹生性开朗，性情沉稳，做事认真，像一团燃烧的火，走到哪里就亮到哪里。身处伟大的时代，时代给煤汉子以火，使余虹的人生价值得以实现。

余虹身上燃烧着三团火焰：学习的火焰，管理的火焰，技术的火焰。这三团火焰点燃了余虹的人生价值。

学习的火焰

余虹不是科班出身，却抵达了卓越境界，得益于他从出道伊始就十分注重学习。纵观余虹成长历程，他的学习有两个特点：现场钻研积累经验，专业知识提升素质。

现场是最好的课本。燃料运行虽说属于辅助工种，但沉下心来做，就会发现里面要掌握的知识并非那么简单。余虹在工作两年后，被安排去燃运桥式起重机岗位，他的师傅是一名插队回城的女知青，技术在厂内数一数二，且对工作认真负责，对余虹的要求也相当严格。她手把手教会了余虹操作要领、故障判断等基础知识。当初，所有开桥抓的司机都可以做到既会开车又会处理桥抓常见故障，上车时候带好螺丝刀、电笔、尖嘴钳是当时的标配。很多时候大家都模糊了运行和检修的概念，桥抓发生故障不是直接通知检修，而是自己先检查处理，在自己无法处理的情况下，才通知检修处理，诸如桥抓刹车调整、线圈更换，甚至钢丝绳更换都是自己动手。在这种氛围的熏陶下，余虹认真好学，精益求精，形成了良好的工作习惯。

经验与知识是飞翔的两个翅膀。余虹边干边学，专业素养不断提升。2009 年，余虹作为公司第二批生产准备学员，被派往华电可门发电公司进行学习。说实在的，当时那个年龄重新开始学习，余虹的压力还是挺大的，但他暗下决心，要重新启程，与企业共发展。余虹放下身段，从零开始。他从枯燥理论学习入手，认真学习原来从未接触过的设备操作技能和各种设备规范，学习新厂班组管理流程和先进理念，在较短时间内就掌握了可门公司输煤系统的流程和操作技能，并达到顶岗条件。2010 年初，余虹回到永电，生产准备部领导找到他，让他根据新机输煤系统状况，尽快编制《300MW 机组燃料运行规程》和学习资料，以供员工学习，并作为新机投产及输煤系统

工作中的余虹

操作运行的规范。时间紧、任务重，那段时间余虹把自己封闭起来，查初设资料、查设备说明书、查技术规范，在短短的1个月时间里就将所需规程和学习资料编写完成，为新机输煤系统岗位人员学习及调试设备提供了理论和操作规范的支持。接着，他又被借调到燃运专业，协助燃运主管策划和管理新机开机前的各项准备及设备调试、质量验收等工作。根据输煤系统的特点，余虹充分利用自己的专业知识及管理知识，编制了各类管理制度及预案50多项，为燃运建章立制、建立系统的制度管理工作作出了贡献。

管理的火焰

余虹从事的是“兵头将尾”管理工作，在长期的实践中，他摸索出了一线管理的经验。

身体力行是一线管理的基础。余虹在岗30多年间，养成了每天对输煤设备进行常规巡检的习惯。新机“168”试运行期间，设备频发不正常现象，堵煤传感器不动作，三通挡板自行跑位，皮带严重跑偏，现场堵煤造成燃煤送不上去，甚至发生老厂系统因堵煤未及时发现致使两条皮带被磨断而中断上煤的现象，这些问题威胁到新机“168”试运行的成败。面对这种情况，余虹急公司所急，始终坚守在现场，沉着、冷静地指挥处理运行中遇到的问题。在试运行期间，余虹基本上是以厂为家了，常常是坚持一天在现场后，回家匆忙补个觉就又回到现场，有过30多个小时未合过眼的纪录。2012年余虹竞聘上岗，走上了燃运主管的岗位。新角色面临新问题，燃运人员大都为别的部门转岗人员，业务技能参差不齐，员工心态不稳定。同时，输煤系统为了节约新机建设成本，延用老厂设备，问题较多，特别是到了迎峰度夏双机运行期间，由于气温高，故障时有发生，加上现场除尘系统不完善，环境较差，个别员工有所报怨，管理工作举步维艰。

面对现状，余虹没有退缩，而是秉承着永电人“胸有成竹，敢打硬仗”的优良品格，用自己的行为去感染和带动大家共同保障输煤系统的安全运行。遇到设备突发故障，不管是节假日还是夜间，余虹总是第一时间赶往现场，在现场指挥应急上煤和督促设备抢修。有一段时间，因为设备不正常，余虹常常在夜间睡梦中被急促的铃声吵醒，紧急赶往厂里，在现场组织抢修工作，第二天依然照常上班。时间一长，爱人开始有意见了，说：“为了你一个人，吵得全家晚上都睡不好觉，那么拼命干吗？离开你，火电厂烟囱就不冒烟了？”余虹只能歉意地笑笑说：“我干的工作就是这个，我是主管，我不进去怎么行呢？”2014 年，儿子高三毕业准备高考，爱人不止一次地对余虹说：“多关心下孩子的学习情况，不要整天都在厂里，家里什么事都不管。”余虹总是说：“家里有你就行了。”还是照常早出晚归。高考将至，爱人早早跟余虹说：“你请假两天，陪陪孩子。”可余虹挂念着车间的工作，推脱说：“考试我又没办法替他考，我不在他可以更放松地考嘛。”还是一心扑在了工作岗位上。永电人已习惯了余虹天天坚守现场，如果哪个双休日没看到余虹，运行岗位人员反而会问：“今天怎么没看到余虹进来，是不是出差去了？”2015 年 6 月，永电为节约燃煤成本，首次调进一批朝鲜煤试烧。由于朝鲜煤黏性大、流动性差，加上当时春夏气候多雨，来煤水分偏大，造成火车卸煤沟 #13、14 道煤沟出现大面积搭桥现象，无法卸车，严重影响到接卸工作并造成车皮延时费用大幅增加。为了尽快疏通 #13、14 道搭桥积煤，余虹第一时间组织力量，连续 5 天守在现场协调，终于将积煤全部清理干净，保证了后续接卸工作的正常进行。公司领导事后说：“输煤系统只要有余虹顶着，天塌不下来。”

强化感染力，凝聚人心，可以使一线管理能量放大，余虹对此很有体会。20 世纪 90 年代起，电力市场发生了突飞猛进的变化，福建沿海大容量火电机组相继投产，永电从过去的老大哥变成了小老弟。在新形势面前，是怨天尤人，还是自我加压、负重拼搏？如何使已运行 30 多年的老小机组焕发青春？这些难题摆到了永电全体职工的面前。当时，余虹已经成长为燃运的一名班长，他把做好输煤系统安全稳定运行作为自己的工作目标，把完成好上级交代的任务作为自己的工作准绳，在班组管理工作中做好表率，用自己的行动感染身边的人。他每天提前到岗检查设备，坚持巡查，遇到岗位工作量大时就主动顶岗。有时，发现班组个别人未按要求巡检，余虹不是简单地去指责和批评对方，而是自己到现场去巡视一遍，回来后告诉对方自己发现了什么问题，让对方为没有履行好职责而感到愧疚，如此反复几次之后，班组内就再也没出现过此类违规现象。在班组管理中，余虹努力成为班员的贴心人，成为他们值得信赖的朋友。有一次，班组一位桥抓岗位女员工怀孕 4 个月，按规定必须在怀孕满 7 个月后才可以安排照顾，实际情况却是孕妇已挺出大肚子，而她的桥抓岗位在高处作业，爬高爬低不安全，余虹就照顾孕妇去程控岗位帮助监盘，孕妇原先的工作则由余虹顶了下来，这一顶就是一年多。余虹还十分注重发挥班组工会小组在班组工作中的纽带和联系作用，遇到班组员工有人生病或家中有事，班组必然有人到场，同时经常组织班组人员进行户外活动，提升大家对班组集体的认同感。每年年底，一年一度的班组成员及家属聚会，成为余虹所带班组雷打不动的惯例。因为班组的凝聚力强、工作成绩优秀，余虹所带的班组连续 7 年获得公司“优秀班组”称号，他带过的班组成了其他燃运班长争抢接班的班组。

技术的火焰

技改是工厂永恒的命题，是企业成长的推动力。余虹擅长的是“问题导向的技术创新”。

“对自己高标准、严要求，对技术精益求精，干一行、爱一行、钻一行、精一行。”这是余虹的工作信条。每天现场巡检时，他总能从一些蛛丝马迹中发现旁人无法发现的问题，特别是设备隐患或缺陷。有一次，余虹在巡查输煤系统 C-6A 皮带头部时，发现头部皮带刹车装置有移动的痕迹，他的第一反应是设备有问题，就马上电话通知燃修人员前来检查，果然查出刹车装置损坏，马上进行了更换处理，避免了皮带急停时引发整条皮带倒转的不安全事件。还有一次，余虹在现场听到运行班组人员反映 C-7A 皮带这段时间经常打滑，便立即巡查原因，发现 C-7A 皮带减速箱声音存在异常，他判断减速箱可能存在故障，立即通知检修人员前来检查，果然发现减速箱油位偏低，经加油后，设备恢复了正常。2015 年下半年，细筛机频繁出现除杂物机堵煤现象，检修人员检查后，未发现问题，认为是机腔内积煤和煤量过大造成的，清堵后，问题还是没有解决。余虹马上到现场观察，跟踪班组上煤量及现场情况，并通过人孔门对煤流运行情况进行观察，发现几组料耙均磨损严重，因而造成出料不及时，他马上通知检修人员更换料耙，使设备恢复了正常。

保障输煤系统安全运行，不但要靠工作中的尽职履责、细心认真，同样也要在技术改造方面做个有心人。如何降低劳动强度，提高工作效率，提升安全品质，同时实现生产成本的开源节流，余虹常在巡检过程中琢磨这些事。永电新机投产不久，煤仓间经常出现加仓满煤的情况，清理积煤要一挑一挑地挑到仓口，工作量可想而知。事情出多了，程控的几名值班员也感到了压力，不约而同地跑来反映：煤仓超声波料位计不准，加仓必须时刻盯着，稍不留神或手动抬犁过慢就可能满煤，这样的岗位怎么干？纷纷提出要调岗。程控人员反映的问题，让余虹陷入了沉思：设备再不改造，不但安全没有保障，职工思想波动更是大问题。料位计用于计算煤料高度，一旦料位超高，则会提示满仓，可几次满仓事故显示，设备存在缺陷。但是，料位计归属热工专业负责，余虹只能“跨界”了，他找了热工专业主管和生产部领导，建议增加机械阻旋装置改造系统。“再不改，人又要走一批了！”余虹说。他分析利弊、软磨硬泡，终于使改造意见获得认可。经燃运专业、热工专业、生产部三方共同探讨，余虹提出的机械阻旋装置方案通过可行性研究，并成功运用到程控系统当中。装置应用后，煤位一触碰阻旋传感器，即发送满仓信号，离煤器自动抬起，煤料投入下一仓位，阻旋感应灵敏、自动化程度高，缓解了程控值班员压力，稳定了人心，获得各方好评。

余虹的技改能手声誉，是在一年接一年的技改项目成效中形成的。2015 年，永电为节约燃煤成本，大量掺烧褐煤，而褐煤有着挥发分高容易自燃的特性，不少兄弟电厂输煤系统就发生过多起褐煤自燃引发的火灾事故，防火安全成为困扰永电输煤系统的新问题。没有安全，一切都是零。余虹心想，作为横跨鹰厦线的 C–4 栈桥，如果发生火灾，那就是政治事件。于是，他提出，必须对 C–4 输煤栈桥进行改造，并提出了增设防火墙、对两侧钢结构进行防火隔离的技改方案。余虹的技术改造申请很快获得公司同意。当时，国内普遍采用的防火涂料是硅酸钙板，但太重了，无法适应 C–4 栈桥的承重要求。怎么办？余虹与技术人员一道上网查资料、和厂家沟通、对比材料性能，反复对比之后，决定采用重量轻、防火性能强的岩棉板材料。可是，岩棉板的表面用的是防火木板，虽然可以满足防火要求，但是因为输煤系统的保洁要经常用水冲洗，容易腐烂。余虹反复思量，决定在岩棉板的表面再包一层铝板，这样既提高了防腐性能，还更美观。 2016 年 11 月，历时 5 个月的技改顺利完工，大大提高了输煤系统的防火安全。2017 年，余虹组织开展创新项目《煤仓间皮带防堵重力保护装置开发与应用》，降低了堵煤现象的发生，降低了皮带机因为堵煤现象频繁启停而造成的机件损坏及载荷启动给电机带来的损伤，现场卫生也显著改善，还全面降低了人工成本，每年可节省 10 万元人工成本、减少设备维护费 6 万多元，获得福建省百万职工“五小”创新大赛三等奖。接着，他还组织了技改项目《CFB 锅炉入炉燃料适应性改善》，较好地解决了从原设计煤种无烟煤掺烧到多种燃料掺烧锅炉的适应性问题，获福建华电公司第二届职工创新创效成果三等奖。2018 年以来，永电率先在全国利用循环流化床锅炉进行工业固废掺烧，以此降低火电厂燃料成本。为了做好固废和生物质的掺配工作，在一无设计图纸、二无重大设备投入、三无同行先例借鉴的情况下，余虹通过不断摸索和反复试验，成功探索出一条从输煤系统输送固废棒和生物质进入锅炉燃烧的新路子，变“废”为“宝”，降低了发电成本，两年之间从输煤系统直接进行掺烧固废棒超过 1.2 万吨，创造经济效益约 300 万元。2019 年，余虹针对 #1、2 道来煤接卸常常存在接卸时间长从而造成火车延占费用居高不下的问题，采用精益管理模式，以“优化 #1、2 道接卸管理流程”为课题进行技术攻关，使火车延占费用从原有的一年 60 多万元，降低为 30 多万元。余虹还针对入炉煤粒径大对锅炉稳定燃烧安全的影响，选择“降低入炉煤粒径”课题，探索控制入炉煤粒径的方法，使入炉煤粒径控制达到一个更高的水平。

燃烧自己是煤，是余虹，是奉献；照亮世间是火，是电，是价值。煤生火，火照亮；煤生电，电照亮。世间光明，煤有普世价值，人有生命价值。这是一个煤汉子余虹的故事，叙述怎么把平凡的事情做好，讲述怎么把简单的事情做实。记录更多的余虹式小康工程奋斗者，传播更多的人生价值故事，相信世间一定会更亮堂。

一位艺匠和一个百亿产业

刘 华

陈清河简介

陈清河，1940年出生，福建安溪人，中共党员，国家级非物质文化遗产竹编（安溪竹藤编）传承人。1956年，陈清河初中毕业后，进入厦门工艺美术学院竹编专业。他勤学苦练，熟练地掌握了竹编工艺制作的各道工序。1972年，陈清河回到家乡创办了福建省第一家竹编工艺厂，主打产品是热水瓶外壳。不断的改造和创新为产品设计注入了活力，新兴的产品源源不断地被制造出来。他更是突破了竹条藤丝的界限，将坚硬的钢铁，细软的藤丝编织组合在一起，创造出藤铁工艺。曾获福建省五一劳动奖章、"全国劳动模范"称号等荣誉。

安溪，清香雅韵的地名。正是采摘秋茶制作秋茶的季节，芬芳漫山遍野，铺天盖地。年已八旬的全国劳模陈清河指着满墙的荣誉告诉我：最近还得到一块牌子呢，世界藤铁工艺之都，是联合国教科文组织下属的世界手工艺理事会颁发的。

我眼前的老人是国家级“非遗”安溪竹藤编的代表性传承人，他的手艺活匠心独运，巧夺天工，陈列在劳模工作室里的竹编、藤编、藤铁编、竹编漆器以及多材质的家居工艺作品，生动演绎了与时俱进、不断创新、勇于超越自我的工匠精神，而最大的一件作品展示在安溪山水间，由从业的 12 万人看护着，那是全年总产值达 180 亿元的产业。这是陈清河带出来的大产业，不，这是他编织出来的造福百姓的大产业。

编织，一个纤巧而坚韧、本色却浪漫的词汇。

制作竹编中的陈清河

1962 年的云锦瓶

云锦瓶让我想起一种锦中织品，其锦纹瑰丽多彩，美如天上云霞，因而得名，它的重要特征包括纹饰醒目、用色丰富自由等。而我眼前的这只云锦瓶，则是珍藏超过半个世纪的竹编作品，而今细细品味，仿佛可见云锦的工艺、云锦的肌理、云锦的心思。细如丝线可穿针眼的篾丝和薄如白纸的篾片，被匠心地编织成和平的吉祥形象、圆满的美好寄寓。是的，这是一件国礼，是为当时国家领导人出访东欧国家准备的礼品。

任务是国家对外文委下达给厦门工艺美术学院的，一共需要 30 件竹编工艺精品，20 天内必须完成。毕业留校在实验工厂担任辅导员的陈清河领着 16 名学员，吃住在车间，不分昼夜地赶制。其中的

云锦瓶

竹编鼓盒为波兰华沙国际博物馆所收藏，而陈清河留下的这件云锦瓶，则是用剩下来的材料原样复制的。当时，他其实是为自己复制一个人生目标，编织一个艺术高度。

初中毕业后，成绩优异的陈清河，因为家境清贫选择就读工艺美术学院，他希望尽早完成学业以减轻家庭负担。陈清河深情回忆道："每个学期我都是步行在安溪尚卿老家和厦门之间，一趟要走整整两天，山高路险，途中不敢独自翻越东岭龙门岭那几座大山，次次都是等来挑夫队伍一起走；而每每离家，祖母一直站在老屋前送行，不停地朝我挥手，嘴里嘟哝着叮嘱我不要怕。"

恋恋不舍的目光，轻轻晃动的胳臂，是为跋涉于蜿蜒崎岖山路上的少年勾勒一幅朝霞满天的画图吗？或者，是激励少年执着前行，用自己的足迹去编织云锦般的前程？

安溪竹藤编历史悠久，自古就有竹藤编的劳动工具、日用器具以及与茶相关的器具，多达几十个品种。在茶乡，采茶的茶卡、凉茶的平筛、摇青的茶筛和摇青机、烘茶的焙笼，历来也都是竹藤编的。陈清河从小跟着祖辈、父辈学过用竹篾编织篮子、箩筐、竹筛、茶篓等器具，初步了解了这门手艺。不知是命运的刻意编排呢，还是缘分使然，入学后，他被分到了只有三个学生的竹编专业。这是一个冷门专业，没有专业教师，只能邀请民间艺人任教。开学不久，两个同学即转学其他专业，陈清河成了"独苗"。回首往事，老人坦言道：自己的坚守，也得益于校长的鼓励和支持，校长特意为他提高助学金等级，多了两块钱，等于增加了半个月的生活费，而且，有了这门手艺可以早些养家糊口。陈清河真切地记得，自己从小穿的是土布衣服，直到进县城读初中，父亲才买了哔叽布万里鞋，让他换上新衣新鞋，其花费是一担稻谷，一家人若干天的口粮。

农家子弟的朴实念头，激发的是对技艺的痴迷，出于责任，也出于热爱。为此，他勤学苦练，手指经常被刀划伤、被篾刺伤，半年时间里手指一直裹着胶布。掌握了剖篾、编织的技艺后，他凭着自己的美术功底，开始设计创作花瓶、篮子、盘子等竹编工艺品。留校任教期间，陈清河边学习边带学员，醉心于新型竹编工艺的创作。他以毛竹为主要原料，以篾丝为纬线、以篾片为经线，预先制作好木模，立体编织坯体，经高温染为橙色后打磨，用本色篾片插成菠萝花、十字花、六角花、人字花等立体纹样，最后喷上清油保护层。那几年间，他创作的上百件作品参加了各类展览，获得工艺界专家的一致好评，这才有了承担制作国礼的殊荣。

成为国家级“非遗”的安溪竹藤编，除了十字编等六类常用编织法外，还在陈清河手上创造了一些特殊编织法，比如穿篾编、穿丝编、外插花、硬板花、画面编、花箍、打结、插筋等，并使用花筋、粘贴、漂白、喷漆等技巧，使产品色彩明快、造型美观，不腐不蛀不褪色。

留存到今天的云锦瓶，对于陈清河来说，是青春时代的生动纪念，也是指尖艺术的首座峰峦。

1972 年的菠萝罐

菠萝罐，顾名思义，形似菠萝，那罐状却仿佛莲座，而有序排列的篾片花朵，金灿灿地绽放，凹凸有致，令人浮想联翩。它由陈清河夫妇设计创作于 1972 年。

当年，它和花瓶、花篮、果盘、壁挂等竹藤工艺品一道，为参加在北京举办的 1972 年全国工艺美术展览，先行被送到省里参展遴选。其时，在省里参加会议的全省县委书记、县长被组织去集体观展，安溪县委书记不敢走在前面，因为他知道本县的工艺美术水平一

菠萝罐

般。结果呢，他竟发现安溪县送展作品有 8 件贴上了红标签，那可是入选进京的标志。书记的惊喜可以想见。在个人创作不能署名的年代，书记马上打电话询问公社，并要求公社通知作者：我要见他！

县委书记见面便夸赞陈清河为安溪长了脸。也是，8 件作品赴京参展，菠萝罐入选中国工艺美术大型画册，该画册中只收入 3 件竹编作品。书记兴致勃勃地提出：尚卿公社农械厂干这个不行，要创办竹编工艺厂。

20 世纪 60 年代末，随着学校职工下放农村，陈清河选择携一家四口返乡，当时返乡需要开好三级证明才能安置，需要整个生产队全体队员签名同意才能分口粮。回老家的美术教师，行囊里少不了一套绘画工具；谋生计的竹编艺人，随身必备竹编家什，那是吃饭的家什，有竹刀、剑门、竹锯、刨刀、锉刀等。有了这套工具，他当然不安分于面朝黄土背朝天。再说，他从小在外读书，回来下田也只能是个半劳力。于是，他凭着自己的手艺，买竹子做家具做热水瓶竹壳，赶在圩日里挑去卖。当然，必须向生产队上交副业款，才能吃上口粮。

一个物资匮乏的年代，热水瓶竹壳让陈清河看到了商机，也发现了自己的人生契机。他进了尚卿公社农械厂，贷款200元，在厂里办起单独核算的竹编车间，招收了5名学徒。经过半年培训，以老带新，发展到五六十人。为了对付竹壳春季容易霉变的问题，他找资料、做试验，成功地解决了这一难题，使得产品能够通过泉州市百货公司二级站销往全国各地。也是为了顺应市场需求，他大胆地在竹编车间推行多劳多得的计件工资制。

1972年，因为菠萝罐，公社农械厂竹编车间摇身一变，成了安溪县尚卿竹编工艺厂。经过厂长陈清河的不懈努力，这个社办竹编厂很快成了省工艺品进出口公司的定点出口生产厂家，代号为14厂。记住计划经济时期的这个光荣代号，也许有助于人们真正读懂主人公与时俱进的心灵图谱。

要拿到这个代号，尤其是拿到足够的出口生产任务，相当不易，时过境迁，其中艰辛被如今的陈清河轻描淡写地带过去了。就此，他对我提了三件事。一是怎样托关系得到老定点厂的花瓶，复制后送审，依靠竞争和实力，从大锅里赢得一杯羹。二是怎样因地制宜、土法上马解决喷漆的难题，没有空压机，他们将2只喷雾器串起来喷漆。三是省工艺品进出口公司一次给了1500只花瓶的生产任务，每只花瓶的价钱要超过20只热水瓶竹壳的总和。1973年，有80多个品种的产品参加广交会，首次出口便接了120万元人民币的订单，最高峰时期全厂工人3000多人，因为多劳多得，工人自愿每天加班加点，收入比当时的国家干部要高得多。于是，冲着计件工资所招惹的嫌疑，公社理所当然地派出了工作组。

工作组能够看到的现实是，厂长陈清河月工资才30元，其妻24元，而凭着这些编织的手、这些竹编花瓶，公社建电站、起大楼，还买了拖拉机。

往事如烟。他的回忆不会缠绕在往事里，而是一直往前走，穿行在匠心设计的思路里，一直走向人生的华彩篇章，那里有藤篮、彩色花篮，还有葡萄系列篮子……20 世纪八九十年代，那些造型新颖美观的篮子象征着一位企业家接纳世界的胸怀，一位竹编艺人勇于创新的胆量。

1991 年的葡萄篮

这是葡萄系列篮子中的一只，很别致的篮子，引人遐想的篮子。我便由此联想到偶尔会在记忆中朦胧呈现的，属于西方油画中的一些生动意象：少女、花篮、葡萄以及白云和草地。是的，缠在篮子把手上的藤蔓，匍匐在篮子边沿的叶片，悬挂在篮外的一串紫色葡萄，它

葡萄系列篮子

们有着鲜明的指向异域的审美趣味和经验。

它是陈清河创作于 1991 年春天的作品。那天也许是极为平常的一天，仿佛灵光一现，念头突如其来：要是将柔软的藤丝和坚硬的钢筋相结合，会产生怎样的效果呢？这时的陈清河就像许多艺术大师一样，被灵感击中了，并被它有力地驱遣着。

他用钢筋做篮子的支架把手，将铁皮剪成葡萄叶子，拿铁珠焊成葡萄串。他一口气做了 12 套葡萄系列篮子，每套有 3 种不同的款式，当年即送到春季广交会展出，受到欧美国家客商的青睐，开幕 3 天便接满了全年的生产订单。更重要的是，葡萄篮的灵感催生了名叫"藤铁工艺"的新艺种。藤铁工艺和铁艺产品的生产不仅由安溪县扩散到福建省各地，还传播到广东、广西、浙江等地，成为我国重要的出口商品之一，每年春秋两届广交会因此特设"藤铁工艺品"展区。在这个采摘秋茶的季节里，我原本想拜访陈清河的高徒们，不巧，适逢秋季广交会开幕，老人的徒子徒孙们呼啦啦全都飞去广州了。他们去接订单了，去迎五大洲了，而在家乡等候那些订单的是十多万双辛勤的巧手。

所有的偶然应该都有必然的内在。探究陈清河的经历，我觉得，他"刚柔并济"的工艺理念并非凭空而来。他可以把竹篾放在潮湿的水缸边，不厌其烦地日日观察其霉腐的过程，以研究防腐防霉处理的办法；他可以把家里养的水仙花，精心伺候得精准地在大年初一那一天盛开，而且岁岁如此。那么，葡萄篮的灵感一定有着深厚的艺术准备、开阔的国际视野和敏锐的市场直觉——就像养水仙花一样，那是对天时地利人和的精到把握。

1984 年，安溪县创办了第一家中外合资企业——福建省安星藤器企业有限公司，由陈清河出任总经理。在公司名称里，竹编艺人出身的他已经以"藤"取代了"竹"。以竹编扩展到藤编为标志，他开启了安溪竹编产业的第二个十年。陈清河说:“对藤的关注，得益于某次外出考察藤器企业。”这次创新发展同样来自灵光一现，他的思想一直在路上，目光一直在前方、在远处。竹和藤的工艺品都需要手工编织，但竹材较硬，用竹编织难度大，一般人得学习三五年才能掌握技术，而韧性更足的藤不易折断，可塑性更强，藤制品存放时间更久，技能却较为简单，普通女工只要观摩后多加练习，就能掌握编织技能。竹与藤相结合，可以编织更精美、更丰富的造型。两者的结合是鸳鸯戏水、比翼双飞的美好姻缘。这一美好姻缘不仅为创作提供了游刃有余的空间，也为产业发展提供了纵横捭阖的天地。

于是，陈清河把尚卿竹编厂的一些骨干调来，成立创新小组，又派人外出学习藤编。接着，公司在全县大多数乡镇设立加工点，把材料和生产加工任务分配给他们，再由他们组织农村妇女编织藤工艺品，最后产品又委托具有自营进出口权的公司出口。陈清河说，20世纪80年代，你如果到安溪村民家做客，经常可以看到妇女们忙于编织的场景。令他自豪的是，安星实现了当年批准、当年建厂、当年参加广交会、当年出口，这是一家合资企业的“安星速度”。

公司加农户的形式，如何保证产品质量呢？老人讲了一个小故事。他曾发现有人加工的产品质量不合格，还延误了交付时间，便买下了那100多件竹藤器，却要求当事人付之一炬，并亲眼看着它们化为灰烬。那堆火焰是铁面的，也是柔情的，因而它更有力量。

我在《陈清河竹藤编作品集》里，欣赏到了他创作于1985年秋天的彩色花篮。这只篮子也是有背景的。那一年，他和妻子带着竹藤原料赴美国考察市场，并在纽约、华盛顿、达拉斯、芝加哥等多座城市的礼品与家居用品展销会上作现场编织技艺表演，介绍中国的竹藤编织文化，宣传手工制造，收到良好效果。回来后，陈清河就琢磨着要改变藤编工艺纯本色的传统技艺，很快推出了粉色系列的彩色藤编工艺品。

由竹编而藤编，由本色而彩色，接着便是藤铁工艺的喷薄而出。安星公司的业绩无疑是可观的，创汇和利润的数字反映的是昨日荣光，而产业形态的规模和技术储备却为未来发展打下了雄厚基础。那一时期，安星公司持续推出藤铁系列产品，并在原先竹藤手工技艺的基础上融入陶瓷、树脂、玻璃、塑料等多种材质，不断创新技法、造型，不断研发各式各样使用价值与艺术价值并存的家居工艺品，形成 13 个大系列类别 4200 种，当时净利润高达 40% 以上。安星人说："这就是创新设计的力量。"同时，安星公司的产品出口亚洲及欧美几十个国家和地区，培训熟练操作工人上万人，全行业从业人员达 5 万人，产值数百万、数千万的企业在全县城乡星罗棋布，甚至有几亿、几十亿的大公司脱颖而出。尤其值得一提的是，众多的董事长、总经理多是出自尚卿竹编厂或安星公司，因此，人们称他们为陈清河的"徒子徒孙"。他们共同创造了中国藤铁工艺之都，创造了世界藤铁工艺之都，而且，在姓"铁"姓"藤"的安溪，形成"国际国内市场两条腿走路，线上线下两个市场联动开发"的新局面，在藤铁工艺产业带动下，拥有了两个淘宝镇和十几个淘宝村。走进这样的工艺城镇，自然会有强烈的家的气息扑面而来。这个家温馨而浪漫，满目的洞房花烛，满目的灯影摇红。因为有了陈清河这位大红媒，各种材质被撮合在一起，我看到它们佳偶天成、和合生辉的动人场景了——藤丝与钢筋牵手，篾丝和皮革成亲，竹编揭去了灯具的盖头，铁丝走进了镜子的洞房，而更多的材质正陶醉在热恋之中……

它们也是被安溪竹藤编与福建脱胎漆器的百年好合所吸引的。在陈清河的创作史上，与那些灵光一现的构思相比，这桩好事算得上是一场旷日持久的恋爱了。从研究到成功，他花费了两年多时间。传统的竹编是染色后喷清漆，看到马王堆出土的漆器，他动了心思，想利用传统漆艺使得竹编能够保存得更为久远，安溪竹藤编与福建脱胎漆器都是国家“非遗”，一对传统技艺的完美结合，既能体现深厚的编织文化，又因融入天然生漆的制作技艺，令作品内蕴更为丰厚。然而，那是需要用心投入的撮合，他从学习生漆漆艺开始，让漆了解竹，让竹崇拜漆，好事多磨，它俩终于如胶似漆，携手走进婚姻殿堂。新组成的小家庭有个吉祥的名字，叫“福禄生辉”。

此时的陈清河已年近八秩，他退休去厦门养老多年后二次返乡，重操旧业，再续新篇。老人念念不忘的，还是自己不断创新、跨界融合的艺术追求。

2018 年的汉字编

面对采访，陈清河原本思路清晰的叙述，在进入 20 世纪 90 年代后被屡屡打断，他不时地阅看送来的文案。眼下，他正在做一件大事，他要把传统的竹编平编技法提升为汉字编织技艺，以便普及到大中小学生和中老年群体中去，使之成为推广中华文化的有效载体。那些文案便是软件工程师开发设计软件的相关材料。

福、禄、寿、喜，百年好合，中国工匠，这些形体庄重、优美的汉字，以竹编呈现的形式，装进框里，挂在墙上，其意义在于，文字与工艺同框，传统与创新同框。此组作品创作于 2018 年，而我在欣赏它们的同时，也看到了陈清河女儿陈红萍正在学习编织的汉字。为传承计，陈清河还为小学编写了校本教材《安溪竹藤编》。

建立劳模创新工作室，是陈清河呼应安溪县竹藤铁工艺产业“二次创业，转型提升”举措所提出的建议。这个工作室由华侨职校图书楼装修而成，一、二层为传承实训室，三层为劳模创新工作室、非物质文化遗产陈列室、创新成果展览室，四层为美术室、家居工艺教室和教研室。

这里有竹藤编技艺传习、家居工艺文化产业创新研究、新材料新技术应用研究、家居工艺专业教学等四个专业组，聘请多位劳模和工艺行业领军人物任教，开设素描、图案、色彩、家居工艺基础知识、市场营销等课程，定期组织有针对性的短期培训班。产学研一起上，传帮带一起抓，着眼于培养具有创新能力的家居工艺行业设计人才，带动工艺文化创意、创新的群众性活动。

陈清河要在这里为全县工艺企业的管理和设计人员办班讲学，要在华侨职校竹藤编技艺传习所为学生们教学，要与清华大学深圳研究生院在此建立的教学实验基地共同探索艺匠结合、产教融合的新模式，还要经常下乡给从事编织的农民授课。

他说："我们要传承的是精益求精的工匠精神，对待非物质文化遗产，要传承、保护、创新，产业才能进一步发展壮大，假如只停留在'为保护而保护''为传承而传承'，那绝对不可以。"安溪竹藤编正是倡导"设计提升贸易"创新理念，推动家居工艺文化产业在产品设计创意上下功夫，跨界融合，推广个性化定制产品，向产品附加值要效益，才逐步发展成为年产值上百亿元的大产业。

对于安溪县，这是排在铁观音茶后面的第二大产业，由贫困县跃入全国"百强县"，藤铁工艺的贡献有目共睹，有口皆碑；而带动这个产业的陈清河，作为竹藤编大师，他不断创新，作为企业家，他与时俱进，其身上浓缩了当代中国企业家的成长史。

陈清河说："我这一辈子呀，就做了编竹子这一件事情。"

好大的一件事！

匠心铸梦

何 况

冯鸿昌简介

冯鸿昌，1979年9月出生，福建漳州人，中共党员，福建省总工会副主席（兼职）、厦门集装箱码头集团有限公司工会主席，中共十八大代表、第十三届全国人大代表。作为国家级技能大师工作室领头人，他业精于勤，锻造精湛技艺，从一名临时的学徒工成长为技术状元、技能大师。他闯过了一道道技术难关，为企业、社会作出贡献；他勇于创新，强化技术攻关，完成龙门吊油改电项目、设备远程监控系统等446项技改，每年节省维修费用2000多万元，走在全国港口技改的前沿；他乐于带徒，注重传帮带，为公司培育了一批又一批的技术骨干，带动公司设备维修队伍整体素质的提高。大家都称他是“港口设备的守护神”。获全国五一劳动奖章、“全国劳动模范”称号等多项荣誉。

一

一个春雨霏霏的日子，冯鸿昌坐在厦门集装箱码头集团工会主席办公室，首次面对作家而非记者的采访，脸上呈现出丰富变幻的神情。顷刻间，我仿佛看到一只海鸟从他窗前飞过时投射在他眸子里的暗影，他连忙摇了摇头，好似要从记忆里赶走什么，然后恰到好处地回忆起他 18 岁那年离开家乡南靖到厦门经济特区海天码头实习的情景。对于冯鸿昌来说，一生中最重要的转折点就是来厦门实习。

“我和同学们盼望已久。”冯鸿昌告诉我。

那个时候，出生农家的冯鸿昌还是厦门市机械技工学校南靖教学班的一名普通学生。

厦门市机械技工学校创办于 1987 年，1999 年与创办于 1961 年的厦门市技工学校合并成立厦门市高级技工学校，2008 年经省政府批准设立厦门技师学院，是目前厦门市唯一一所国家级重点公办技工院校，先后向社会输送了 10 多万名技能人才。冯鸿昌是其中的杰出代表。

1995 年 3 月 13 日，厦门市机械技工学校与南靖城关职业中学、南靖县农机学校签订联合办学协议，约定 1995 年秋季联合开办厦门市机械技工学校南靖教学班，设置汽车维修专业和电气焊专业，各招收 50 人，学制两年。这是厦门市机械技工学校历史上首次尝试走出厦门联合办学。

经过紧张筹备，当年 9 月，厦门市机械技工学校南靖教学班正式开班授课，设址南靖县城所在地山城镇原县农机培训学校，冯鸿昌幸运地成为首届汽车维修专业的学生。

工作中的冯鸿昌

热门专业，羡煞众人。其中最具诱惑力的，则是最后一个学期能到厦门经济特区实习。冯鸿昌和同学们日思夜想盼了一年半，实习的美梦终于成真。但在当时，即使让冯鸿昌连做十个美梦，也不会梦到自己十多年后能当上中共十八大代表、第十三届全国人大代表，获中华技能大奖。吃水不忘挖井人，冯鸿昌由衷感恩厦门市机械技工学校南靖教学班的引领。

二

1997 年 3 月，南靖教学班的老师们将冯鸿昌和 20 多位同学引领到厦门港海天码头实习。

呈现在这群山里孩子面前的海天码头一派繁忙景象，让他们眼花缭乱。他们还没搞明白海水有多咸、海鸥能飞多高、海船能开多快，耳朵里就被灌进了许多陌生的专业术语：海天码头前沿水深为12.2 米至 13.8 米，能够同时接纳两条 8500 TEU（标准箱）以上集装箱船舶靠泊作业。码头占地面积 65 万平方米，交接库面积 9345 平方米，冷藏箱插座 1052 个，14 条进出场通道，拥有岸边集装箱装卸桥13 台、龙门吊 30 台、跨运车 11 台，以及正面吊与堆高机等其他大型集装箱机械设备，配备有先进快捷的大型集装箱检查系统，近百部集装箱拖车为场内平面运输和码头的集疏运提供有力保障……

冯鸿昌虽然听得一头雾水，却心潮澎湃。他在班里学汽车维修，实习却被分到了码头，有点南辕北辙。但他喜欢蓝色的大海，喜欢汽笛悠扬的巨轮，喜欢高耸的港口机械，喜欢一排排堆积整齐的集装箱。吹着略带咸味的海风，望着不远处正在建设的海沧大桥，他暗暗发誓：争取留下来当一名特区港口工人。

心中有信念，再苦也不怕。有的同学嫌实习期间每月领 400 元生活费不够花，抱怨住公司集体宿舍被管不自由，但冯鸿昌却发自内心感到满足。每天，师傅给设备“体检”“治病”，他紧跟在后面“偷艺”，适时递上工具、搬运配件、擦拭零件、清扫维修场地，忙得不亦乐乎。

冯鸿昌至今也忘不了第一次上桥吊检修时的狼狈样子。身高已经窜到一米七的他并不恐高，但由于肚里没货，复杂的设备令他心虚腿软、不知所措，满头大汗折腾了半个多小时也没能解决设备的机械故障。老师傅招呼他下来，然后上去仅用了两分钟就干净利落地解决了问题。

还有一次，冯鸿昌清楚地记得是实习那年 6 月的一天，他被班长指定去配合师傅检修四号桥吊。接受任务后，冯鸿昌整理好工具包，立即赶到现场，师傅已在拆除陆侧南边的防撞块了。他来不及戴好安全帽，就冲上前准备帮忙，螺栓忽然断裂，整个防撞块重重地砸在地上，飞出的螺栓打中了他的左眉额，鲜血直流，到医院整整缝了九针。

望着师傅心疼的眼神，冯鸿昌内疚不已：“对不起，师傅，是我的错，我没戴好安全帽。”

师傅不忍责备他：“没让你破相，万幸万幸。安全帽保安全，保自己的安全，这个道理以后要记牢，时时刻刻不能忘。”

血的教训换来冯鸿昌对师傅们的深情爱戴，他以谦卑之心礼敬身边每一个有一技之长的人，于是他成了那棵向四周汲取营养的高树。三国时人李康《运命论》说：“木秀于林，风必摧之；堆出于岸，流必湍之；行高于人，众必非之。”但冯鸿昌却凭借勤奋与钻研，赢得了公司领导和师傅们的普遍认可。实习期满，冯鸿昌如愿拿到了劳动合同，成为海天的一名正式员工。

三

从山区到特区，冯鸿昌迈出了人生坚实的一步，但他不满足现状。读他当时的日记可知，他要追寻自己的光荣与梦想，因此在师傅与同学向他祝贺的时候，他非但没有沾沾自喜，反而生出一种强烈的危机感和紧迫感。这种令他心慌意乱的危机感和紧迫感并非空穴来风，而是冯鸿昌深刻反思后的自醒自警：山里人先天不足，短板明显，今后靠什么在特区站稳脚跟？

师傅告诉他：“人不一定要出生在大城市，不一定要名牌大学毕业，但一定要把学习作为立身之本，活一辈子，学一辈子，学到真知识，学到真本领。”

他又想起当代产业工人的杰出代表许振超说过的一段话：一个人可以没文凭，但不可以没知识；可以不进大学殿堂，但不可以不学习。只有知识才能改变命运，只有发奋学习才能成就未来。

冯鸿昌有一种清晨站在海边看日出的感觉，一轮红日升起，眼前豁然开朗。他把师傅的话工工整整地抄在日记本的扉页上，当作一生的座右铭。他因此站上了人生的高峰，比别人看到了更多好风景。

"有师傅真好。"他对自己说。

小时候，父亲曾想让他拜师傅学手艺，一生饿不着。无论木匠、铁匠、竹匠、砖匠、箍桶匠，还是别的什么匠，都是师傅带徒弟，一代传一代，匠心传承。现在师傅打了样，冯鸿昌"照方抓药"，白天跟师傅学技术，晚上向书本求知识，常常做笔记、画图纸到深夜。

冯鸿昌通过自学尝到了甜头，同时也感到了局限性。有些操作性强的领域，自学事倍功半，老师面授一节课胜读几本书。于是，他拿出工资的大半，报名参加了厦门市高级技工学校开设的机械制造与自动化技术专业业余高职班。学校和公司相距较远，下班时段又是交通高峰期。为了不错过每一堂课，争取完整系统地学习掌握相关知识，他风雨无阻骑行上课。1999 年，14 号台风袭击厦门，他坚持骑车上课，一路上难见人迹，树却倒了不少，广告牌也砸烂许多，平常 1 小时的车程足足蹬了 2 个多小时，赶到学校的时候，他才知道那天学校停课……

学，然后知不足。冯鸿昌正式被分配到龙门吊维修组之后，在积极主动配合师傅们维修的过程中，手、眼接触的东西慢慢多了起来，对大车、小车、转场、吊具等码头设备的结构有了感性认识，看到师傅们手到擒来，熟练地排除故障，也禁不住跃跃欲试，想上前露一手。但是，当师傅们真的把工具递过来，他却"老虎吃天"，不知从何下手了。

师傅让他别着急，安慰说："慢慢来，一口吃不成胖子。公司集装箱装卸机械的电控化程度比较高，虽然你学的是维修专业，有一些原理相通，但这还远远不够。要做一个维修设备的高手，除了技术外，还必须具备丰厚的知识积累，尤其是计算机综合运用知识等。"

师傅的话激励冯鸿昌坚持不懈遨游知识的海洋。几年来，他正确处理"工学"矛盾，充分利用业余时间求知。有人倡导"快乐读书"，冯鸿昌淡淡地说，读艰深的专业书，很难快乐起来。不快乐还读，就是责任，就是志存高远。翻开他的日记本，闲暇时间记满了参加学习培训的内容，却找不到去鼓浪屿等风景区游玩的文字。有人开他玩笑，说他一个外地人，没户口、没房子、人在边缘，学那些东西做什么，他一笑而过。

业余时间的刻苦学习，成就了冯鸿昌的未来。人们惊奇地发现，不知不觉中，无论是他的外语水平，还是计算机操作、机械制图和计算机辅助设计（CAD）操作等方面能力，都与同期进来的其他同事拉开了很大距离。

四

春笋总要破土而出，有梦想的冯鸿昌开始崭露头角。

1999年，公司从国外引进了一批新设备，设备维修所需技术资料大多是英文的，这让没上过大学的冯鸿昌和工友们顿时傻了眼。冯鸿昌前期利用业余时间学过一些英文，但一下子面对这么多专业英文资料，还是理不清头绪。思前想后，他决定拿出半个月工资买台电子学习机，每天抽空自学英文，并对着技术资料一一标注、进行展读。半年后，他翻译整理出了一份完整的中文技术资料，并把各种技术参数标注得清清楚楚，为进口设备的检修提供了重要依据。

这就叫主动作为！公司奖励和师傅的夸赞进一步激发了冯鸿昌业余学习的积极性。在随后的几年里，他通过自身努力，相继获得了电大文凭和高级钳工、计算机操作员、高级技师等职业资格证书。

冯鸿昌的技术水平在不间断的学习培训中稳步提升。2001 年，他报名参加厦门市第七届职工技术竞赛，面对许多比自己从事维修时间长的老工人，他运用刻苦学习获得的知识和日常维修操作积累的经验，认真细致答好每一道题，沉着冷静排除每一个故障，经过几个回合的较量，打败了众多老师傅，获得港务类维修“技术状元”称号。

名不见经传的冯鸿昌登上了人生的第一座高峰。

作为“技术状元”，冯鸿昌手握“金刚钻”，必然要常揽“瓷器活”。随着厦门东渡港三期工程的建设，海天码头的堆场不断扩大，相关设备也随之不断更新。公司 1992 年引进的 4 台 70 年代日本制造的二手龙门吊，由于发动机功率不足、电控系统老化等问题，已经不能满足日常装卸箱使用要求了。摆在面前的有两条路，一是报废更新，二是进行技术改造。经过多个层面的研究讨论，公司最后决定指派冯鸿昌牵头组织相关人员，对 4 台龙门吊进行全面技术改造。

冯鸿昌受领任务后，根据老旧设备的特点和堆场作业的实际需要，结合多年的维修工作经验，与同事一道反复进行研究分析、模拟推演，大胆提出对发动机房活动走道翻转平台进行自行设计，对柴油机的油箱、小车传动系统、起升机构等进行改进和变更设计。

方案得到公司认可批准之后，冯鸿昌带领同事们大胆尝试，精心指导施工方逐条落实到位，实现了电控系统的全面更新和升级，使得原本趋于报废的设备重新焕发活力。仅此一项就为公司减少了 2000 多万元的设备投入费用，也为行业技术攻关提供了有益尝试和宝贵经验。

2003 年，公司指派冯鸿昌到上海某港机厂监造两台当时国内最大跨距（50 米）的轨道式龙门吊。这是来不得半点虚的技术活，对冯鸿昌是很大的考验。面对新的挑战，他暗自给自己鼓劲：把压力变成动力，坚决做好监造工作，不辜负公司的信任。

人的优秀品质，在关键时候就会显现出来。冯鸿昌第一次坐飞机、第一次到上海，很兴奋，但他既没有去逛南京路，也没有去领略外滩风情，因为他脑子里装的全是龙门吊的制造工艺和技术参数，根本没那份闲心。

在上海某监理公司工程师的带领下，冯鸿昌第一时间深入上海某港机厂现场，对两台轨道式龙门吊的制造进度及制造过程中遇到的问题进行全面深入的了解，同时认真审阅生产制造图纸及技术规格书、合同终审纪要等相关技术资料，力求在宏观层面熟悉把握新设备的技术参数和生产制造工艺流程。此后，他每天一早准时出现在现场，紧盯设备制造安装各环节，遇到不明白的问题，就刨根问底向厂家老师傅和监理工程师请教。

冯鸿昌的“监工”位置摆得正，不怕得罪厂家，他结合技术规格书提供的参数及日后安全使用和维修工作的实际需要，一口气对新造的 2 台轨道式龙门吊提出了近 100 条整改要求和建议，比如起升制动器加装维修平台、对楼梯走道进行整改、部分滑轮加装钢丝绳挡绳器、柔性腿铰接处加装机械抗磨块等。当年具体承接制造这两台龙门吊的是设备厂，面对冯鸿昌的质疑和整改要求，厂方资深工程师断然拒绝：“我们的设备享誉全球，不可能存在问题。”

冯鸿昌“艺高人胆大”，为了说服对方，不惜“以身试机”，亲自上手调试，最终得到了厂方的理解与认可，悉数整改到位。事后，监理工程师莫先生对冯鸿昌说：“您很专业，不愧是一个具有丰富现场工作经验的顶级技术工人。”

公司领导高兴了：这么优秀的一个“监工”，别浪费了，把他的作用发挥好。鉴于前期出色的表现，2004年5月，冯鸿昌再次肩负重任，代表公司到国内某外资设备制造厂监造售价高达6000万元的8台龙门吊，对整体技术和安全性能进行把关。作为一线工人，冯鸿昌深知设备质量就是工人生命的道理，他驻扎在厂家，排除一切干扰与杂念，每天到制造装配现场对每道工序进行严格监制与把控。像上次一样，由于外资公司固有的管理体系和外籍制造工程师的偏见，他提出的许多整改意见迟迟得不到落实。他无法容忍自己认定存在安全隐患的设备投入码头生产，于是通宵达旦翻找资料、补充数据，使每条意见更加清晰、缜密、一针见血。通过他反复交涉、据理力争，问题终于得到圆满解决。交货之前，外籍制造工程师和调试工程师结伴找到冯鸿昌，用不太流利的中文说：“小伙子，你们老板应该给你发奖金。”

其实，冯鸿昌可以获得奖励的事项多着呢，比如他与班组成员一起完成了传统龙门吊驱动系统、设备远程监控系统等项目改造，革新传统理货模式，使码头作业的安全性与节能性大大提高……2002年5月，冯鸿昌被评为厦门市第二届十佳外来青年，同时获得政府奖励的城市户口，成为厦门数十万外来青年的楷模。公司奖励了他1000元。那个时候的1000元不是个小数目，他将这笔钱分成两份，分别捐给了单位职工住院互助保险金和救急济难金，真应了“挣钱是能力，花钱是境界”这句话。但他说：“没想过境界啥的，就是觉得这样心安。”

五

一个人的境界不靠想、不靠说，主要看行动，行动体现境界。

冯鸿昌 2008 年的一个小举动，让我感受到他有大境界、大智慧，他的成功并非偶然。

2008 年北京奥运会举世瞩目，冯鸿昌作为 2007 年全国五一劳动奖章获得者代表，有幸应邀出席 8 月 8 日晚上的盛大开幕式。你猜他当天到北京后去了哪儿？我临时起意在微信群里做了个小调查，有猜说他去逛天安门、故宫的，有猜说他去游颐和园、圆明园的，甚至有猜说他去爬长城的，但没有一个人猜到——他去了位于北京海淀区的中国劳动关系学院，在里面逛了两三个小时！

这是中华全国总工会直属的一所本科高校，里面设有一个劳模班（现为劳模学院），专门招收各地免试保送的全国劳模及部分省级劳模。冯鸿昌当时还不具备保送条件，但他为自己设定了新目标：上劳模班！我以为，冯鸿昌萌生这个上学念头的时候，他的境界飞升到了一个新高度。

新目标引领冯鸿昌更加发奋努力，他似乎有使不完的劲，创新的火花频频闪现，成果丰硕。2010 年，冯鸿昌被评为全国劳动模范。次年 3 月，他如愿被推荐保送到中国劳动关系学院劳模本科班脱产学习 2 年，在岗函授 2 年。

冯鸿昌十分珍惜这个难得的充电机会，心无旁骛地沉浸在读书的快乐之中。虽然他原有的文化基础不够扎实，但他方向明确、目标清晰，全身心投入，用比别人更多的时间和精力弥补自己的不足，4 年后以全优成绩毕业。

这个时候的冯鸿昌已经脱胎换骨，回到工作岗位后，他与同事们一道努力推动技术不断创新进步。2012 年 8 月，公司建立了以他名字命名的冯鸿昌工作室。该工作室由 33 名职工构成，高级工程师、高级技师等青年高技能人才占大多数，是一支充满朝气活力、经验丰富、技术精湛、创新能力强的高技能人才队伍。

据相关资料介绍：工作室以培养高技能人才的摇篮、培养青年骨干的孵化器为目标，以技术攻关与创新、成果展示与转化、技术培训与双培养、远程技术支持与服务、党代表联系群众为功能定位，以青年党员创新承诺、责任项目和岗位示范等形式，积极参加公司岗位练兵、技能培训、技术攻关、合理化建议等活动。

冯鸿昌和同事们结合实际搞技术革新，成果管用接地气。2013年8月，厦门一码头在装卸作业时，发生箱内液体泄漏事故，经紧急调用冯鸿昌和同事们专门研制的危险品箱处置容器协助处理事故，最终化险为夷。2013年10月，冯鸿昌与班组成员进行理货模式革新，使传统的一人一条作业线转变为一人多条作业线，码头人员可在办公室进行远程操作，办公条件及安全性得到提升。

据统计，冯鸿昌工作室自成立以来，先后完成了611项技术革新，申请发明专利、实用新型专利34项，通过“传、帮、带”形式为厦门港培训高技能人才1800多人次，工作室先后被评为国家级技能大师工作室、全国示范性劳模和工匠人才创新工作室。

冯鸿昌工作室主任陈瑞锦说，从冯鸿昌身上，他看到了一个产业工人对企业、对国家发展的责任，“在冯鸿昌身体力行的影响下，我们更意识到需要立足本职工作，潜心钻研”。

六

冯鸿昌的人生不断攀上新台阶。

2012年，冯鸿昌当选为中共十八大代表。

2014年，冯鸿昌摘取我国产业工人技术技能最高奖——中华技能大奖，享受国务院特殊津贴，成为名副其实的“大国工匠”。

第十三届全国人大代表冯鸿昌

2015 年，冯鸿昌当选为十二届全国青联副主席和福建省总工会兼职副主席。

2018 年，冯鸿昌当选为第十三届全国人大代表。

时代赋予人们机会，劳动成就精彩人生。冯鸿昌说：“生活在新时代的每一位劳动者，只要肯学肯干肯钻研，练就一身真本领，掌握一手好技术，就能立足岗位成长成才，就能在劳动中发现广阔的天地。”

为了鼓励劳动者成长成才，冯鸿昌作为单位工会主席，积极组织职业技能竞赛，推动出台相关奖励制度。其中最具激励性的条款是，参加各级劳动竞赛优胜者，除发放一次性奖金外，还予以加薪：参加省级竞赛获得前 6 名，每月分别加薪 600 元、400 元、200 元；参加市级竞赛获得 A 类前 6 名，每月分别加薪 400 元、200 元；参加市级竞赛获得 B 类前 3 名，每月加薪 200 元……

作为一线工人成长起来的全国人大代表，冯鸿昌时刻关注工人群体的切身利益。他向全国人大提交的《关于促进职业教育产教深度融合、校企合作的建议》《关于加速落实新时期产业工人队伍建设改革方案，培养高技能人才队伍的建议》等议案，均得到相关部门的高度关注和工友们的热切认同。他在议案中指出：要加强校企合作，创新校企联合、工学结合模式，进一步加强新时代技术工人队伍建设，让更多年轻人凭借一技之长实现人生价值。

我说："你就是凭借一技之长实现了人生价值。"

他真诚地说："我感恩，希望更多年轻人获得成功。"

说这话时，我和他的目光都投向他办公室墙上挂着的一幅玻璃镜框装裱好的书法作品，上书"匠心铸梦"四个大字。冯鸿昌当得起这四个字。

改革先锋的家国情怀

王永盛

吴荣南简介

吴荣南，1942年6月出生，福建厦门人，中共党员，生前曾任厦门航空有限公司总经理、党委副书记。1986年开始担任厦航总经理，在任职的十多年间，他始终以改革创新的精神推动厦航发展，敢闯敢试、敢为人先，带着干部员工“摸着石头过河”，建立起一套完整而科学的现代企业制度，使厦航成为民航体制改革和国企改革的一面旗帜，探索出一条独具特色的发展之路，为民航企业化改革作出突出贡献。曾获“厦门经济特区建设30周年杰出建设者”“厦门市劳动模范”“福建省突出贡献企业家”等荣誉称号，入选100名改革开放杰出贡献对象。2018年12月18日，党中央、国务院授予吴荣南同志改革先锋称号，颁授改革先锋奖章，并获评厦门航空事业的开拓者。

从无到有　奋力起飞

厦门航空公司的发展和腾飞，离不开“厦门航空事业的开拓者”——厦门航空公司原党委副书记、总经理吴荣南的努力和奉献。

1986年初，吴荣南调任厦航时，厦航还处在民航广州管理局机组代飞的初创阶段。

时光回溯至1984年3月2日，中国民航局和福建省政府联合下发《关于同意合资经营厦门航空有限公司协议的批复》。7月25日，厦门航空董事会第一届第一次会议在北京召开，民航上海管理局和福建省投资企业公司、厦门经济特区建设发展公司联手成立厦门航空有限公司。厦航向股东厦门经济特区建设发展公司借了5000元，办理税务、工商营业执照、银行开户等手续。这标志着国内首家综合性地方航空公司，也是首家由中央和地方合资的航空公司成立。厦门航空公司自此自主经营、自负盈亏、具有法人资格。

当时的厦门还被视为前线，建设极少，市区小而破旧，路窄车稀，成立后的厦门航空公司就在马路旁一座收发室的二楼，总共不过四五间房子，一间大一点的屋子摆着几张办公桌。时任厦航副总经理何平介绍，厦航成立时整个公司“一个秘书、一个总务、一个会计兼出纳，还有文书、打字员、司机各一，加上两个老总，公司搞了近半年，总共就这么多人”。

吴荣南是地道的厦门人。集美航海学校毕业的他，在外工作多年。他任中国民航广州管理局航行处处长时，是业内最年轻的处长之一。过了不惑之年的吴荣南，似乎对家乡、对故土有着更深厚的感情和由衷的眷念。当他从广州调回厦门工作时，虽有几分忐忑，但更多的是激情与坚定。

对吴荣南个人而言，从行政主管部门到企业从事管理工作，是一次艰难的转身。而到厦航后，他要面对的是尚在襁褓中的厦航；要面对的是没有基地、没有基础设施、飞行人员紧缺、飞机维护等技术力量薄弱的难题。飞行管制专业出生的吴荣南没有被吓倒，他开动脑筋，一头扎了进来，真正把厦航当作自己的事业来做。他从零开始，第一件事就是理顺各种关系。吴荣南要求厦航人以铁人王进喜为人生榜样，学习大庆人的创业精神，"有条件要上，没有条件创造条件也要上"。没有办公场所，他们在竹林下办公、开职工大会；没有飞机，他们依靠民航协调租赁飞机；没有维修厂房，他们在屋檐下设维修站……玉汝于成，曾经的风餐露宿、筚路蓝缕，如今成了厦航人独特而珍贵的奋斗记忆。

厦航总部乘主修高崎机场时前移到一座闽南红砖民居，开始就近办公指挥生产。吴荣南的办公室仅为不足十平方米的小屋，两张办公桌（与另一位副总在一起办公），两个文件柜，里头除了一些文件书籍，还放有两人的碗筷。从办公室到停机坪还要经过田间小路。条件差，困难多，但这些阻挡不了吴荣南让厦航"飞"的目标。

厦航成立之初股东首期投资只有1000万元，在当时只够买一台飞机发动机。没有钱买飞机，也没有钱买航材，就连基础的生产工具也匮乏。

吴荣南就职两三个月后，机长们的波音训练已顺利完成，经广州短暂带飞，开始在广州执行航班任务，获得民航总局颁发的飞行执照，具备移师厦门的条件。机务工作建立了相应的职能部门，先后出台机务工作的规章制度，逐步进入正轨，厦航以厦门为基地执飞的条件成熟。

1986年11月16日，厦航最初的两架飞机（B-2516、B-2510）

由自己的机长执飞从厦门升空。厦航的历史翻开了新的一页。

航空公司要发展，一定要有自己的飞机，但引进飞机的谈判十分困难。“当时吴总和外商在北京和平饭店谈判，为了节约成本，吴总住在地下室，每次走去和平饭店又省下两站地5分钱的公交费。”工号00152的厦航飞机维修工程部外航保障处经理陶殿志说。引进第三架飞机以后厦航就有了自己的机队，这时候吴荣南下决心要做规范化管理，为了确保飞行安全，研发了可靠性维修系统，对飞机实时监控。“一个5分钱都要省的人，却为这套系统当时花了500万。”

一个人是工作，一群人是事业，人是事业发展的决定因素。吴荣南深深认识到，厦航要发展，依靠的是人。他通过大规模组织人员培训，从飞行员到乘务员，从行政骨干到地勤工作者，培养出训练有素的队伍。“当时选拔空军优秀的飞行员，选拔培养厦航自己的乘务员，都为厦航后续独立营运和管理发展打下了良好的基础。”厦航原培训部总经理杜红鹰是厦航最早的七位员工之一，她亲身经历了厦航从无到有的发展。“当时厦航正处于一穷二白的时期，吴总投入了大量心血，经过精心的策划和协调各方面支援，创造了依靠厦航自己力量‘飞起来’的条件。”

杜红鹰回忆：“吴总特别有奉献精神。他自己吃得非常简单，总是地瓜稀饭就萝卜干，衣服也没什么讲究，有一次去波音接飞机前，还是我帮他钉衣服的扣子。”

“吴总带领我们走过一个非常艰辛的时代。”陶殿志已经在厦航工作了三十多年，“我那时候在广州学习，吴总说你们一定要好好学，这个飞机我们是一定要接回去的，飞机我们一定要自己管。那时候还是计划经济，吃饭得要粮票，我们没有粮票的，就把这个问题提了出来，吴总说给我们解决。几年之后我们才知道，粮票是他让他爱人拿他们自己的钱买的。”

正是这种艰苦创业的精神和永不放弃的斗志，厦航创业者凭着一股一定要让厦航“飞起来”的满腔热情和坚定信念，成功实现首飞。边组建、边培训、边经营、边发展，厦航在当年就实现自主运营，1987 年实现首次盈利，这一盈利就保持 35 年之久，在全球航空业内都极为罕见。

从大到强　勇立潮头

改革先行，白鹭高飞。

1991 年，经中国民航局批复，厦航正式将“蓝天白鹭”作为标识。

白鹭是厦门的市鸟，人们对它的喜爱发自内心，它也成了厦门城市形象的象征。万石夕照，筼筜水清。斜阳的最后一抹余晖奋力挥洒在湖面上，折射出橙红的光影，轻风吹皱一池秋水。当白鹭慢慢从湖心飞向岸边时，一架有着蓝天白鹭标识的波音 737 也正从厦门机场腾飞，那曼妙的身姿有着不可言说的优美，还有一份“也无风雨也无晴”的清逸脱俗。

这份洒脱和从容，得来不易。

1986 年至 2005 年，吴荣南在任的近 20 年间，带领全体厦航人“摸着石头过河，在艰难的探索中经营”，建立起一套完整而科学的现代企业制度。厦航成了中国民航创新发展的一面旗帜，它从一家地方航空公司，发展为拥有 210 架飞机、2 万多名员工、527 亿元资产、500 多条航线的大型航空公司。

创造如此奇迹，缔造显著业绩，吴荣南紧紧抓牢改革发展主旋律，坚信改革创新是企业生存发展的根本途径，带领厦航创造了中国民航界的诸多第一。

1994 年，厦门航空有偿兼并福建航空公司，成为中国民航改革重组有偿兼并的第一个“吃螃蟹者”；率先尝试招收优秀理工科大学生，送到国外进行飞行员培训，俗称“大改驾”，这种高素质、高起点培养飞行员的成功模式如今被民航业广泛采用；率先打破“铁饭碗”，实现全员合同制；率先开民航之先河，编写了近 700 万字的《厦门航空有限公司营运总册》，建立了一套完整而科学的现代企业制度，逐步使厦航成为中国民航规范化管理、全行业学习的典范；率先提出“以诚为本，以客为尊”的服务理念，以真情服务、诚信服务、特色服务彰显服务品牌，厦航多次被评为“全国用户满意服务单位”“全国诚信企业”。

在吴荣南的职业生涯末期，他还为厦航打下了全面预算管理的根基。2003 年 3 月至 6 月，受到“非典”影响，民航旅客流量大幅度下滑，短短 4 个月就亏了 1.73 亿元。厦航总会计师杨军说：“7 月，

《厦门航空有限公司营运总册》试运行动员大会

疫情基本被控制住，但吴总的思考却没有停，他考虑的是，厦航如何在易变的外部环境面前保持财务稳定性。”

吴荣南当时出了两招：一是出台了“蓝天白鹭振兴计划”；二是给当时的计财部下达死命令，一年之内实施全面预算管理，两年之内夯实公司低成本运营基础。在后来的发展中，全面预算管理和规范化管理成为吴荣南为厦航大厦打下的核心根基。

厦航人都有爱企如家的特质，是因为公司把职工当家人，这点与吴荣南密不可分。吴荣南总能把职工利益摆在重要位置，让企业发展成果惠及广大职工，他是推动幸福厦航建设的倡导者和坚定者。“以民航为业、以厦航为家”，是厦航对新晋员工的训导，其实这就是吴荣南的真实写照。

“吴总非常重视人才，他认为人才是企业第一资源，他曾经讲过‘有了人，什么奇迹都可以创造出来’。”厦航人力资源部副总经理黄

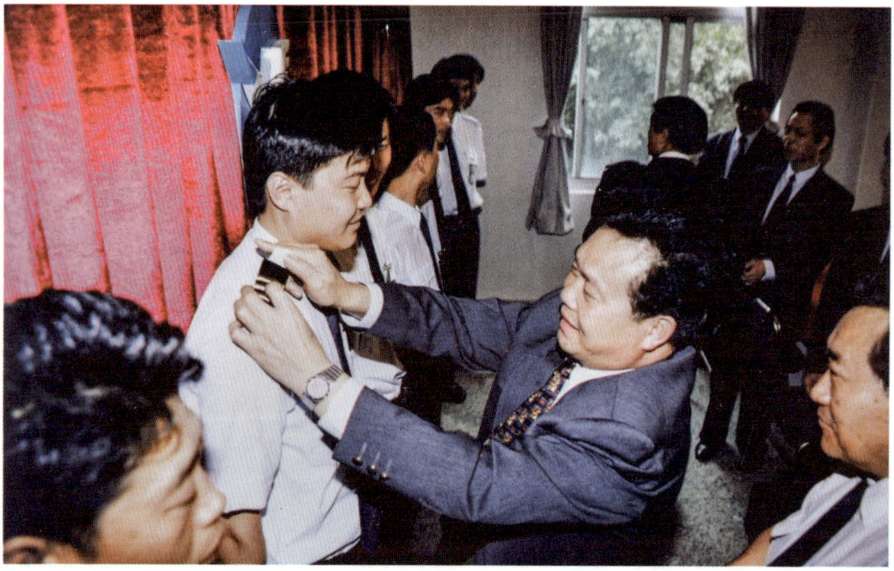

吴荣南注重人才培养

海城说，“凡是涉及员工切身利益的事，凡是事关人才机制创新的事，吴总都是亲自抓、重点抓、坚持抓，真正地把人力资源管理当成一把手工程。”

厦航原党委书记陈国良，与吴荣南搭档了12年。他说：“老吴一心为航空事业，一心为厦航，基本没有休息时间。每天第一个航班起飞前，他就要到公司，只要最后一个航班没有落地，他就不会休息。他出差去开会，交代最多的也是要注意航班安全，遇到节假日、台风，要求更加严格。”

“他从来不计较个人得失，也没有时间考虑个人的事。”陈国良说，“当时企业几千人，要自负盈亏，员工每个月都要发工资、发奖金，如果企业效益不好，什么都免谈。作为公司总经理，他既要考虑员工福利，又要考虑社会奉献，更要考虑安全和发展，所以把一切都倾注在了工作上。可以这么说，厦航的事业就是他自己的事业。”

厦航原服务总监陈毅真是公司的第一批乘务员，她还记得，有一次航班到达，由于没有升降车，吴荣南亲自上前将行动不便的老年旅客背下了飞机。“他的行为感染着我们，自那以后，只要航班出现这样的旅客，乘务员、机组成员、机长都会主动将旅客背下飞机。”

即使在退休后，吴荣南依然关心关注着厦航。厦航退休服务经理方休全说：“《厦门航空报》老吴每期都看，一听到公司又引进新飞机，他就感到很高兴。”引进波音787飞机是吴荣南的梦想和愿望。2014年9月，厦航首架波音787飞机落户，首航之时厦航邀请退休的吴荣南乘坐体验，72岁的老人紧盯着飞行轨迹图，全程都没有休息。

“榜样的力量是无穷的。”杜红鹰反复提到。她认为，吴荣南“不断努力、拼搏进取的精神”，一直在无形中影响着大家，影响着所有厦航人。“我觉得他就是一个精神的存在，他在无形中影响着我们大家不断地努力进取拼搏，他就像一尊精神的丰碑，牢牢地扎在我们的心里。”

从家到国　壮志凌云

东海之滨的厦门与台湾一水之隔。

当改革的浪潮以不可阻挡的趋势席卷而来的时候，厦门闭塞落后的交通状况已经明显成为制约特区发展的瓶颈，也给实现祖国统一、解决台湾问题带来了诸多不利的因素。

1987 年 11 月，两岸打破了长达 38 年之久的隔绝状态，从第一批台湾同胞踏上祖国大陆起，厦门开始成为海峡两岸往来对接的“试验田”，迎来了一批又一批以探亲、经贸为主的台湾同胞。

吴荣南看到了厦航在两岸直航中的责任和机遇。

厦门航空的乘务员很多是闽南人，和很多台胞一样说闽南话。吴荣南充分利用这种特殊条件，要求执行飞台湾航班任务的乘务员一定要懂闽南话。那时的乘务员都有过这样的经历，老台胞回大陆寻亲，因为时间久远，一些过去的地址和门牌号在脑海里已经淡了，正发愁，在飞机上一听见空姐讲地道的闽南话就喜出望外抓住不放，希望能得到帮助，于是很多乘务员都利用休息时间跑遍厦门大街小巷陪着台胞寻找失散多年的亲人。

说起来很有意思，厦航开始与台湾民航业的“大面积亲密接触”是从航空业界最忌讳的空中劫机开始的。1988 年，厦航一架飞机被劫持到台湾，此事在两岸引起极大震动。两岸民航同业开始“坐在一起”应对这突然出现的意外，拘谨戒备之余，“端详”着各自的眉眼，都敦实平和，并不青面獠牙，于是开始好奇地问一声家长里短，太多的惊喜都汇聚在了这一刻。

1989 年，厦航给台湾长荣航空公司董事长张荣发呈递了一封信，信中措辞自然是为了“联姻”而抛出绣球一类的，还开玩笑地说长荣航空张荣发先生的名字和厦门航空吴荣南先生的名字中都有一个“荣”字。这句话听起来幽默，其实是在暗示两岸同根同缘，也算是厦航最早打出的亲缘牌之一。闽台之间、厦台之间有着特殊的地缘亲情，确实是一衣带水，一脉相连。在福建和台湾，都流传着半屏山的传说：“半屏山，半屏山，一半在大陆，一半在台湾。”据清朝《台湾府志》记载：“台郡、厦岛，鸟之两翼。土俗谓厦即台，台即厦。”两岸肝胆相向，血浓与水，骨肉不可分。在全中国所有的航空公司中，厦航最有“本钱”叫出这张“得天独厚”的王牌。

在厦航有一块小小的纪念匾，上面刻有“早日直航”四个铜字，被当作传家宝，此匾从外表看来其貌不扬，但其中的意义非同寻常，那是 1990 年台湾远东、龙翔、马公、复兴、大华 5 家航空公司第一次访问厦航时送给厦航的，可以看出对于“直航”这件事情两岸业者一直都是心心相印的。当时国台办和民航总局相关部门非常重视这件事情，专门派出级别较高的官员来厦门数日，陪同所有行程，还留下一张珍贵的照片。照片中，所有人的腰板和头颅都挺得直直的，呈现出一种在激情中不加掩饰的亢奋，那是因为“早日直航”这四个字震击国人魂魄，让人热血沸腾。

1994 年，厦航为了庆祝公司成立十周年出了一本纪念册，在最后一页放了三幅图片：一张是 1987 年当台湾当局迫于人民的呼声，开放民众赴祖国大陆探亲时，在厦门的和平码头上演的离别半个世纪后一个 70 多岁的老儿子和 90 多岁风烛残年的老母亲相见抱头痛哭的情景；一张是“早日直航”的牌匾；一张是吴荣南等厦航领导和台湾民航业的高层人士围着一张圆桌一起商讨两岸直航的会议。

针对台湾棒垒球普及盛行，大多数航空公司都有棒、垒球队的情况，借鉴“乒乓外交”的经验，吴荣南支持厦航组建棒球队。1995年春天，厦航党委决定成立企业棒球队，表达了厦航以球会友、力求亲和的决心和姿态。他们把原来国家棒球队的健将级优秀运动员闫代新“挖”到厦航，组建厦航自己的棒球队，希望闫代新带起的队伍能成为促进两岸三通的首个厦航“形象大使”。

在闫代新和队员们的不懈努力下，这支队伍还真成了气候，飞动的小小棒球为两岸三通做了不少的工作。1996年应台湾棒球协会乙组联盟邀请，厦航棒球队赴台进行交流，参观了华航等航空公司，受到台湾各界的热烈欢迎。接下来的两岸民航同业的比赛、交流、观摩日益频繁，大大增强了两岸民航业之间的友谊。

2005年春节两岸台商包机直航，厦门自然也扮演了重要角色。虽然由于种种复杂的因素，厦门未能成为包机的定点，而是在广州异地执飞，但厦门航空公司独特的地域优势和相同的闽南文化形成的一连串“呼声很高”的亮点和“风头”，“抢”了许多镜头。

如此种种，切切实实使海峡两岸民航界的交流合作加速升温，民间通航获实质性进展。

2018年12月18日，在庆祝改革开放40周年大会上，根据《中共中央国务院关于表彰改革开放杰出贡献人员的决定》，“厦门航空事业的开拓者”吴荣南作为百名改革先锋中的一员，被授予改革先锋奖章。

方舱里的35个日夜

张知松

叶玲简介

叶玲，1974年11月出生，福建福州人，中共党员，福建中医药大学附属人民医院呼吸科主任中医师。武汉疫情发生后，叶玲积极响应国家号召，两次请缨。2020年2月15日，作为福建省第九批驰援湖北医疗队员，逆行奔赴武汉光谷方舱医院，积极投身抗疫工作。她利用自己从医25年以来积累的呼吸系统疾病的诊疗经验，充分发挥中医药特色优势，在国家诊疗方案的基础上，结合患者的舌脉象特征和武汉当地的气候、时令等特点，拟出两个协定方，用于方舱患者治疗，取得显著疗效。这期间，她共收治247例新冠肺炎轻症患者，其中210人治愈出院，实现患者“零死亡”。荣获“全国优秀共产党员”“全国抗击新冠疫情先进个人”等荣誉称号。

“人生没有生而勇敢，但正是老师们的教导，让我在疫情面前选择勇敢！”这是一张很普通的照片上的一句留言，却令人回味良久。照片的主人公是福建中医药大学附属人民医院（以下简称省人民医院）呼吸科主任中医师叶玲，她的勇敢应当从2020年初武汉新冠肺炎疫情开始说起。

武汉告急

庚子年春节前夕，新中国成立以来在中国发生的传播速度最快、感染范围最广、防控难度最大的一次重大突发公共卫生事件凶猛来袭。而武汉则是这场空前疫情防控战的主战场，高峰时期，全市在院新冠肺炎患者高达数万人。

武汉疫情防控指挥部在1月23日凌晨发布通告，从当日10时起，武汉正式封城。这是人类历史上，对一个千万级人口大城市采取的最严格的防疫措施。

党中央高度重视武汉疫情防控，紧接着，全国各地火速支援武汉。2月初，仅用十几天迅速建起了火神山和雷神山医院，全国各地组建了344个援鄂医疗队，集结数万名医务工作者，星夜驰援湖北。

叶玲就是数万名援鄂医务人员中的一员。

请战，再请战

武汉疫情牵动了全国人民的心。

短时间的疫情暴发，武汉当地的医疗资源告急，国家立即组织全国精锐力量支援武汉、支援湖北。闻令而动，全国各地医务人员、公安干警等各行各业立即动员起来、行动起来，民间热心人士纷纷捐款捐物、踊跃支援疫区。

在国家需要你们的时候，请选择勇敢！2020年2月上旬，接到命令后，福建省各医疗单位、医疗人员积极报名参战。

叶玲也率先报了名。她第一次报名参加援鄂医疗队时，没有被批准，但是她不气馁，继续报名，终于被批准加入了第九批援鄂医疗队。

疫情暴发初期，有些人心理准备不足，产生了恐慌心理，但叶玲天天看着各大主流媒体的新闻报道，深知疫区处境之难，觉得作为呼吸科的医生就是应当站在这场特殊的疫情的最前面。她在做好思想准备的同时，认真查阅相关业务资料，与同事充分交流，深入学习国家指南。

为了不让家人担心，叶玲提前与他们沟通。叶玲父亲也是一名医生，他非常支持女儿支援湖北。他说："作为一名医生，此时国家需要，必须得去支援！"但家里还是有人担心新的病毒难治，传染性强，如果感染了怎么办？叶玲就用自己的专业知识分析给他们听，做通了他们的思想工作。稳住了后方，叶玲感到在前方就能安心投身到抗疫之中了。

从接到支援通知，到集结出发，仅是短短的几个小时。出发前，在与同事、家人简短道别时，叶玲沉稳地说："一定会做好自身防护，很快平安归来。"

誓师大会上，领导的致辞一直萦绕在她耳边：牢记人民医院为人民，越是艰险越向前，参战队员要以实际行动，向党和人民交上一份满意的答卷。

2月15日下午6点，福建第九批援鄂医疗队到达武汉机场。那是武汉最寒冷的日子，刚下完一场大雪。走在空旷昏暗的武汉机场，叶玲的心情十分沉重：武汉到底经历了什么，人都去哪了，一栋栋居民楼也只有零星的灯光，更不要说空寂的马路，偶尔只有一辆警车驶过。这是叶玲到达武汉首日日志中的文字。

方舱里的35个日夜

在福建派出的支援湖北的医疗队里，中医类医院共16家，医务人员207名，叶玲便是其中一名。

为了更好地通过使用中医药帮助新冠肺炎患者早日康复，院里组建起一个中医药防疫智囊团，不断给在武汉一线防疫的队员支招，提供有效治疗方案。叶玲则是这个团的主力前锋。

2020年2月24日下午1点，一场空中“三方”会诊在省人民医院和武汉光谷方舱医院内、外同步进行，这是福建首次为方舱内患者进行在线中医远程问诊。

中医远程问诊中，叶玲在舱内仔细询问每个患者病史、收集舌脉资料，及时为远在福建的中医药专家提供新冠病人脉象、舌象等四诊信息，实现中医药专家远程对舱内的新冠肺炎患者进行个体化辨证，有效地将中医四诊合参，精准施治。

叶玲一个床位接一个床位地询问病人的身体情况，给病人号脉、看舌象，记录、拍照……再一一同步上传给远程在闽的专家们会诊。在省人民医院内，全国名中医杜建教授、省人民医院党委书记赵红佳、中药专家程心玲、医学博士施婉玲、呼吸科主任徐顺贵博士、传统内科林国清主任等中医药防治专家看着屏幕，对舱内的新冠肺炎患者进行个体化辨证。

大屏幕上，一边是福建援武汉光谷方舱医院医疗队领队、省人民医院陈捷院长在舱外主持此次远程会诊；一边是呼吸科主任中医师在舱内给省人民医院的专家提供脉象、舌象等四诊信息。

当天，省人民医院中医药防治专家组一共会诊了三位新冠肺炎患者，三位患者的四诊信息收集齐全后，专家们逐一发表观点，杜建教授进行归纳总结，指导推荐方药。

这是福建支援队首次“面对面”地对舱内病人进行中医远程会诊。会诊后，叶玲团队与后方专家一直通过微信、腾讯视频等方式进行病情交流，适时上传在舱内采集的四诊信息，后方专家们则配合叶玲团队的出入仓时间一起商定诊治方案，在线会诊、遣方用药。

“口罩拉下来，舌头伸出来（给）我看看。”在全国人民都戴着口罩的疫情期间，叶玲和她的同事们应该是武汉光谷方舱医院里见过人脸最多的人了。但是叶玲与队友们却是全副武装，经她救治的数百名病患没有一人见过叶玲的真容。

叶玲说：“虽然他们永远都不知道我们的真实面容，以后在人群中擦肩也不认识。但我很开心，顺利地完全了救治任务。”叶玲向笔者展示了手机里那张令她恋恋不舍的光谷方舱医务人员工作证，“现在我回到福州，除了带回这段难忘的经历，就只有这张工作证留存着我的记忆了。”

叶玲说：“因为穿戴着厚重的防护装备，隔着护目镜看舌象，隔着乳胶手套号脉，四诊合参、精准辨证要比平时困难许多，但容不得半点马虎。”因为近视，护目镜戴久了，水汽便会模糊视线，她走路就要比别人更小心、比平时更谨慎；身着防护服一直感到有些喘不过气，她不断鼓励自己要克服困难加油干。

“望闻问切”是叶玲工作中的“常规动作”，也是中医的基本功，最能体现功力。到病人的床位旁采集中医四诊信息，叶玲把这项工作称为“逛病人”。每次“逛病人”后，她利用有限的休息时间，整理

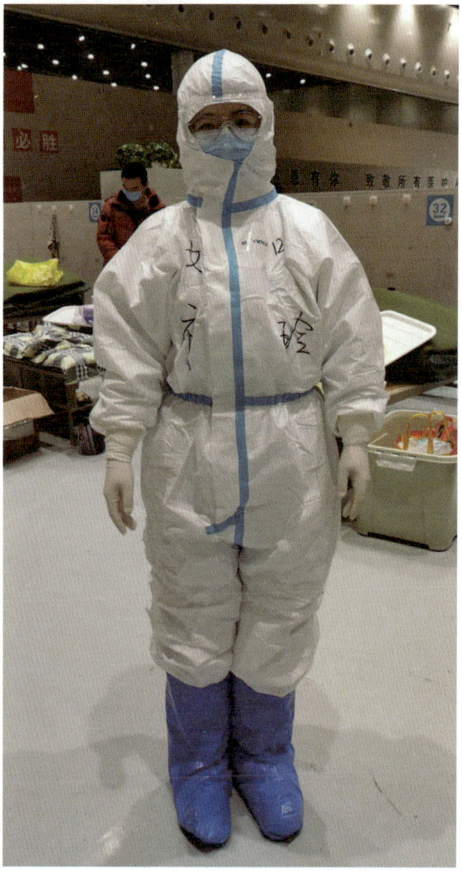

方舱里的叶玲

舱内患者四诊信息及影像资料，有时一天多达150余例。

在国家诊疗方案的基础上，省内专家结合叶玲采集的光谷方舱医院患者的舌脉象特征及武汉当地的气候、时令等特点，灵活地拟出两个协定处方用于方舱患者治疗，取得显著疗效。大家都说，叶玲在方舱“逛病人”，“逛”出了两个“金方子”。但叶玲总是说，她这个前锋是打前仗的，与她并肩作战的是一个团队，既有一起在武汉的其他前锋，更重要的是福建的后卫专家们。

在光谷方舱医院的日子，叶玲每天入舱后先给患者开医嘱、评估病情、报请转院或出舱，忙完这些基本工作后，便开始“逛病人”。穿着厚重的防护服，每次需要连续在舱内工作 6 小时，叶玲最大的感受是呼吸不畅、口干舌燥，很是闷热，与平时的环境完全不一样了，特别是前面几天大家都不太适应。6 个小时内连一口水都不能喝，更别说吃饭了，需要开足马力救治病人，只有将心思全都投入到救治工作里，才能更好地克服呼吸不畅等困难。

叶玲说：“患者每天的症状不一样，对症下药也很考验医生的细心观察、用心分析。”有一天，叶玲进舱查房时，根据患者中医四诊资料辨证为初期的寒湿郁肺或中期的疫毒闭肺，分别予以对症的协定处方。后来，却发现部分患者出现消化道症状。叶玲立即将这一病变信息发送到新冠病历讨论群，专家依据患者具体症状和舌脉情况及时进行了加减用药，症状很快就得到了缓解。

康复团队还根据心肺功能受损情况，创建了一套抗击新冠肺炎的太极健肺养心功。

通过前方、后方的协力合作，加上康复等团队的立体合作，救治工作进行顺利。截至 3 月 6 日光谷方舱医院休舱，福建第九批援鄂医疗队共收治新冠肺炎轻型患者 247 人，其中 210 人治愈出院，37 人转院，实现了患者“零死亡”。

回忆抗疫时光，叶玲眼带笑意说：“当患者追着我，让我帮他开中药的时候，我身为中医人，觉得很自豪。”

经验的升华

要学以致用，更要学用结合。叶玲注重将平时工作所观察收集的病症进行科学的分析、梳理，结合自身的从医经验，经过系统的思考与论证，上升到理论的高度，并撰写论文，更好地让广大同行共享自己的从医收获，让更多同类病患得到及时有效的治疗。

在方舱的日子里，叶玲与战友们一边忙着诊治患者，一边注重相关资料的收集，善于总结、归纳，认真地进行整理、分析，为温病教学和抗疫科研提供宝贵的数据，整理出相关科研文章，并很好地应用到了疫情防治之中。

叶玲明白有机会参与武汉新冠患者的救治，就应当充分收集好、运用好第一手的宝贵资料，她与院里的研究团队将 2020 年 2 月 18 日至 3 月 6 日武汉光谷方舱收治的 100 例 COVID-19 普通型患者作为研究对象，随机分为观察组、对照组，每组 50 例。结合武汉的地域、气候、时令等特点，根据《新型冠状病毒感染的肺炎诊疗方案（试行第六版)》使用中药、中成药内治或外用，综合拟出加味升降散。观察组采用常规治疗联合加味升降散，对照组仅采用常规西医治疗，从而观察患者中医症候积分、炎症指标、不良反应等指标变化。叶玲发现观察组临床疗效明显，病毒转阴的时间缩短了，炎症指标改善了，不良反应也减少了。叶玲仔细地将这些一线资料、科研成果整理成论文《加味升降散治疗普通型 COVID-19 的临床效果研究》，得到了较好的推广应用。

援鄂归来，叶玲于 2020 年 4 月 5 日至 4 月 19 日又参加福建省卫生健康委抗疫医疗专家组赴菲律宾抗疫。在政府层面，她接受菲方安排，参与了菲律宾卫生部关于新冠病毒情况的报告。在医院层面，她与当地多家医疗机构的专家交流中国中医抗疫的经验，深入隔离病区探视患者，指导使用中医药治疗患者，取得良好疗效。在华人社区层面，她开通网上视频门诊、电话问诊，微信指导 100 余名咨询者，获得华人社区群众的一致好评。在媒体层面，她运用腾讯会议系统，作了“中国新冠肺炎诊治指南（中西医)”专题讲座，向外传播中医实用知识——中医如何抗疫、疫情期间如何合理膳食、中医抗疫养生功法，收看人数达7万余人次。

同时，叶玲还与在菲工作的外交人员、中资企业员工、外派教师、留学生等群体，通过视频连线，宣讲如何正确使用中药及中成药，纠正用药误区，增强抗疫信心；积极开展学术交流，与菲方中医药中心医务人员交流中医药在国内抗疫中发挥的作用及治疗方案。叶玲通过座谈、视频会议等方式，为菲政府抗疫工作建言献策，介绍和分享中国的诊治方案、中医中药应用等，受到菲方各界的高度肯定。

说到赴菲律宾支援抗疫，叶玲总会谦虚地说："是因为我刚好符合国家赴菲律宾医疗专家组成员的条件，一有参加湖北抗疫的实践，二会中西医结合诊疗，三是参加湖北抗疫回来的隔离期14天期满，所以我非常幸运地被选中了。"

2022年3月，泉州疫情告急。在火围山方舱医院投用前12个小时，叶玲与省内多位中医专家领命赶赴泉州参与方舱医院的救治工作。

疫情防控重在神速。叶玲说："3月20日早上7点，接到任务；12点抵达泉州站，我们拎着行李就赶往方舱。进入方舱时，很多护士还在做铺床等准备工作。"

有了支援武汉等救治经验，再次进驻方舱医院参与救治，作为火围山方舱医院中医医疗组组长的叶玲在对病情的救治、与病患的沟通等方面都有了丰富的经验。相对武汉光谷方舱医院里她所救治的病人量来说，泉州火围山方舱医院的多了近5倍，但叶玲与战友们快速做好救治的各项工作，积极深入一线，为病人把脉、看舌苔，采集四诊信息，掌握第一手病情资料，做到因时、因人、因地制宜，辨证论治，充分发挥中医药的特色，提高了疗效。患者在方舱的第四天，普遍反映吃了中药后，咳嗽等症状有了明显的改善。叶玲很高兴，又一次看到中医药在抗击疫情中发挥了效用。

火围山方舱医院分为五个病区，最多时收治了近千名病人。中医抗疫工作组要赶在上午把医嘱都开好，把处方给到泉州市第一医院，这样病人当天才能用上中药。因此，叶玲与战友们脚步要快、记录要快，才能为问诊留足时间，达到有效、快速救治。

2020 年 9 月 8 日上午，全国抗击新冠肺炎疫情表彰大会在北京举行，叶玲被授予“全国抗击新冠肺炎疫情先进个人”荣誉称号。对于这一荣誉，她说：“援鄂归来，大家都把我们当成‘英雄’，但我认为，疫情当前责无旁贷，国泰才能民安！”

从武汉到菲律宾，再到泉州，每逢疫情，叶玲总是冲锋在前，在战疫中实现她治病救人的从医初心。正是叶玲这份医者仁心佑苍生的执着，使得她在参加的国内国际抗疫医疗工作中，取得了优异的成绩，获得了至高无上的荣誉。

亲友眼里的她

陈江田是叶玲的同事，他说：“需要叶玲前来会诊时，她总是及时到位，圆圆的脸上总是带着笑意，说起话来，和声细语，对患者很是耐心。”

洪旭初是叶玲的老师，是省内呼吸科权威专家。严师出高徒，叶玲在他身上学到了精湛的医术，更学到了爱患者、敬患者的从医品德。

在省人民医院门诊室采访时，时不时地来了病患，叶玲马上热心地招呼着患者落座，耐心细致地听着患者及家属的病情描述。每天来自各地的患者的口音都不一样，有的患者或家属的普通话不标准，

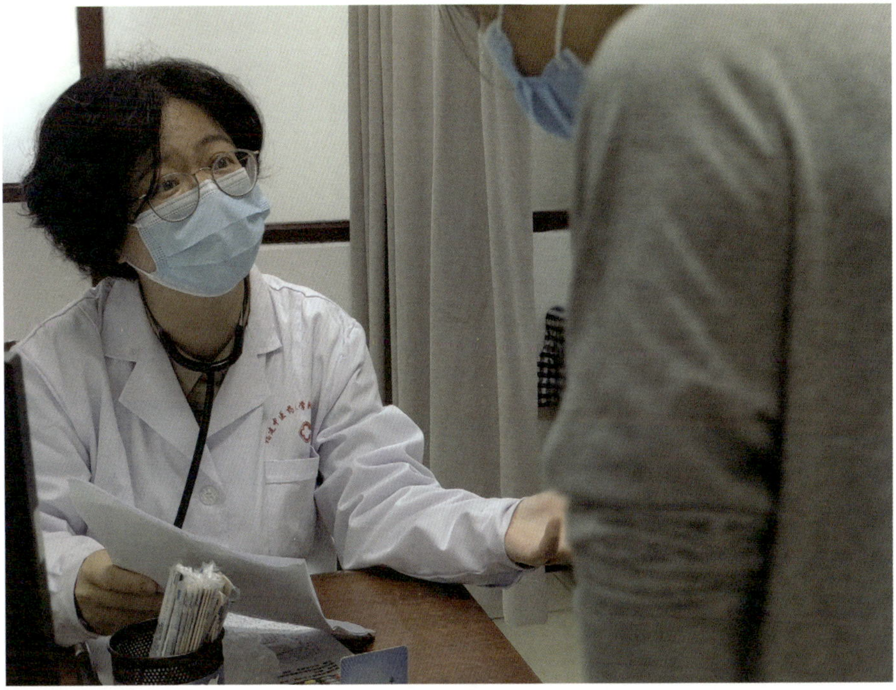

门诊室里的叶玲

确实有些费解，但叶玲始终面带笑意，望闻问切，对患者的症状进行认真的诊治。在与各位患者及家属的交流中，笔者听到叶玲最常说的一个词：好不好？良言一句三冬暖，温情的叶玲令患者如沐春风。

不治已病治未病，不治已乱治未乱。叶玲从事中西医结合肺病科临床医疗工作20年，擅长治疗感冒、咳嗽、喘证、哮证、肺胀等呼吸系统疾病，善于运用传统膏方进行养生调养，引导大家平日里预防疾病的发生。

翻阅叶玲的朋友圈，我看到了8个字：爱心、人气、爱家、好学。

她的朋友圈发的内容并不多。在2016年5月，她转发了一条朋友圈，是为一个22岁患者筹款的文章，留言“他真是我的患者，现在的22床”；2019年11月27日，她转了一条朋友圈，也是一篇为患者筹款的文章，留言“我们科里的患者，才35岁，家里的顶梁柱”。行医是她的本职，为无亲无故的病患呼吁筹款，则是她的善良、热心。

“珍惜每一次的相聚”“谢谢大家的祝福”……从爸爸的生日，到奶奶的生日，朋友圈里记录着她对长辈们的挂念和祝福，也记录着家庭的温馨时光，这也说明了叶玲总是想尽办法、抽出时间陪伴家人，尤其是长辈，真是个孝女。

“三朵金花顺利毕业了”“愿小花们生活美满、事业有成！”……叶玲的朋友圈里也记录着与同事们的开心日子，在这些记录里，看到的是她满满的人气。

自从走上医生岗位后，学习成了叶玲的永恒主题，她参加了重症呼吸康复国际直播课程，加强了英文的学习……

2018年8月19日，叶玲对中国医师节进行了这样的表白：我将所有的好脾气都给了我的工作，人生千百面，医生是我最好的一面。

后　记

福建是红色圣地、绿色宝地、两岸福地，也是习近平新时代中国特色社会主义思想的重要孕育地、实践地。闽山闽水映深情，在福建工作的17年半里，习近平总书记为福建改革开放和现代化建设倾注了巨大心血，进行了一系列具有前瞻性、开创性、战略性的理念创新和实践探索，创造了十分丰富而宝贵的精神财富、实践财富。党的十八大以来，习近平总书记对福建发展作出一系列重要指示要求，每到重要节点、关键时刻都为福建发展把脉定向、指路引航。福建人民沿着习近平总书记指引的方向奋力书写山海答卷，在全面建成小康社会的伟大征程中取得丰硕成果。为全面记录和展现福建全面建成小康社会的伟大实践和成就，决定出版"纪录小康工程"福建丛书。

中共福建省委宣传部高度重视"纪录小康工程"福建丛书编撰工作，组建工作专班，加强组织领导，统筹协调工作。省委常委、宣传部部长张彦组织召开专题会议研究部署书稿编撰工作。

根据中共福建省委宣传部的工作安排，省文联、省作协负责编写《全面建成小康社会福建奋斗者》，是"纪录小康工程"福建丛书之一。省文联党组高度重视此项工作，在第一时间成立工作专班，就完成工作做了具体部署和安排。

本书收录了24个在福建全面建成小康社会进程中涌现出来的先

进典型人物事迹，包括“七一勋章”获得者、全国劳模、全国优秀共产党员等全国性重要荣誉获得者，改革先锋、脱贫攻坚先进个人、最美奋斗者等代表，通过文字记录他们在福建省全面建成小康社会作出重要贡献。

本书编写过程中得到许多单位以及专家学者的支持指导。福建省公安厅、福州市鼓楼区东街街道军门社区、漳州市芗城区人民法院、漳州市公安局、霞浦县松山街道古县村、福州市公安局、福州市群众路小学、厦门市公安局集美分局、南平市人民政府、宁德市公安局蕉城分局、福建农林大学、福建省农业科学院、福建圣农控股集团有限公司、南平市延平区人民法院、漳州市实验小学、福建医科大学附属人民医院、宁德市委宣传部、福州市人力资源和社会保障局、龙岩市新罗区小池镇培斜村、福建华电永安发电有限公司、厦门集装箱码头集团有限公司、厦门航空有限公司等单位和有关人士给予了大力的支持，在此表示衷心感谢！

参与本书采写的陈毅达、朱谷忠、何葆国、唐颐、闵宣、夏公暄、林朝晖、张建光、马星辉、钟兆云、林秀美、小岛、李书烜、萧诚贵、陈志鸿、黄光炎、何也、张知松、林思翔、刘晓宇、王威雅、刘少雄、詹鄞森、黄莱笙、刘华、何况、王永盛、王晓岳等作家在接到采写任务之后，迅速行动起来，深入各有关单位，采写受访者，收集梳理资料，用心创作，按时交稿，圆满完成任务，在此表示衷心感谢！

另外，书中图片版权归摄影者所有，出版方已尽力联系书中图片的版权所有者并支付使用费用，如有任何遗漏，请立即与出版方联系，出版方将及时处理。

编　者

2022 年 6 月